“十二五”国家重点图书出版规划项目
交通运输建设科技丛书·绿色交通
交通运输建设科技项目经费支持

长白山区公路建设生态、景观恢复技术研究与实践

韩继国　陆旭东　陈东丰 等 著

人民交通出版社

内 容 提 要

本书依托交通运输部西部交通建设科技项目“长白山区公路建设的生态、景观恢复技术研究”课题成果编写，主要阐述了长白山区概况及公路建设中的生态问题、生态影响与恢复区划技术、乡土植物筛选、路域生态景观恢复技术、客土喷播生态恢复工程效果评估及质量验收评价标准、景观设计及生态景观恢复模式、生态景观恢复工程效益分析等。

本书可供公路生态景观恢复设计和现场施工、管理人员参考使用。

图书在版编目(CIP)数据

长白山区公路建设生态、景观恢复技术研究与实践 / 韩继国，陆旭东，陈东丰，等著. — 北京 ：人民交通出版社，2013.6

(交通运输建设科技丛书 · 绿色交通)

ISBN 978-7-114-10650-7

Ⅰ. ①长… Ⅱ. ①韩… ②陆… ③陈… Ⅲ. ①道路工程 – 生态环境建设 – 吉林省②公路景观 – 景观设计 – 吉林省 Ⅳ. ①U412.36②U418.9

中国版本图书馆 CIP 数据核字(2013)第 112943 号

“十二五”国家重点图书出版规划项目

交通运输建设科技丛书 · 绿色交通

书　　名：长白山区公路建设生态、景观恢复技术研究与实践

著 作 者：韩继国　陆旭东　陈东丰　等

责任编辑：曲　乐　郑蕉林

出版发行：人民交通出版社

地　　址：(100011)北京市朝阳区安定门外外馆斜街 3 号

网　　址：http://www.ccpress.com.cn

销售电话：(010)59757973

总 经 销：人民交通出版社发行部

经　　销：各地新华书店

印　　刷：中国电影出版社印刷厂

开　　本：787 × 1092　1/16

印　　张：11.5

字　　数：258 千

版　　次：2013 年 6 月　第 1 版

印　　次：2013 年 6 月　第 1 次印刷

书　　号：ISBN 978-7-114-10650-7

定　　价：40.00 元

总　序

“十一五”以来，交通运输行业深入贯彻落实科学发展观，加快转变发展方式，大力推进交通运输事业又好又快发展。到2010年年底，全国公路通车总里程突破400万公里，从改革开放之初的世界第七位跃居第二位，其中高速公路通车里程达到7.4万公里，居世界第二位；公路货运量从世界第六位跃居第一位；内河通航里程、港口货物和集装箱吞吐量均居世界第一。交通运输事业的快速发展不仅在应对国际金融危机、保持经济平稳较快发展等方面发挥了重要作用，而且为改善民生、促进社会和谐作出了积极贡献。

长期以来，部党组始终把科技创新作为推进交通运输发展的重要动力，坚持科技工作面向交通运输发展主战场，加大科技投入，强化科技管理，推进产学研相结合，开展重大科技研发和创新能力建设，取得了显著成效。通过广大科技工作者的不懈努力，在多年冻土、沙漠等特殊地质地区公路建设技术，特大跨径桥梁建设技术，特长隧道建设技术和深水航道整治技术等方面取得重大突破和创新，获得了一系列具有国际领先水平的重大科技成果，显著提升了行业自主创新能力，有力支撑了重大工程建设，培养和造就了一批高素质的科技人才，为发展现代交通运输业奠定了坚实基础。同时，部积极探索科技成果推广的新途径，通过实施科技示范工程，开展材料节约与循环利用专项行动计划，发布科技成果推广目录等多种方式，推动了科技成果更多更快地向现实生产力转化，营造了交通运输发展主动依靠科技创新，科技创新更加贴近交通运输发展的良好氛围。

组织出版《交通运输建设科技丛书》，是深入实施科技强交战略，加大科技成果推广应用的又一重要举措。该丛书共分为公路基础设施建设与养护、水运基础设施建设与养护、安全与应急保障、运输服务和绿色交通等领域，将汇集交通运输建设科技项目研究形成的具有较高学术和应用价值的优秀专著。丛书的逐年出版和不断丰富，将有助于集中展示交通运输建设重大科技成果，传承科技创新文化，体现交通运输行业科技人员的智慧，促进高层次的技术交流、学术传播和专业人才培养，并逐渐成为科技成果转化的重要载体。

“十二五”期是加快转变发展方式、发展现代交通运输业的关键时期。深入实施科技强交战略，是一项关系全局的基础性、引领性工程。希望广大交通运输科技工作者进一步增强做好交通运输科技工作的责任感和紧迫感，团结一致，协力攻坚，努力开创交通运输科技工作新局面，为交通运输全面、协调和可持续发展作出新的更大贡献！

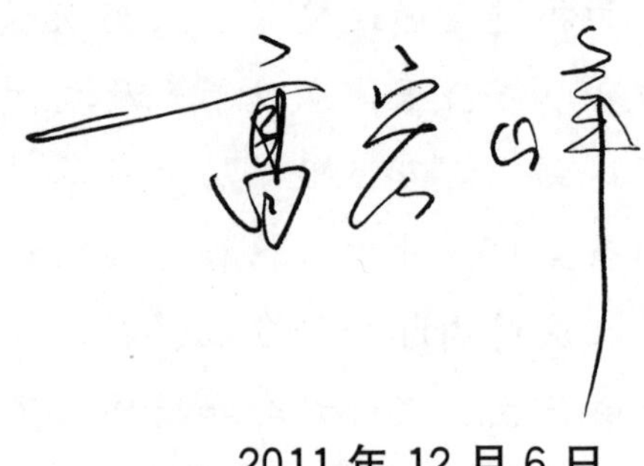

2011年12月6日

前　言

公路，尤其是高等级公路作为长距离、大规模的带状人工构造物，它改变了所经区域的环境状况，对所经过的自然生态环境必然会造成不同程度的破坏，因此在长白山区这一环境敏感地带修建公路遇到的环境问题也会更多、更复杂。

绵延上千公里的长白山脉，横亘于吉林、辽宁、黑龙江三省的东部，“白山”（长白山）与“黑水”（黑龙江）已成为中国东北的代名词，象征着中国北方民族繁衍生息所依托的锦绣山河。巍巍长白山，滔滔松江水，莽莽黑土地是对东北地区的真实写照。本项目研究范围是指大黑山以东的吉林省内长白山地区，包括延边朝鲜族自治州、通化市、白山市和吉林市、辽源市大部，面积约10.7万km^2，占吉林省面积的60%之多。从生态保护方面来说，长白山区大面积的原始森林以及从长白山发源的江河是吉林省东部农业和中西部商品粮基地的保障，是吉林省乃至东北地区人民生存环境的依托。长白山对东北地区经济发展所起的作用日益明显。长白山茂密的森林植被可以调节气候、雨量，保护着我国最大的“粮仓”东北平原。如果没有长白山大森林，东北平原将逐渐成为不毛之地。

吉林省到2030年计划建成通车高速公路5 000km，全面实现县通高速公路，国省干线公路新改建2 000km以上，建成以高速公路为主骨架网的四通八达的交通体系。今后的5~10年内吉林省将在长白山区范围内计划修建的重要公路有：营城子至松江河高速公路（在建）、鹤大高速公路小沟岭至抚松段、靖宇至通化段、集双高速公路、松江河至长白高速公路、辉南至白山高速公路、大蒲柴至长春高速公路、延吉至大蒲柴高速公路等多条高等级公路，10年左右的时间内要建成如此之多的高速公路，对周边生态环境的影响将是十分巨大！因此，公路建设中如何处理好环境保护问题，做好生态和景观恢复和再造至关重要！

本书以交通运输部西部交通建设科技项目“长白山区公路建设的生态、景观恢复技术研究”为依托，紧密结合长白山区自然地理和气候特点，经过4年的试验研究，进行了大量、细致、全面的室内外试验研究工作，获得了多项具有创新性的研究成果，达到了国际先进水平，为公路建设生态景观恢复提供了技术依据。本项目研究依托长白山区典型公路——吉林至延吉高速公路工程建设，开展了3大类、12小项的试验示范研究工作，经过后期跟踪观测，获得了丰富、可靠的观测资料。在此基础上开展的分析评价研究工作，提出了适合长白山区公路建设生态景观恢复的区划分类、植物种类、恢复模式和验收技术标准，开发研究的风化岩石坡面快速生态景观恢复技术——"离子型双层喷附+保育块苗移栽"技术，经过现场试验应用和观测分析，证明该技术所构建的人工土壤层稳定可靠，经受住了7年多的雨水和冻融侵蚀作用，植被层生长茂密，正在逐渐向自然生态系统演替。项目组还自主研制开发了生态型组合式柔性排水边沟（PE材料），并获得了实用新型专利证书，近年来已经在吉林省高速公路的维修改造中推广应用。本项目获得的研究成果已经在吉林省近年来开工建设的"图们至珲春高速公路"、"通化至新开岭高速公路"、"营城子至松江河高速公路"等多条高速公路中广泛推广应用，并已取得显著效果，带来了良好的经济和社会效益。

参加该项目研究和本书撰写工作的人员包括吉林省交通科学研究所暨季节性冻土区公路建设与养护技术交通行业重点实验室（长春）的韩继国、陈东丰、时成林、王大为和郑纯宇，交通运输部科学研究院的陈济丁、陆旭东，吉林省高等级公路建设局的王潮海、柳雁玲和鲁亚义，北京师范大学资源学院的顾卫、江源、陶岩和田育红，吉林省林业科学研究院的陶晶。本书由韩继国、陆旭东、陈东丰统稿。在项目研究和本书撰写过程中得到了吉林省高等级公路建设局纪景义局长和吉林省交通运输厅王潮海总工的支持和指导。在编写过程中还参考了国内外专家、学者的理论、研究成果及资料，在此一并表示诚挚的感谢！

本书适合长白山区域内和我国类似地区的公路设计新理念的推广应用，也适合公路建设管理人员在检查和指导具体工作中使用，同时可作为相关专业研究生、本科生的教学参考书。

由于寒冷地区高等级公路生态恢复技术需要长期的跟踪观测，相关的生态恢复技术研究不断发展，有很多问题还需要时间的检验和进一步研究，加之时间和水平有限，疏漏之处在所难免，欢迎广大读者不吝赐教。

作　者

二〇一三年三月

目　　录

第 1 章　概述 …… 001
1.1　研究背景和意义 …… 001
1.2　国内外研究现状 …… 002
1.2.1　国外技术现状 …… 002
1.2.2　国内技术研究现状 …… 003
1.2.3　研究现状综述和存在的问题 …… 005
第 2 章　长白山区概况及公路建设中的生态问题 …… 006
2.1　长白山区自然地理概况 …… 006
2.1.1　自然地理位置 …… 006
2.1.2　气候特征 …… 008
2.1.3　地形地貌特征 …… 008
2.1.4　河流水系特征 …… 008
2.2　长白山区土壤、植被景观 …… 009
2.2.1　土壤类型特征 …… 009
2.2.2　植被类型特征 …… 009
2.3　主要人文特点分析 …… 010
2.3.1　长白山区人文历史 …… 010
2.3.2　独特的地域和少数民族风俗文化 …… 010
2.3.3　长白山区的自然和人文景观要素分析 …… 012
2.4　吉林省长白山区公路建设概况 …… 012
2.4.1　吉林省公路网现状和规划 …… 012
2.4.2　吉林省不同地区公路网密度 …… 016
2.5　长白山区公路现状调查与主要生态问题分析 …… 016
2.5.1　长白山区公路现状调查 …… 016
2.5.2　长白山区公路建设的生态问题分析 …… 017
2.6　长白山区公路建设对生态环境影响评价 …… 020
2.6.1　公路建设对路域植被影响 …… 020
2.6.2　公路建设对水环境影响 …… 022
2.6.3　长白山区公路建设对景观资源环境的影响 …… 024
2.6.4　公路建设对野生动物的影响 …… 025

第3章　长白山区公路建设生态影响与恢复区划技术……026
3.1　区划目标与原则……026
3.1.1　目标……026
3.1.2　原则……026
3.2　区划等级系统及其划分依据……027
3.3　区划方法……027
3.3.1　指标选取……027
3.3.2　数据的收集……028
3.3.3　区划技术策略……029
3.3.4　生态敏感系数的构建……030
3.4　公路建设生态影响与恢复区划分区……032
3.5　生态影响区分区特征……033
3.5.1　长白山中高山强侵蚀动力大区Ⅰ区(22 619km^2)……033
3.5.2　吉林—柳河—延边低山丘陵弱侵蚀动力大区Ⅱ区(84 820km^2)……034
3.6　主要生态影响和恢复对策建议……035
3.6.1　分区主要生态影响……035
3.6.2　分区主要生态影响恢复对策分析……036
3.6.3　分区公路建设植物生态恢复模式建议……037
第4章　长白山区公路建设生态恢复的乡土植物筛选……043
4.1　长白山区植物区系特征……043
4.1.1　植被垂直分布带明显……043
4.1.2　植物种类比较丰富……043
4.1.3　优势现象比较明显……044
4.1.4　典型的温带分布,地理成分比较复杂……045
4.1.5　种的特有现象比较明显……046
4.1.6　植物区系的古老性……046
4.1.7　长白山区经济植物资源丰富……046
4.2　长白山生态恢复植物种类的调查……047
4.3　主要生态恢复植物的抗逆性评价……049
4.3.1　抗寒、抗旱、耐盐蚀能力评价……050
4.3.2　抗污染能力评价……055
4.4　适合该地区公路建设生态景观恢复的乡土植物……056
4.4.1　生态、景观恢复植物选择的要求……056
4.4.2　适合长白山区公路建设生态景观恢复的植物筛选……057
4.5　小结……071
第5章　长白山区公路路域生态景观恢复关键技术……072
5.1　长白山区典型公路工程概况……072

5.1.1 吉林至延吉高速公路概况 …… 072
5.1.2 沿线自然地理条件 …… 073
5.1.3 穿越的生态影响区划 …… 075
5.2 沿线生态恢复立地条件 …… 075
5.2.1 沿线原生土壤植被调查分析 …… 075
5.2.2 沿线代表性原生土壤理化特性 …… 078
5.3 公路路域生态、景观恢复与再造关键技术对策 …… 082
5.3.1 沿线生态、景观恢复与再造主要试验方案 …… 082
5.3.2 公路景观规划设计技术 …… 083
5.3.3 全风化岩、砂土坡面生态景观恢复技术 …… 089
5.3.4 强风化岩质坡面生态恢复关键技术——沿线生态恢复难点 …… 093
5.3.5 生态边沟关键技术 …… 110
5.3.6 互通立交区、服务区等景观建造关键技术(天岗、蛟河、黄泥河互通) …… 111
5.3.7 砌石挡墙等圬工体景观再造关键技术——沿线生态恢复难点 …… 115
5.3.8 沿线山野花和彩叶植物打造特色景观技术 …… 116
5.3.9 植物软防护技术 …… 117
5.3.10 倒木防护技术 …… 118
5.4 组合式柔性排水边沟的开发和试验应用 …… 119
5.4.1 组合式柔性排水边沟技术特点 …… 119
5.4.2 组合式柔性排水边沟技术的开发 …… 120
5.4.3 试验应用及施工工艺 …… 122
5.4.4 后期观测分析 …… 122
5.5 长白山区公路施工期间生态环保技术要求 …… 123
5.5.1 注意对沿线植被生态系统的保护 …… 124
5.5.2 减少对沿线动、植物生存环境的影响 …… 126
5.5.3 防止对水环境的污染 …… 126
5.5.4 建立健全工程环境监理制度 …… 127
第6章 客土喷播生态恢复工程效果评估及质量验收评价标准 …… 128
6.1 工程验收时段的划分 …… 128
6.2 生态景观恢复工程检验与评估 …… 128
6.2.1 生态景观恢复工程的设计目标 …… 128
6.2.2 生态景观恢复工程效果评估 …… 129
6.3 公路坡面客土喷播生态景观恢复工程验收评定标准 …… 132
6.3.1 初步验收标准 …… 133
6.3.2 交工验收标准 …… 133
6.4 实体试验工程效果评价 …… 134

第7章　长白山区公路建设景观设计及生态景观恢复模式 …… 136
7.1　长白山区公路建设景观设计理论 …… 136
7.2　长白山区公路建设景观设计方法 …… 137
7.2.1　公路景观设计方法 …… 137
7.2.2　长白山区公路景观的设计方法 …… 138
7.3　长白山区公路建设生态景观保护和恢复技术模式 …… 140
7.3.1　分区生态保护和恢复模式 …… 140
7.3.2　不同景观类型路段生态、景观保护方法和恢复模式 …… 141
7.3.3　不同部位生态恢复模式和植物种类配置 …… 154
第8章　生态景观恢复工程效益分析 …… 160
8.1　直接经济效益分析 …… 160
8.1.1　全风化砂边坡生态防护经济效益分析 …… 160
8.1.2　机械喷播坡面生态恢复工程经济效益分析 …… 160
8.1.3　组合式柔性边沟工程经济效益分析 …… 161
8.2　间接经济效益分析 …… 161
8.2.1　减少后期圬工体养护维修费用 …… 161
8.2.2　提高行车安全,减少交通事故损失 …… 162
8.2.3　美化路容路貌,带来经济效益 …… 162
8.3　环境、社会效益分析 …… 162
8.3.1　加快自然生态系统的恢复 …… 162
8.3.2　生态型防护降低行车噪声 …… 162
8.3.3　植物防护体系净化环境效益 …… 162
8.3.4　促进生态省建设带来社会效益 …… 163
8.3.5　保护东北地区的生态屏障带来环境效应 …… 163
第9章　主要结论与创新 …… 164
9.1　主要结论 …… 164
9.2　创新点 …… 167
参考文献 …… 168
索引 …… 170

第1章 概 述

1.1 研究背景和意义

举世闻名的长白山是世界上最丰富的立体自然资源宝库，也是联合国确定的国际人与生物圈保护区，位于欧亚大陆东端。长白山以其享誉世界、独具特色的旅游资源，吸引了数百万海内外旅游者春天踏青、夏日避暑、秋赏红叶、冬季滑雪。一代伟人邓小平在登临长白山后由衷赞叹："不登长白山，终生遗憾！"由此可见长白山在人们心中的地位！图1-1为巍峨壮观的长白山主峰"白头山"和秀美大气的长白山天池。

图1-1 长白山主峰"白头山"和天池

绵延上千公里的长白山脉，横亘于吉林、辽宁、黑龙江三省的东部，"白山"（长白山）与"黑水"（黑龙江）已成为中国东北的代名词，象征着中国北方民族繁衍生息所依托的锦绣山河。巍巍长白山，滔滔松江水，莽莽黑土地是对东北地区的真实写照。长白林海蕴藏着无数的珍宝，这其中以长白三宝闻名于世(图1-2)。

图1-2 "长白三宝"——人参、鹿茸、貂皮

本项目研究范围为大黑山以东的吉林省内长白山地区，包括延边朝鲜族自治州、通化市、白山市和吉林市、辽源市大部，面积约10.7万km^2，占吉林省面积的60%之多。

从生态保护方面来说，长白山区大面积的原始森林以及从长白山发源的江河是吉林省东部农业和中西部商品粮基地的保障，是吉林省乃至东北地区人民生存环境的依托，近些年我国各级政府对长白山进行了卓有成效的精心保护。1960年，国务院批准设立"长白山自然保护区"，1980年1月又被联合国教科文组织列为"世界自然保护地"。

长白山对东北地区经济发展所起的作用日益明显。长白山茂密的森林植被可以调节气候、雨量，保护着我国最大的"粮仓"东北平原。生态学家说，如果没有长白山大森林，东北平原将逐渐成为不毛之地！

公路，尤其是高等级公路作为长距离、大规模的带状人工构造物，它改变了所经区域的环境状况，对所经过的自然生态环境必然会造成不同程度的破坏，因此在长白山区——这一环境敏感地带修建公路遇到的环境问题也会更多、更复杂。

根据《吉林省高速公路网规划纲要》吉林省到2030年高速公路达到5 000km，全面实现县通高速公路；国省干线公路新改建1 920km，建成以高速公路为主骨架网的四通八达的交通体系。"十一五"末期、"十二五"期间吉林省在长白山区范围内建成或计划修建的重要公路有：吉林至珲春高速公路（建成）、环长白山二级公路（在建）、营城子至松江河高速公路（在建）、伊通至辽源高速公路（在建）、吉林至梅河口至草市高速公路（在建）、大蒲柴至长春高速公路、大蒲柴至汪清高速公路、鹤岗至大连等多条高等级公路。10年左右的时间内开工建成如此之多的高等级公路，我们应该清醒地认识到大规模的高速公路建设对周边生态环境的影响将是十分巨大，因此公路建设中的环境保护问题、生态和景观恢复再造问题迫在眉睫。

在收集、了解国内外先进的生态、景观恢复技术资料的基础上，科学合理地处理好公路建设和环境保护之间的矛盾，既要发展地区经济，又要保护好我们赖以生存的环境，研究恶劣环境下生态恢复的技术措施，开展生态敏感点的保护技术研究，采取有效措施使公路建设对环境的破坏进行科学有效的恢复，最大限度地减少公路建设对环境的副作用，使公路这一线性构造物有机地融入自然环境之中，并在长白山区公路设计和建设中得到推广应用，提升这一地区和类似地区公路建设生态景观恢复水平，有利于人与环境的和谐相处，保护生态平衡。

1.2 国内外研究现状

1.2.1 国外技术现状

近年来，随着世界经济的发展，环境保护问题已成为全球共同关注的主题。20世纪60年代，美国、瑞典、澳大利亚及日本等国即对拟建公路项目进行环境影响预测、评价、综合治理、防治新的污染，美国1965年制定了《公路美化规定》，日本1976年制定了《公路绿化技术基准》，原苏联1975年制定了《公路建筑和景观设计规范》等。

日本是一个国土狭窄。人口多，地震、火山、台风、暴雨等自然灾害多发的岛国，它的开发建设是在这种恶劣条件下进行的，因此，其防灾和绿化理论、技术，较欧美国家的研究更加系统、先进。关于坡面绿化的目标，以及实现的方法和手段等理论问题，日本学者开展了大量研究。前崛幸彦(1984)认为,坡面绿化应首先导入“先驱植物”,使坡面迅速覆盖先驱植物,防止土壤侵蚀,随着坡面植被演替,周围的乡土植物逐渐侵入,成为坡面永久保护者。

山寺喜成(1995)提出:所谓“绿化”,应是人工辅助方法,促进植物种子自然恢复力的发挥,绿化目标是如何形成与自然更接近的或与自然协调一致的人工群落。这类植物群落是一个有机物质可循环的、稳定的、生物多样性丰富的、防灾能力较强的群落,而且在植物生理生态层面上,与自然群落接近,在景观层面上,与周围自然环境景观相协调。怎样才能形成与自然相协调的人工群落,必须研究目标群落植物物种选择与配置。山寺喜成(1993,1995)认为:单一草本植物群落,存在品种退化、防灾机能差、与周围景观不协调等诸多弊端,因此,坡面绿化理想的目标群落,应该是木本植物群落为主的乔木林、低灌木林。在群落组成中,应以混交林为好。采用主要树种(目的树种)、辅助树种和草本相结合,注意选择当地乡土树种作为建群种,不要盲目引入顶级群落树种,在目标群落确定与植物种选择时,要尊重植物群落演替规律,才能促进恢复至理想的植物群落。山寺喜成(1986,2000)通过对栽植树木与播种树木生态特性、防灾机能、群落演替特性、保护环境以及管理和施工效率等方面的对比研究,指出坡面绿化应以播种绿化技术为主,栽植技术为辅。

目前世界上很多国家都颁布了公路建设环境保护、生态恢复、景观设计等方面的工程技术标准、设计和施工规范(规定),有些国家的规定还很细致,如美国、加拿大等国家还根据每个州、省的不同情况分别编制了规范手册,甚至细到了规定不同种类植物如何栽植养护、溪水中的鱼类如何保护、公路沿线建筑风格的式样等。从对美国、澳大利亚、加拿大、德国、南非等国家的考察学习中发现,公路设计和建设人员对环境保护意识非常强,采取的措施很科学、很实用,公路沿线很少见圬工刚性防护砌体,满眼皆是自然的景观和绿色,视野开阔,行车舒适。这些不仅是国情的不同,还包含着公路建设者对生态保护、景观协调等工作的重视和心血。

欧美等国家对公路景观的关注较我国早得多,发展也较成熟,而且已有专门的专业机构对公路景观问题进行研究,并且制定了关于公路景观设计、绿化和美化方面相关的技术标准和规范。这些都为我们结合国内实际情况,进行公路生态景观建设提供了不少借鉴。与此同时,世界上现代生态景观规划设计的理论和方法的不断发展,也为我们更广泛、更深层次地解决环境和景观问题提供了有效的方法和手段。

1.2.2 国内技术研究现状

公路建设生态、景观环境恢复与再造技术研究是一个综合性项目,涉及道路工程技术、建筑景观、生态学、土壤学、园林景观、美学、心理学、人文历史、旅游等多方面知识和学科。与世界上很多发达国家相比,我国的地理位置和气候特点有很多的特殊性,这就要求我们一方面吸纳国际上先进的技术和设计理念,另一方面更要立足国情,深入研究本国、本地区的实际情况,结合工程实际提出切实可行的方案对策。

(1)公路建设生态环境保护和恢复技术方面的研究现状

近年来,由于我国西部地区环境的不断恶化,沙尘暴、酸雨、泥石流及土地荒漠化的不断加剧,国家对西部地区采取了退耕还林、还草政策,交通运输部也针对西北部地区的情况确立了一批有关公路环保方面的研究课题,这些项目大部分是针对西南地区和西北干旱地区的环境情况开展研究。

由交通运输部公路科学研究院、交通运输部科学研究院和北京师范大学联合完成的西部交通项目“公路路域生态工程技术研究”于2007年通过验收鉴定。该项目针对我国西北和西南10省区开展了路域生态工程技术的研究，在西北草原区、西北黄土高原区、西南湿润区和青藏高原区完成了7个路域生态恢复技术试验示范工程。提出了公路路域生态恢复系统化设计模式、路域生态工程综合技术、路域水资源的四级管理综合技术，并对不同路段植被护坡工程进行了生态效果评价，从总体上制定了路域生态效果评价指标体系和标准。

东北林业大学承担的交通运输部西部课题“寒区高等级公路生态恢复和监测系统研究”（2004年立项，2008年通过验收鉴定），重点是针对寒区公路生态恢复模式、景观评价指标、方法及生态监测系统方面开展研究。确定了水泥混凝土预制空心砖植草、铺植草砖、轮胎植草和浆砌片石骨架是寒区公路土质边坡植被恢复的适宜技术，解决了公路防污染林带建设的规模、模式、树种选择问题，制定了寒区公路景观五级评价标准。

另外，交通运输部门自2001起依托西部交通建设设立了多个科研项目，陆续于2004～2009年通过验收鉴定，从不同角度取得了一批科研成果。这其中包括交通运输部科学研究院承担的“多年冻土地区公路生态环境保护与评价技术研究”（2003～2006）、交通运输部规划研究院承担的“川主寺至九寨沟公路环保与景观设计关键技术研究”（2003～2006）、“思茅至小孟养高速公路建设环境保护与工程对策研究”（2004～2007）等科研项目，这些项目针对我国的西南、西北和青藏高原开展了公路生态环境保护和人文景观挖掘的研究工作，取得了一些针对该地区实用可行的研究成果。

（2）交通运输部生态典型示范路建设实践经验总结

随着我国对生态环境保护意识的不断加强，在公路建设的全过程对环境保护工作的要求十分严格，从工程立项的环境评价到公路建设水土保持方案设计，交通运输部门严格执行国家的法律法规。

交通部❶于1996年7月以交公路发〔1996〕660号文发布了《公路建设项目环境影响评价规范（试行）》（JTJ 005—96），并于1997年1月1日起试行，其后修订版的《公路建设项目环境影响评价规范》（JTG B03—2006）自2006年5月1日起施行。在2004年印发的《公路勘察设计典型示范工程咨询示范要点》、《新理念公路设计指南》和2007年10月颁布实施的《公路工程基本建设项目设计文件编制办法》中，对公路景观设计提出了更高的要求，并强调公路与自然景观的融合，对原有景观资源的保护、利用和开发。近年来交通运输部又在全国范围内重点选择“川九路”、“思小路”、“渝湛路”、“神宜路”、“环长白山旅游路”等实施了生态典型示范路建设，在国内起到了一定的示范带动作用。

云南“思小高速公路”（97.75km）是唯一一条穿越国家级热带雨林自然保护区的高速公路，在“保护自然，回归自然，融入自然，享受自然”方面进行了成功的探索，被誉为“人与自然和谐”的典范。施工中生态理念贯穿始终。2006年4月交工通车，该工程严格控制施工占地，如隧道洞口“零开挖进洞”，利用正线路基作便道等，对动植物严加保护；根据热带植物的特点，景观绿化因地制宜，最大限度地减少人工痕迹。

2005年12月通车的广东“渝湛高速公路”（73km）以公路边坡生物防护技术、生态型桥梁

❶现更名为交通运输部，后同。

锥坡、生态型声屏障以及生态公路景观设计研究为突破口,着力改善公路景观,为探索适合我国南方山区高速公路生态建设积累了宝贵的经验。

全长84km的"环长白山旅游公路"是连接长白山北、西坡的二级旅游公路,2006年被列为交通部与省级联合组织实施的典型示范路,2009年交工通车。由于其特殊的位置和旅游功能的要求,生态环境的保护意义重大,编写组主要成员参加了该条公路的景观设计,并将进行长期的影响和恢复效果的观测。在景观设计中充分利用当地自然条件,力求形成具有地区特色的景观环境;利用林区的柳条进行植物软防护,与当地的自然环境协调一致;利用林区倒木进行倒木防护,减少人工的痕迹;充分重视腐殖土的保护和利用;避免引入外来物种对长白山区生态环境的影响。

1.2.3 研究现状综述和存在的问题

综上所述,随着世界经济的发展,环境保护问题已成为全球共同关注的主题。世界上很多国家,尤其是发达国家经历了加快发展、污染严重、环境治理的三部曲。自20世纪60年代以来,以美国、日本、加拿大、德国、英国为代表的国家开始关注公路建设中的生态恢复、环境景观美化和污染防治,并且制定了一系列公路景观设计、绿化和美化方面相关的技术标准和规范。这些都为我们结合国内实际情况,进行公路生态景观建设提供了不少借鉴。

随着人们环保意识的不断提高,近些年来我国交通运输部门上下非常重视工程建设中的生态环保工作,进行了大量的技术研究、现场试验和示范工程,总结很多宝贵的经验和教训,但与发达国家相比,我们的差距还很大。以美国、加拿大为代表的国家环保工作起步较早、环保意识普遍较高,而且地广人稀,土地资源丰富。而针对我国地少人多、很多地方气候条件恶劣的实际国情,况且全国的高速公路网尚未完全建成,正处于公路建设的投资阶段,因此,不能完全照搬国外的经验。我们必须结合本国的经济发展现状与实际国情,结合路域的自然、人文特点,提出切合实际的高等级公路景观生态建设原则与方法,合理而有创造性地进行公路生态恢复与景观设计。

我国在20世纪90年代中后期进行了大规模的公路建设,公路建设环境影响评价工作也仅走过了十余年的历程,相对发达国家起步较晚,公路建设生态恢复、景观设计理论的研究和建设实践还处于相对欠缺和滞后的水平,主要存在如下几个问题:

(1)公路生态恢复、景观设计在公路工程实施中没有得到足够的重视,缺乏系统的理论研究和适合不同情况的实用技术,还需要可操作性更强的规范、指南的约束与指导。

(2)国内已建的景观路、生态路主要集中在南方和西北地区,而我国北方地区、季冻地区的公路生态恢复和景观设计方面缺乏相关深入系统的研究,更缺乏长期跟踪观测、评价分析。

(3)目前国内应用的多种坡面生态恢复材料和快速恢复施工技术方法大部分是从国外引进的技术,如:三维网、植生袋和保水剂等材料和客土喷播、厚层基材喷附等技术,并经过了部分技术改进。

总体来看,目前我国还未形成一套针对寒冷地区的较系统的公路生态、景观设计理论和方法,及适合恶劣条件坡面生态恢复的较成熟、系统的技术方法,更未见适合季冻山区系统的公路生态景观恢复模式和工程竣工验收标准。因此,开展该项技术的研究不仅对广大的长白山区公路建设生态恢复具有重大的意义,而且对于类似地貌类型的季冻地区也具有一定的借鉴意义。

第2章　长白山区概况及公路建设中的生态问题

2.1　长白山区自然地理概况

2.1.1　自然地理位置

广义的长白山，即长白山脉，或称长白山地，是我国东北东部和朝鲜北部山地、高原的总称，处于中国辽宁、吉林、黑龙江三省东部的广大山地。整体上看长白山区位于东经122°30′~131°16′，北纬40°30′~45°45′，是世界上著名的北温带季风气候区。北起三江平原南侧，南延至辽东半岛与千山相接，包括完达山、老爷岭、张广才岭、吉林哈达岭、龙岗山和长白山主峰等平行的断块山地，以中段长白山最高，向南、北逐渐降低。从地理位置和地貌植被上看，与同纬度的美国与加拿大交界处和欧洲的部分国家自然条件比较相近，见图2-1、图2-2。

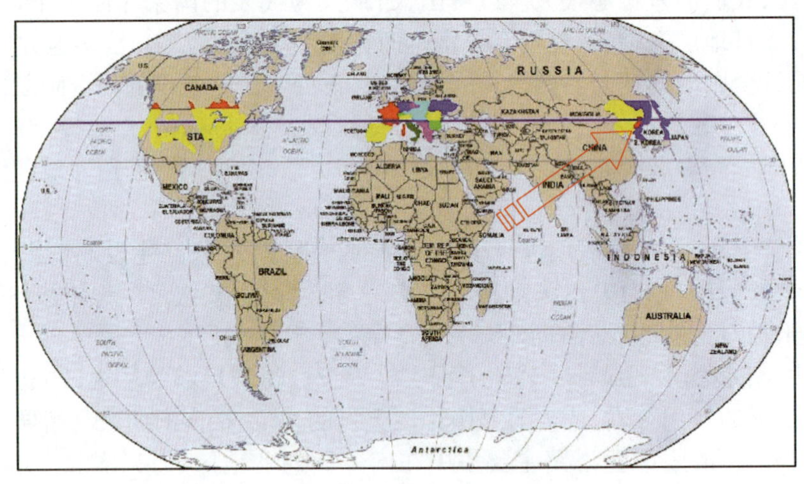

图2-1　从全球范围看长白山区的位置示意图

狭义的长白山常泛指吉林东部山地，或者专指长白山火山锥体向北东延伸部分（图2-3）。位于东经127°40′~128°16′，北纬41°35′~42°25′之间的地带，是中、朝两国界山，是图们江、鸭绿江、松花江的三江发源地，国家AAAAA级风景区，为东北山地最高部分。中国境内的长白山主峰白云峰海拔2 691m，由粗面岩组成，夏季白岩裸露，冬季白雪皑皑，终年常白。

吉林省的长白山区是以北东—南西向斜贯吉林中部的大黑山为界的以东地区，包括延边朝鲜族自治州、白山市、通化市和吉林市、辽源市的大部，面积约10.7万km^2，约占吉林省面积的60%之多，这也是本项目划定的研究范围。

图 2-2　广义的长白山区范围示意图

图 2-3　吉林省长白山区范围示意图

长白山区具有山系或亚山系的性质，山系主体呈东北—西南走向，主要由东北—西南的数条平行山脉组成，还有一些北西、东西等走向的山脉，主要有大黑山、张广才岭、老爷岭、威虎岭、哈尔巴岭、牡丹岭、老岭、龙岗山、南岗山、长白山主峰、千山和朝鲜境内的咸镜山、摩天岭、狼林山、妙香山、赴战岭等，以长白山脉为中心，构成一个庞大的山文系列。

2.1.2 气候特征

本地区属东北东部山地润湿季冻区，四季变化明显，春季干燥多风，夏季炎热多雨，秋季凉爽昼夜温差大，冬季漫长而寒冷，处于温带湿润的针阔叶混交暗棕壤气候带，是我国同纬度地区降水量最多的区域，除延吉市外（年均降水量为504mm）各地年均降水量大于650mm，且自西向东呈增加的趋势，可达800～1 000mm，长白山核心区域年均降水量最高达1 332.6mm。全区降水的时间分布不均衡，5～9月降水占全年的75%左右，冬季降水少、气温低，湿度大，全区大部分地区的无霜期在120～140天，适宜森林的生长。初冻一般在10月上旬，完全解冻在次年5月中旬，最大冻深可达2m。

2.1.3 地形地貌特征

华夏系的山地与山间盆谷地相间分布是本区地貌的重要特征。在地质构造上，本区属于阴山—天山纬向构造带的东段，新华夏系第二隆起带。自东而西大致是：图们江谷地，鸭绿江谷地，长白山，龙岗山，蛟河及辉发河谷地，张广才岭，吉林哈达岭，舒兰、吉林等盆地或谷地，大黑山低丘等。辉发河以东地势较高，山地多为海拔1 000m以上的中山和低山，白云峰最高，海拔为2 691m。辉发河以西地势较低，山地多在500m左右或更低，低山丘陵广阔。新第三纪以后的火山喷发，形成高大的火山锥体和广阔平坦的玄武岩高原及高台地。

长白山主峰是一座复合式盾状的休眠火山（距最近一次喷发时间约300年）。山顶环绕着海拔2 500m以上的奇峰16个，陡峭险峻，雄姿各异。最高峰将军峰在朝鲜境内，海拔2 749m。玄武岩台地（又称山前熔岩台地）地域面积比较广阔，海拔在1 000m以下，相对高差200m，地势比较平缓。整个熔岩台地的周围，被花岗岩片麻岩、砂页岩等组成的中山、低山所环绕，山体高度多在900m左右，有的达1 000m以上。玄武岩高原（又称山麓倾斜高原）介于玄武岩台地和火山锥体之间，是比较明显的倾斜地带，地面坡度一般在10°左右，海拔约在1 000～1 800m之间，环带平均高度20km，是陡峻的火山锥体向玄武岩台地的过渡地带，熔岩高原面还分布着一些寄生小火山体和未被熔岩淹没的侵蚀残丘。长白山独特的火山地质地貌反映了地球演化的历史过程，也是长白山区生物演变的重要依据。

2.1.4 河流水系特征

由于环境、地势、气候的影响，在长白山火山锥体和熔岩高原上发育了很多河流、瀑布和湖泊，20km以上的河流总长度约1 050km，河流分布密度高达0.11km/km^2。主要水系有松花江、图们江、鸭绿江、绥芬河，长白山主峰是图们江、松花江、鸭绿江三大水系的发源地，呈放射状自源头流出。全区河网密布，水量丰富，河道落差大，水资源丰富，有开发水电和灌溉的有利条件，区内盆谷地势平缓，地表水丰富，适宜发展水田。本区的水文特征是：年径流深度大，但地区分布不平衡：长白山向风侧和张广才岭一带，年径流深大于500mm，吉林附近不足200mm，延吉盆地只有150mm。山地河流坡度大，下切强烈，但由于本区玄武岩发育，受其所阻，常形成跌水或横穿山岭成为峪谷。

三江源头发源长白山天池周围的就有5条：北坡是松花江正源二道白河、三道白河；西坡是松花江西源头头道松花江的漫江、锦江；东南坡是图们江的正源红丹水；鸭绿江的南源虚川江。发源于长白山天池周围的河流还有老黑河、槽子河、松江河、头道白河、露水河、头道白河等，它们都分别流入三江。第二松花江是松花江主干流之一，流域范围最大，它有南、北两个发源地，南源为头道江，北源为二道江。头道江汇集了长白山西坡的各条支流，在保护区内的主要支流有漫江、锦江、梯子河、大沙河、小沙河、松江河、槽子河等。二道江汇集了长白山北坡的各个支流，在保护区内的主要支流有头道白河、二道白河、三道白河等。其中，二道白河直接发源于长白山天池，是第二松花江的正源。鸭绿江发源于长白山天池南麓，图们江源于长白山天池东麓，干流是中朝两国的界河。长白山是吉林省乃至东北区的水系发源地，保护水源，保护生态环境意义重大。

2.2 长白山区土壤、植被景观

2.2.1 土壤类型特征

长白山区地带性土壤主要为暗棕壤，它是温湿条件下平亢地的典型土壤。随着海拔的增加和岩性的变化，土壤亦发生系列性变化：在针叶林带是山地针叶林土壤，在苔原带是山地苔原土壤，在土质黏重坡度和缓的台地、岗地上发育的主要是白浆土，在河谷平地和河谷地发育有草甸土、冲积土、沼泽土和人工土壤水稻土等。

2.2.2 植被类型特征

长白山保存有欧亚大陆北半部十分完整的森林生态系统，在我国同纬度带上，其动植物资源最为丰富，是最具有代表性的典型自然综合体，是世界少有的“物种基因库”。

从地貌植被上看，长白山区与同纬度的美国与加拿大交界处和欧洲的法国、德国、奥地利等国家的情况比较相近，是温带针阔叶混交林分布区域。吉林省的东部长白山区是吉林省生物资源最丰富的地区，全区林地面积为755万hm^2，占吉林省林地面积的78%，全国的5%，野生经济植物188科1 700多种，按植物地理区划属于长白区系。按海拔从低到高的顺序，该区的植被景观从阔叶林带、针阔混交林带、针叶林带、岳桦林带到高山苔原带，形成5个差异明显的植被景观带，浓缩了从北温带到北极地数千公里的生态景观类型。

本区的动物资源也十分丰富，山地和林区动物约有数千种，其中脊椎动物460多种，珍贵、稀有和特产动物很多，如珍贵毛皮兽紫貂、水獭、狐等；药用和肉用的梅花鹿、马鹿、黑熊等；国家一级保护动物有东北虎、金钱豹、梅花鹿、紫貂等，共有国家规定的保护动物45种。丰富的生物资源是本区成为国家重要的林业基地和生物多样性自然保护区的所在地。

2.3 主要人文特点分析

历史上的长白山一直是关东人民生息劳作的场所，素有“关东第一山”之称，也是满族的发祥地，在清代有“圣地”之誉。长白山以旅游胜地、满族发祥地、朝鲜族圣山而闻名于世。因此，以白头山为代表的长白山区人文景观具有鲜明的民族特点和地域特点。

2.3.1 长白山区人文历史

长白山有语言和文字留传下来的历史，最早可追溯到4 000多年前。在我国最早的一部地理学著作《山海经》中，就曾经有所记载。这部书传说是大禹之子伯益所著，详细地记载着其父大禹王治水时所经过之地。在《山海经大荒北经》中记载说：“大荒之中有山，名不咸，在萧慎之国”，因此长白山又名不咸山（即神仙山）。

直到东北的契丹族和女真族定鼎中原，建立起辽王朝和金王朝之后，对于东北的第一座高山，才算出现了规范化的称呼——长白山。从出现“长白山”之正式名称算起，至今已有800余年。在中原建立起金朝的女真族，一直把长白山作为他们的发祥地，经常要对长白山顶礼膜拜。

到了清代，对于长白山的崇仰更是登峰造极，不仅聘延文人为其编造了仙女吞朱果而生爱新觉罗氏之先人的神话；而且树立柳条边封禁长白山区为圣地，禁止民人进山放牧、狩猎和采参。清代的几位有作为的皇帝康熙、乾隆、嘉庆都亲自来东北祭礼其祖先的发祥地——长白山。

历代文人从金元到明清，以长白山为题材写的诗歌、散文甚多，不胜枚举，许多佳作，脍炙人口。金代中期最大的文人赵秉文曾著有称绝于一时的长诗《长白山行》：“长白山雄天北极，白衣仙人常出没。王龙垂爪落苍崖，四江飞下天绅白”；元代诗人王结在其所著长诗《辽东高节妇》中，也着力地描述了长白山：“天东长白近蓬瀛，缥缈仙人玉雪清”，这些都与历代有关长白山的神话传说是一致的。

如今的长白山已经成了旅游休闲的胜地，各地游客云集于此、流连忘返。人说“桂林山水甲天下”，和长白山比，桂林山水太秀气；人说“五岳归来不看山”，和长白山比，五岳还不够大气。可见北地之坚强，绝胜江南之柔弱。

2.3.2 独特的地域和少数民族风俗文化

据史料记载，长白山是肃慎、挹娄、勿吉、高句丽、沃沮、靺鞨、女真、满族等众多少数民族生息繁衍的根据地，其中女真族、满族皆把长白山当作本族发祥地加以崇拜。

(1)满族风俗文化

满族历史悠久，可追溯到3 000多年前的肃慎人，其后裔靺鞨、女真族一直生活在长白山以北、黑龙江中上游、乌苏里江流域。明崇祯八年(1635)皇太极废除诸申(女真)旧号，定族名为满洲，辛亥革命后改称为满族。

谈到东北长白山区原住居民的风土民情，这片土地的山川村落无不刻印着满洲民族文化民俗的鲜明印痕，从民居住房、服饰穿戴，到饮食文化、民俗民风都深深地影响着关东这片热土，可以说满族文化与白山黑水之间已经深深地融合在一起，满族文化浸润着白山黑水的精神气韵和松辽平原泥土的芳菲（图2-4～图2-6）。东北主要大城市如哈尔滨、长春等都以满语命名。满族服饰更是对我国现代服饰影响最为显著的少数民族服饰，旗袍、坎肩、马褂等至今仍以其独有的魅力，成为各民族人民喜爱的服饰。至于饮食文化对全国的影响更是深远。满汉全席数十上百道菜，堪称世界饮食文化之大成！涮火锅是最为典型的满族饮食，这种饮食与当年满族人游猎生活方式有着不可分割的关系，如今已成普及华夏大地随处可见的现代火锅。

图2-4　吉林乌拉街满族魁府旧址

图2-5　满族传统舞蹈

图2-6　满族风情园

（2）朝鲜族风俗文化

吉林民族风情的亮点在延边。这里是朝鲜族主要聚居地，中国唯一的朝鲜族自治州。

追溯历史，朝鲜族是在明末清初（约300年前）由朝鲜半岛迁入我国的外来民族。中国朝鲜族的先辈迁来中国前大部分是朝鲜社会的底层贫民，因而带来的风俗特点是简单而淳朴。由于他们是朝鲜北东部——咸镜道一带和北西部——平安道一带及南东部——庆尚道一带经过三次迁入高潮迁来的，因此形成了地方特色很浓的多元风俗。现在当地主要是汉族和朝鲜族共同居住的地方。

中国朝鲜族的地域性和民族性很强，很多传统文化和风俗习惯流传至今。传统的朝鲜民族民居乡土气息浓郁，以往一般是稻草屋顶，朝鲜族大炕、木筒烟囱，而今大多是砖木、砖瓦结构，呈大屋顶形状，屋脊外观是中间平、两头翘立，中间平行如行舟，两头翘立如飞鹤，组成大屋顶所有的线和面均为舒缓的曲线和曲面，屋脊等主要轮廓线均涂为粗白线。缓慢、稳重优美的曲线和曲面以及椽子以外的大白轮廓线条，正是朝鲜族民居的特色。

朝鲜族的民族服饰特点突出，喜欢穿素色衣裳，历史上就有“白衣民族”之称。他们服装的特点是斜襟，无纽扣，以长布带打结，传统的朝鲜族的服饰以妇女穿的高丽裙最为独特。同时，朝鲜族的民族音乐、舞蹈和饮食文化也别具特色，如长鼓舞、“汤文化”都享誉中外。

在长白山区大多数朝鲜族聚集区，主要的农作物为水稻。高纬度水稻田的种植技术是勤劳的朝鲜族经过多年的劳作总结出的综合技术,填补了东北寒地水稻栽培的空白,并逐渐形成了代表民族特点的整体协调和局部配合的"水田文化"精神。

2.3.3 长白山区的自然和人文景观要素分析

(1)景观元素分析

数千年来长白山区留下了诸多文化遗产和遗物,"长春—吉林—图们"一线的人文景观及历史遗迹主要有:松花湖景区、吉林雾凇、北山古墓群、吉林文庙、敖东古城、六顶山渤海古墓群、长白唐代的灵光塔和龙渤海都城、图们江三角洲开发区、延吉浓郁的朝鲜族民族风情园、"一眼三国"边境风光、珲春清代的龙虎石刻以及珲春防川等著名的人文景观及历史遗迹。"长春—通化—白山"一线的人文景观及历史遗迹主要有:集安高句丽古墓群遗址、辉南龙湾生态旅游区、白山红色生态旅游区、东北抗联杨靖宇烈士和四保临江纪念馆等著名的历史遗迹。公路建设过程中不仅要十分注意保护重要的人文景观和历史遗址,而且还要在公路景观恢复中充分地体现和发挥这些景观元素,增加公路景观的内涵。

(2)人文历史文化

稳健挺拔,是长白山的外在特征。清代诗人吴兆骞在《长白山》诗中激昂高歌:"长白雄东北,嵯峨俯塞州","白雪横千丈,青天泻二流。"巍然矗立在东北大地上的长白山,雄伟挺拔,雪山壁立,苍茫壮阔;飞流直下,气势雄豪,气格极为高远,洋溢着长白山人乐观豪迈的精神气度。

远古的长白山先民在抗击自然灾害、寻求生存空间的斗争中,表现出顽强的生命意识和执著的奋斗精神,体现了昂扬向上、坚毅挺拔的性格秉性和执著不屈的奋斗精神。以杨靖宇为代表的广大爱国将士与日寇浴血奋战,捍卫领土,保卫边疆,激励着当今华夏健儿谱写时代和谐社会新篇章。

含翠毓秀的长白山同样赋予了长白山人沉稳超逸的和谐精神,宽厚平和的生活态度。正是这种和谐精神,使长白山人深切地体会到精神的愉悦和生命的畅快。长白山不仅巍峨挺拔,山川毓秀,而且神奇旖旎。正是这种坚毅挺拔、乐观豪迈、沉稳超逸、宽厚博大和醇厚善良的人文品格,构成了执著不屈的长白魂与昂扬恢弘的长白文化精华。

2.4 吉林省长白山区公路建设概况

2.4.1 吉林省公路网现状和规划

截至2012年末,吉林省公路总里程达到91 754km,其中高速公路2 252km,但是很多经济增长点位和部分旅游景区的公路交通状况还很落后,不利于吉林省经济的整体腾飞和公路交通的安全运行。为进一步发展长白山区地区经济,发掘该地区的旅游资源,拉动区域性经济的快速发展,完善区域路网布局,吉林省2005~2030年高速公路网布局规划中计划建设高速公路约5 000km以上,将使该地区的公路交通状况得到质的飞跃,特别是高速公路的建设让进入长白山区发展经济和旅游观光的人拥有更快捷、安全、舒适、美观的公路交通条件。图2-7为东北区域骨架公路网布局图,图2-8为吉林省公路交通现状图,图2-9为吉林省到2030年高速公路网布局规划方案示意图。

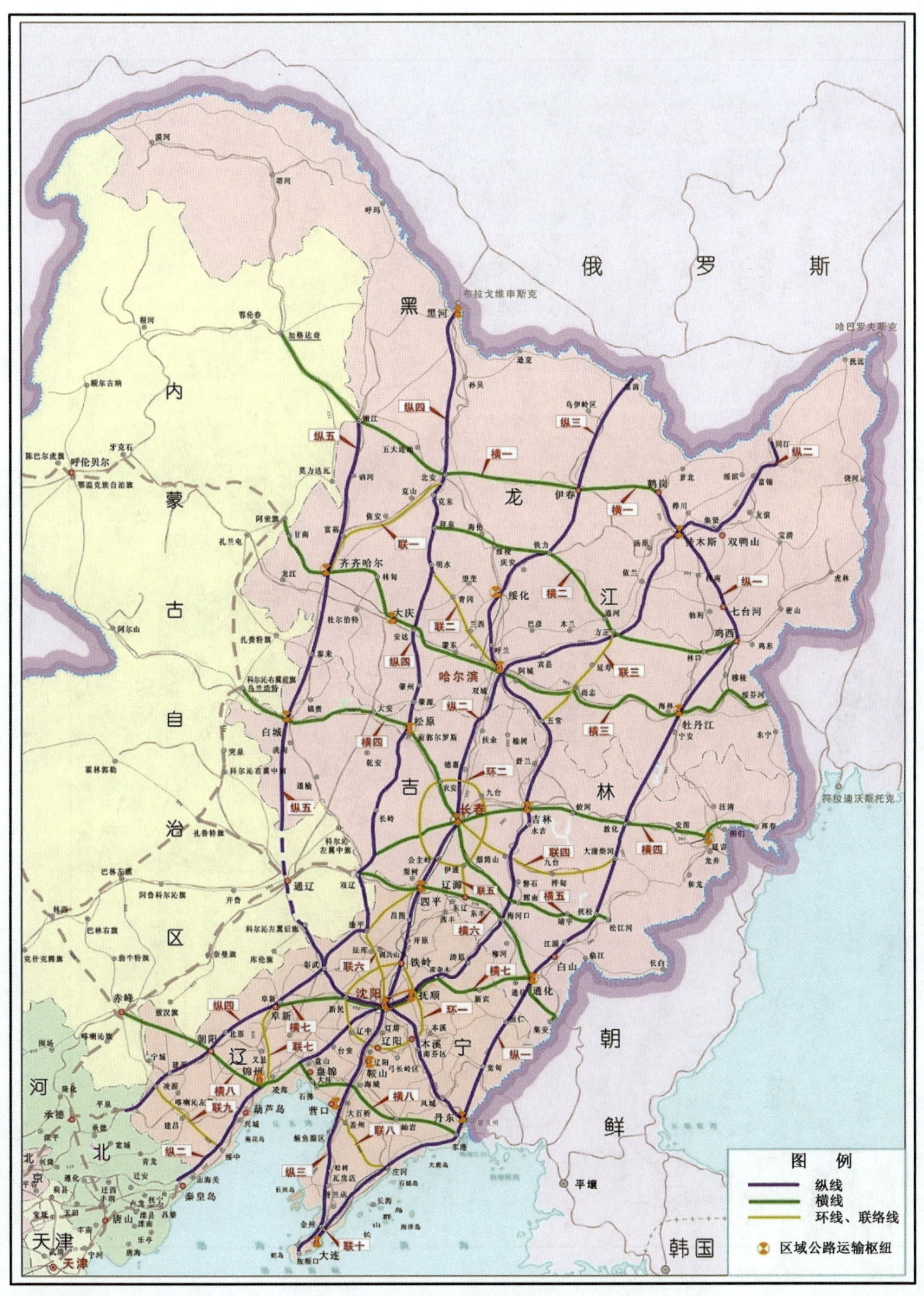

图 2-7　我国东北区域骨架公路网布局图

图2-8 吉林省公路交通现状图

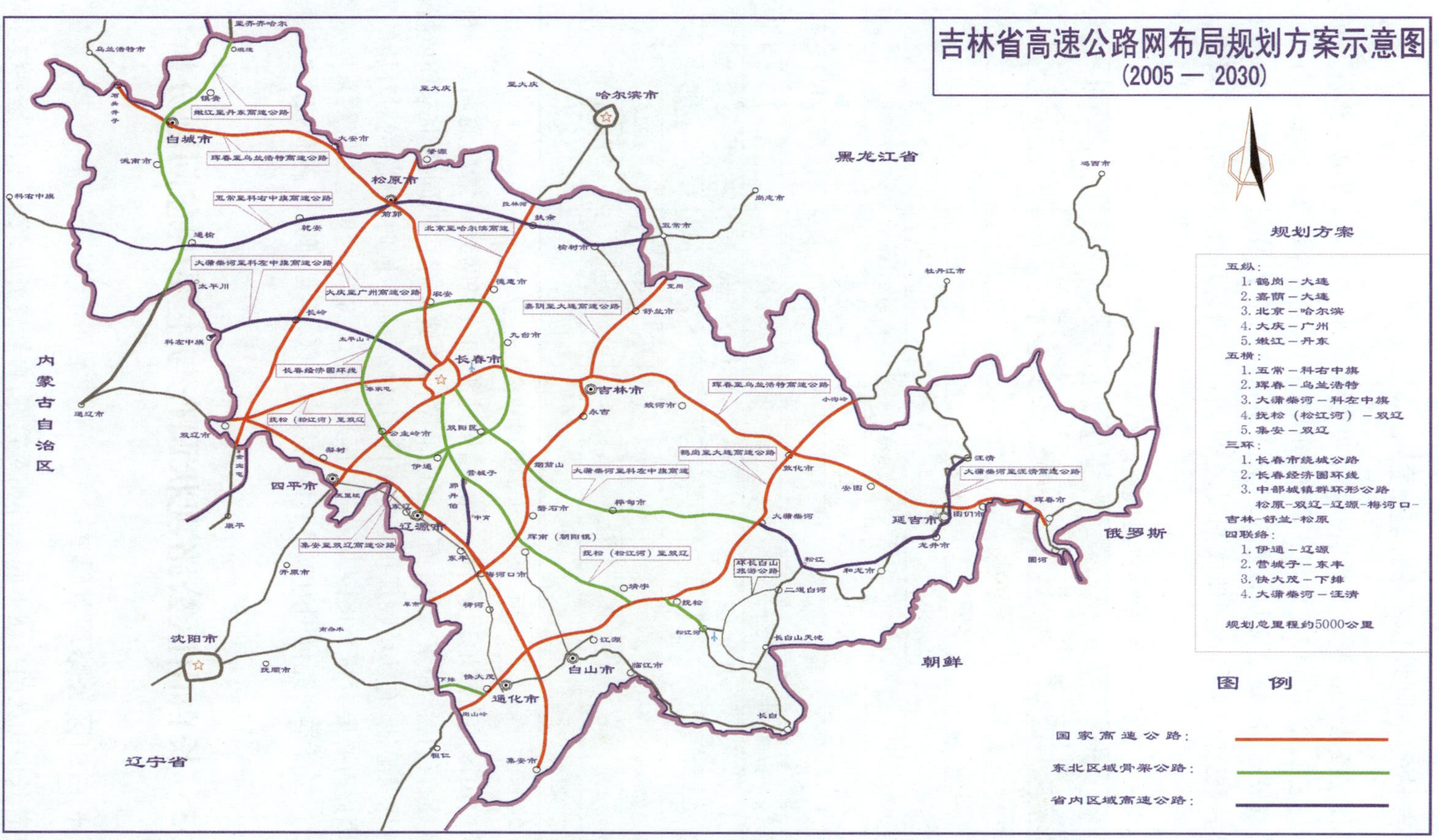

图2-9　吉林省到2030年高速公路网规划方案示意图

2.4.2　吉林省不同地区公路网密度

通过对吉林省各地区各等级公路里程和密度的调查、计算分析,得出吉林省不同地区公路密度统计数据见表2-1。从表2-1中可以看出,东部山区(包括吉林、延边、通化、白山、辽源)的公路网密度普遍较高,其中辽源市的县级以上公路密度居全省最高,为14.83km/百 km²。因此,该地区公路网已经对自然景观造成割裂,公路建设对生态环境的影响已经很大,应该引起足够重视。

吉林省不同地区公路密度统计表(2008)(密度:km/百 km²)　　表2-1

项目 \ 地区	吉林	延边	通化	白山	辽源
国土面积(万 km²)	2.71	4.27	1.52	1.75	0.51
国省干线里程(km)	1 600	2 150	1 219	1 427	506
国省干线密度	5.90	5.03	8.02	8.15	9.91
县级以上公路里程(km)	2 501	2 640	1 621	2 129	756
县级以上公路密度	9.03	6.18	10.66	12.17	14.83
包括农村道路的密度	26.68				61.2
国土面积(万 km²)	2.6	2.2	2.06	1.4	
国省干线里程(km)	1 054	1 166	1 279	1 002	
国省干线密度	4.05	5.30	6.21	7.16	
县级以上公路里程(km)	1 808	2 116	2 319	1 722	
县级以上公路密度	6.95	9.62	11.26	12.30	
包括农村道路的密度				23.7	

注:长白山管委会所辖公路尚未单独统计,包括在延边和白山市内。

通过对长白山区的自然地理、气候土壤、植被地貌和公路网分布情况的调查分析,发现该地区生态环境具有独特性和重要性,而且区内的不同地域又存在不同的生态环境特征,有高山、有盆地、有林间湿地、有动植物保护区等不同的区域特征。同时,公路网对环境的割裂程度也各不相同,因此有必要对整个长白山区进行区划分类,针对不同的生态问题采取必要的措施(详见第3章)。虽然本研究范围为吉林省内的长白山区,但是研究思路和技术方法同样适合整个长白山区。

2.5　长白山区公路现状调查与主要生态问题分析

2.5.1　长白山区公路现状调查

吉林省东部长白山区的自然本底条件相对较好,自然资源比较丰富,生态系统多样。但随着当地人口的不断增长和工程的开发建设,近年来自然生态环境退化现象日显突出,生态环境的承载压力和风险仍在增大。为实现全省生态资源和生态经济的可持续、健康和谐地发展,必须充分认识生态环境的现状，找出存在的主要问题，有针对性地改善、恢复、重建和保护我们赖以生存的生态环境。

结合具体项目研究，本书编写人员几次对吉林省内的长白山地区公路生态环境现状进行了现状调查，主要内容是对已建和在建各级公路典型路段的生态环境现状进行实地调查，包括公路路域范围内及周边的植被、土壤、地形、景观、生态恢复工程和技术等。辨识这些公路中显见的或潜在的生态保护问题，为长白山区公路建设生态影响区划打下基础。

现场调查的公路总里程约为 2 500km，通过调查发现，在海拔 500m 以下的地区，长白山区内公路主要选择在地势较为开阔的浅山、缓丘、宽谷处修建，道路边坡比较平缓、土层较厚，因此对周边森林生态环境的破坏较小，生态恢复的难度不大。在海拔 500 ~ 1 000m 的地区，公路通过地段的谷地变窄，大开挖坡面增多，坡面岩石裸露，坡度较陡，生态恢复难度加大。在海拔 1 000m 以上的公路基本上是依山势起伏而建，公路等级较低，开挖程度较低，路域宽度不大，对环境破坏程度也就不大。从公路的等级来看，高速公路和一级公路对周边生态环境破坏较大，二级公路次之，三级公路较小。

2.5.2　长白山区公路建设的生态问题分析

公路工程是长距离的人工建筑物，工程的建设势必会对生态环境造成破坏和污染，通过对已有工程建设的分析研究，发现长白山区公路建设中存在（潜在）的生态问题主要有：水土流失防治、自然保护区和湿地保护问题，濒危动植物保护、生物多样性和外来物种入侵等问题。

（1）路域内水土流失问题

公路建设，尤其是标准等级较高的高速公路，在建设中产生大量的填挖土石方工程，会造成严重的水土流失现象（图 2-10）。从目前的防护工程后期效果上看，在施工期间水土流失较为严重，这主要是由于一般工程施工期大约 3 年左右，在这三年里（尤其路基开挖的第一年）路基没有进行很好的防护，水土流失现象非常普遍、严重。因此，决不能忽视施工期间的水土流失问题，对环境造成的严重影响。

图 2-10　公路施工期间发生的路堤、路堑冲沟现象

根据《吉林省水土流失公告（2003）》和“最新的卫星影像遥感图像”结果分析得出，吉林省水土流失日趋严重，全省水土流失总面积达 31 519km^2，占全省土地面积的 16.5%，平均每年流失表土层土壤 1.3 × 108t（0.36cm 厚），其后果令人担忧。吉林省水土流失的分布依据地形地貌的变化而不同，水蚀总面积 17 575m^2，主要分布在长春以东的东部山区和中东部低山丘

陵区，面积 13 290km^2，占水蚀总面积的 76%。由此可见，公路建设中防治水土流失的意义重大。

(2)对区域内的湿地生态环境造成的影响

湿地有地球之“肾”说法，保护湿地生态环境意义重大。吉林省东部长白山区水源丰富，降水充沛，受地形影响，该区域湿地具有面积小、分布零散、类型多样等特点，河流、湖泊、沼泽往往镶嵌，呈复合分布，主要类型包括：海拔 550m 以下低山丘陵区宽大的河谷草丛沼泽；海拔 550 ~ 1 200m 之间广泛分布于平坦低洼沟谷、河滩、溶岩台地等地貌部位的森林落叶松苔草沼泽、落叶松灌丛沼泽、草丛沼泽和藓类沼泽。

吉林省内长白山区较大规模的湿地主要有：①长白山自然保护区内的湿地，面积约 2 000hm^2；②图们江下游湿地，包括敬信沼泽和河口区湿地，该地区东部与俄罗斯接壤，西南隔图们江与朝鲜向望，面积约 8 000hm^2；③哈尼自然保护区内的沼泽湿地，面积位于吉林省柳河县凉水乡境内，约 1 678hm^2；④分布在敦化市的富尔河、沙河和黄泥河以及安县大石头镇、二道白河的河流阶地或坳沟湿地。长白山区内的湿地规模相对省内西部地区的湿地规模小很多，这有利于该区公路线形的绕避布设，也有利于采取必要的工程防护措施穿越。

公路建设对本区内林间湿地的影响主要体现在路线穿过湿地或挤占湿地，对湿地原有生态环境和水流系统造成影响。这种影响在施工期间就逐渐反映出来，会造成湿地内水生植物和树木的死亡，还会对原有水生鱼类、两栖类动物的生存环境造成影响。因此，一方面路线要尽量避免穿越林间湿地(尤其线形指标较低的二、三、四级公路)，实在避不开的路段，也要采取相应工程措施，减少对湿地生态系统的影响。

(3)对自然保护区和珍稀动植物资源的影响

从 1960 年建立长白山自然保护区起，截至 2008 年吉林省已建立了不同级别和类型的市级以上自然保护区 34 处，其中国家级自然保护区 12 处，东部山区有 8 处，如再加上省、市级自然保护区，东部山区内自然保护区占全省保护区总面积的 84%，面积达 1 738 644hm^2，其中国家级自然保护区约占东部山区国土总面积(10 743 900hm^2)的 4.7%，如果包括省级以上在内的自然保护区占 16% 左右，如表 2-2 所示。由此可见，在该区域内修建公路势必会紧邻或跨越保护区，在长白山区内修建公路对自然保护区内的动、植物和生态环境的影响程度非常重大。

长白山区内，尤其是在各类自然保护区内生活着很多珍贵、稀有和特产动植物，如珍贵毛皮兽紫貂、水獭、狐、高山冷水鱼等；药用和肉用的梅花鹿、马鹿、黑熊等；其中属于国家一级保护动物东北虎、金钱豹、紫貂、梅花鹿等，共有国家保护动物 45 种。长白山区还集中了全省绝大部分的植物种类，共计 2 385 种，占全省植物的 45.2%，其中国家级珍稀濒危植物 28 种，隶属 19 科 26 属，区内的东北红豆杉、长白美人松、野山参、紫椴、水曲柳、松口蘑等被《中国植物红皮书》和《国家重点保护野生植物名录》中分别列为 I、II 级保护植物。

(4)对环境生态景观的切割影响

公路是线形建筑物，穿越了不同自然景观地带，使得景观破碎度增大、连通性降低，甚至会使某种自然景观消失(如长白山区的林间湿地和针叶林带等)，因此沿线生态景观势必产生切割效应，带来不利的影响。

①由于高等级公路建设的规模较大，尤其高速公路较宽的路幅和填挖方坡面割断了自然景观的连续性，过密的公路网建设会对温带自然景观资源(如温带植物种类的连续性、珍稀的

植物、湿地景观等）带来严重的危害。

吉林省自然保护区概况表（单位：hm^2）　　表 2-2

序　　号	保护区名称	面　　积	面积/比例
1	长白山国家级自然保护区	196 464	东部山区 501 182/24%
2	龙湾国家级自然保护区（辉南县）	15 061	
3	鸭绿江上游国家级自然保护区（长白县）	20 306	
4	天佛指山国家级自然保护区（龙井市）	77 317	
5	伊通火山群国家级自然保护区	764	
6	珲春东北虎国家级自然保护	108 700	
7	雁鸣湖国家级自然保护区（敦化市）	53 940	
8	哈泥国家级自然保护区（柳河县东南，国家级待批）	28 630	
9	莫莫格国家级自然保护区	144 000	西部平原 311 151/15%
10	向海国家级自然保护区	105 467	
11	大布苏国家级自然保护区（松原市）	11 000	
12	查干湖国家级自然保护区	50 684	
13～33 （省市级）	松花江“三湖”等东部山区省级自然保护区	1 237 462	1 262 965/61%
	吉林省中西部地区省、市级自然保护区	25 503	
合　　计	全省自然保护区总面积：2 075 298hm^2 吉林省东部山区省市级以上保护区占长白山区国土总面积：16%		

注：表中比例为占保护区面积比例。

②对景观的切割会使动物的栖息地造成破坏，影响公路两侧动物的迁徙、生存和繁衍，有时会造成过路动物的死亡。

③公路建设对景观的切割还会破坏原有地下水系，导致周边干湿平衡破坏，原来比较干旱的地方可能变成水洼，原来比较湿润的地方可能变得干旱，使得树木因环境变化而死亡。

④长白山林区存在很多小型湿地，是林区生态系统重要的环节，是很多水生动物、植物栖息生存的地点，当公路不可避免地穿过这些湿地时，如果措施不得当，则会隔断湿地生态，造成湿地生态破坏，甚至使湿地退化，破坏小区域内生态平衡。

⑤公路建设对景观的切割造成山体破坏，破坏原有地面植被，恢复困难，产生水土流失；破坏原有山体稳定，可能造成滑坡、泥石流等危害。

（5）对生物多样性的影响

生物多样性有基因（遗传）多样性、物种多样性和生态系统多样性 3 个层次。人们关注的焦点是易于观察和采取保护措施的动植物物种问题，尤其是物种的濒危和灭绝问题。公路建设对物种多样性影响较大，它通过影响物种多样性，最终破坏生态系统多样性。

长白山自然地理条件优越，所产物种丰富集中，是一座天然的生物资源宝库，目前已查明的脊椎动物有鸟类277种(另11亚种)、兽类54种、鱼类17种、两栖类8种、爬行类10种。无脊椎动物昆虫纲有1 000余种,其他腔肠、蠕虫、蜘蛛和土壤动物等尚无系统调查,尤其微生物种类更为繁多。低等植物真菌类251种、地衣类148种,苔藓类339种、蕨类96种,高等植物1 250种,生物多样性非常丰富。在公路建设和运营过程中应保存好这些生物物种及其赖以生存的生态环境,有效地发挥其在生态系统中的作用。

(6)公路建设和运营产生的各种污染对环境的影响

由于公路工程建设产生大量的土石方、施工噪声和废水,这些新产生的污染集中附加在原本和谐的生态体系,扰动了周边的生态环境,对动、植物生态和周边的社会环境均造成了严重的影响。尤其长白山区又是吉林省"三江源头"——松花江、鸭绿江、图们江,河流水系密布,多处为城乡居民的饮用水源,因此在公路建设中要特别注意对水体安全的保护。

(7)潜在外来物种入侵和病虫害问题对环境的影响

长白山区作为整个欧亚东大陆北半球上生物种类最集中的地方,同纬度生态环境保存最完好的地区,自从清朝末年开禁以来,由于人们大量地砍伐森林及进行林副业生产和国内外游客涌入,外来植物入侵的机会日趋增多,同时也带来病虫害入侵问题,应该引起重视。

对于普通段落(不靠近自然保护区)的公路生态恢复工程植物品种选择时,主要看它是否具有入侵性。外来入侵物种的"生物入侵性"主要表现在三方面:①占据乡土物种的栖息地,从而改变当地自然生态系统的组成、结构和功能;②与亲缘相近的乡土物种或种群之间的基因交流和渗透产生遗传侵蚀;③对传统美学和文化观念的影响。由此可见,目前东北地区生态恢复工程中常用的刺槐、紫穗槐、黑松、荷兰菊及各种多年生牧草类,其原产地都不在中国,但实践证明,这些外来物种不但不会造成"生物入侵",而且还会丰富当地物种的种类,维护生态平衡,更好地起到了工程坡面生态防护的作用。

因此,在公路生态恢复时,要根据不同的情况选择经过实践检验的植物品种,避免发生可能的物种入侵和病虫害问题。

2.6 长白山区公路建设对生态环境影响评价

2.6.1 公路建设对路域植被影响

(1)对路域植被生物量影响

长白山区公路建设不可避免地要占用大量林地(包括永久占地和临时占地),从而导致生物量的大量损失。而长白山区公路沿线林型多为杨桦林和针阔混交林,根据文献资料得出主要树种的生物量见表2-3。

不同林型主要树种地上部分不同部位生物量百分比表(%)　　表2-3

植被类型	主要树种	干	枝	叶
针阔混交林	红松(Pinus koraiensis)	78.4	15.1	6.5
杨桦林	白桦(Betula platyphylla)	75.1	16.0	8.9
	山杨(Populus davediana)	79.2	14.7	6.1

注:数据计算详见《长白山北坡森林生态系统的生物量及化学能研究》(秦丽杰等)和《长白山阔叶红松林大样地木本植物组成及主要树种的生物量》(姜萍等)。

从各树种各部分生物量比较看，树干的生物量占比例很大，一般占地上部分的70% ~80% 。其中山杨的树干所占比例最大，说明其生长速度比较快。所以保护树木的树干可以最大限度地减少生物量的损失，在施工过程中要注意保护树木的树干防止损伤。表2-4为单位面积林型地上部分生物量情况。

单位面积林型地上部分生物量(t/hm^2)　　表2-4

植被类型	针阔叶混交林			杨桦林		
	乔	灌	草	乔	灌	草
生物量	139	7.47	2.99	98	22.05	2.45
	149.46			122.5		

从表2-4可以看出，原始针阔叶混交林的生物量远大于杨桦林，原因是针阔叶混交林所处的立地条件比较好，生产力本身也是最高的，而且没有人为干扰。杨桦次生林灌草层的生物量要比原始针阔叶混交林的生物量大，原因是次生林光照强，适合灌草生长，而原始林由于林下庇荫，灌草都比较少。因此，保护灌草层是减少生物量损失的一个重要方面。

(2)对路域植被的形体影响

通过在对长白山区公路施工现场长期调研，统计了施工中常见的植物破坏形式。

①根枝干的破坏。造成如树木枝干折断、劈裂，树干表面(树皮)损伤。树皮是树木主要的水分和养分运输通道，树皮被损害影响树木营养物质的输送，程度严重时会使树木无法得到养分而死亡。树枝被机械折断易形成劈裂状伤害，严重影响树木生长。任何形式的形体伤害都会降低树木的树势，使树木易受到病虫害的侵袭。

②根系的破坏。在施工挖掘的过程中，植被根系会很容易受到损伤。影响根系从土壤中吸取氧、水分和营养物质，并影响其到树干的输送。

③土壤的破坏。树木主要根系内的土壤被机械压实以及树干部分被弃土掩埋，造成根系和树干的通透性受到破坏。压实土壤的结果是大大减少了土壤中的孔隙的数量和大小，这会造成营养根的死亡，致使树木上部的养分供应中断，结果会使树木生长缓慢并且出现枯枝，而且由于树木附近区域土壤减少、营养缺乏、结构坚实，往往造成树木衰弱，甚至趋于死亡。

(3)对路域植被群落多样性的影响

①生态因子的改变。公路建设不可避免会对路域生态因子产生影响，包括光照、温度和湿度这三种常见因子，生态因子的改变最终会导致植被群落特征产生变化。

距离公路10 ~20m位置左右是公路对生态因子的一个水平影响范围，而对次生林的影响略大于原始林。具体表现在增加了林内光照强度，增加了林内温度以及降低了林内湿度，三者的规律变化具有相似性，这是因为各种生态因子具有内在的相关性。

②物种多样性的变化。由于生态因子变化的影响进而对植物物种多样性产生水平影响，影响范围也能达到10 ~20m，并且这种影响有利有弊。由于光强的增加导致了该地区路边植物物种多样性的增加，客观上增加了区域生物多样性，有利于抵抗病虫害及生物入侵的干扰，同时公路的修建也不可避免破坏了原生环境，降低了区域生态稳定性。

(4)对路域植被物种组成的变化

生态因子的变化对群落组成产生水平影响，主要是导致了路边阳性植物比重增加，影响范围也能达到10~20m。影响范围以外逐渐转变为以耐阴植物为主,这是由于生态因子和环境条件发生转变,这种转变在10~20m之间变化较激烈,导致了此范围物种多样性和稳定性在此最低。

2.6.2 公路建设对水环境影响

公路的建设会导致所在地区水文条件发生变化,地上、地下水流与数量也会发生变化,进而影响路边甚至较远地区的动植物,并会产生水污染和地下水位的变化。长白山区公路沿线水系发达、地下水储量丰富,公路沿线的水资源不仅是周边林场居民和长白山区野生动物的主要用水来源,而且直接影响着公路景观和生态环境。

由于长白山区降雨丰富,森林的保水能力极强,地下水位埋深较浅,因此,现有林道沿线分布多处小面积湿地、沼泽地、泥炭地、小溪流等小型水体,这些小型水体生长着茂密的植物,一般也有几十厘米草根层。草根层疏松多孔,具有很强的持水能力,它能保持大于本身绝对干重3~5倍的水量。

(1)公路建设对水文、水系的影响

①改变水流方向。公路的修建会改变地下水或地表水的径流方向,使原来的地下水可能变为地表流或使原来的地表水变为地下水。这种形式的水环境破坏对水的总水量虽然没有影响,但对地表水与地下水的水量比例则有较大影响,从而造成水环境的破坏。特别是在水系上游区,冲沟发育,当公路横跨冲沟修建时,在排水通道不畅的情形下,使上游的地表水排泄受阻,水流多会在冲沟上游聚集成塘。公路工程会造成水流集中于某些点,在许多场合,还会使水流速度加快,从而改变地表水流的自然状态。在特定的区域条件下,这些变化会导致洪水侵蚀土壤以及河流淤塞等后果。

②改变地下水位。公路的修建会造成水流集中于某些点,还会使水流速度加快,从而改变地表水流的自然状态。在公路的填方段,由于公路构筑物的修筑,限制地下水上游的水流,提高周围区域的地下水位。挖方段,开挖会降低周围区域的地下水位,如图2-11所示,或出现路基上游地下水位升高,下游地下水位下降的情况,其结果会造成土壤浸蚀、土壤劣化、植被减少、饮用水和农业用水流失,以及影响鱼类和野生动物的生存。长白山公路区域地下水资源丰富、埋深较浅,在公路的填挖或换填过程中极易造成地下水位的变化,如果处理不当将会造成公路沿线地下水渗出或地下水源切断等后果,影响动植物的生存环境。

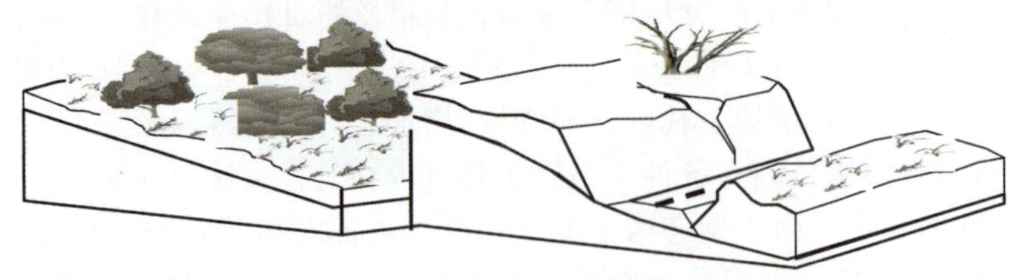

图2-11 挖方路基对地下水位的变化图

③减少地下水补给量、阻断地下水流通路径。降雨到达地面以后,直接向下渗透,是地下水的主要补给方式,而由于公路的修建直接减少了这类补给的面积,从而减少了地下水的补给量。以环长白山公路为例,路基宽度为10m,路线长84.132km,如以入渗系数0.1、降雨量

800mm 进行计算,公路全线范围内入渗减少量高达 67 200m^3。可见,公路的封闭效应是不可忽视的。在地下水浅埋的地区,由于公路修建向下开挖,切穿地下水主要通道,造成地下水涌出,或由于山体的开挖阻断地下水的流通路径,对地下水流产生影响。

(2)公路建设对水质的影响

①公路施工废水对水资源的影响。

公路的修建对水质的影响是比较直接的,不论是公路施工过程中还是运营过程中,都以不同形式和不同程度地对周边水体的水质产生影响。路基开挖和填筑过程中会造成沿线水质浑浊,降低水的透明度;固体物质大量沉积于河底,会改变原有底栖生物的生境,对水生生物造成危害;公路施工过程中含有大量泥沙颗粒的地表径流排入水体,还会影响河流水文条件,降低河流泄洪能力。

公路施工废水主要包括公路施工中拌和站砂石搅拌与冲洗废水、桥梁施工中混凝土浇筑废水、施工机械设备冲洗和施工车辆冲洗等产生的废水。

a. 拌和站废水。

据一般大型砂石料加工系统冲洗废水监测,废水量约为加工砂石方量的 3 倍,是一个较大的水污染源。砂石料废水的主要污染物为悬浮物。悬浮物的浓度与砂石的淤泥类机械组成有关,其冲洗废水浓度可达 500mg/L 以上,远远超过污水综合排放标准一级标准中的 100mg/L 的标准限值,悬浮物浓度过高会降低水的透明度,并导致受纳水体浊度变化,如处理不当,会造成地表水体水质污染,并加剧河道淤积。同时拌和站污水水质 pH 值升高,会改变植物、无脊椎动物、脊椎动物的结构和生长。

b. 桥梁施工废水。

桥梁施工时,尤其是水中墩的施工过程对相应水域所产生的影响非常严重。其主要影响为进行明挖基础施工、钻孔桩基础及围堰设置,造成水体中泥沙量的大量增加,导致水体悬浮物和浊度的大幅增加。此外还有施工机械会引起油污染,施工物料堆场受降雨冲刷会引起地表径流污染。这些作业的行为可能对水生动物原栖息环境有所影响,甚至会使它们暂时迁移至其他河段。

②生活污水对水资源的影响。

公路施工期生活污水主要是施工营地的生活污水。施工营地的生活污水中主要含有 COD、BOD_5、氨、氮、油脂、杂物等污染物,此外还有一定数量的细菌、病毒和寄生虫卵,水质比较稳定,色度和浑浊度高,一般不含有毒物质。施工期人员集中的地方,生活污水的污染物浓度较高,当小河流速为 15m^3/s 时,可使每立方米河水中的 CODcr 增加 1 119mg,当小河流速为 2 ~ 3m^3/s 时,可使每立方米河水中的 CODcr 增加 3 417mg。因此,生活污水必须经过一定措施的处理,不能任意排放。

③水土流失对水资源的影响。

a. 路基填方、挖方施工。

在路基填挖方过程中必然导致原有山坡土体形成新的裸露边坡,在这些新的坡面上极易引起雨水溅蚀,当雨水汇集形成大小不等的径流时,水力冲刷和重力侵蚀及其组合成为土石方开挖工作面水土流失的最主要形式。路基施工中的水土流失主要发生在土方开挖的坡面上,当土方坡面开挖坡度大于 25°时,雨水引起的坡面侵蚀还会出现沟蚀。

b. 弃土和临时工程。

工程弃土弃渣属松散堆积体，结构疏松，遇暴雨冲刷易造成水土流失。由于弃土场一般为土石混合质，弃土场的土壤侵蚀形式主要是水力侵蚀的沟蚀，侵蚀强度为中度或强度。施工便道、原料场、施工营地等临时工程分布在公路沿线，由于这些区域破坏原有植被，使表土层抗蚀能力减弱，降雨时也会发生水土流失，尤其是在山区公路建设过程中，若原料场及废弃土临时存放地管理不当，容易发生片蚀、浅沟蚀等形式的水土流失。

c. 桥面径流对水资源的影响。

公路路面径流中污染物主要是与汽车交通有关的 SS、重金属和由于燃料的不完全燃烧而产生的有毒有机物 PAH 等，这些污染物多为生物难于降解的物质，而且绝大部分为固体物质或者黏附于固体物质上。

2.6.3 长白山区公路建设对景观资源环境的影响

(1)对地形地貌的影响

长白山区的地形地貌有丘陵、低山、中山、高山、熔岩台地等多种类型，公路在建设过程中，需要动用大量的土石方。一方面容易引起岩土体移动、变形和破坏，增加了地质脆弱带边坡的不稳定性；另一方面，由于长白山区夏季多阵雨、暴雨，若对公路边坡防护处理不善，必会导致公路周边坡面水土流失严重、山体坍塌、滑坡、河流阻塞、水污染等人为灾害；再者，由于长白山区具有多种奇特的地形地貌景观，是该地区重要的景观旅游资源，如果公路建设处理不当，将会使这些景观永久消失，造成巨大损失。

长白山区公路的建设对该地区视觉景观的影响分为相反的两个方面：一方面，公路建设目的就是要让长白山区优美的自然景观能够呈现于人们视野中，公路建设中通常采用“借景”的手法，将周围的山体等景观展现出来；另一方面，公路建设会开挖山体，造成边坡裸露，影响视觉景观，在后期建设中应采取有效的恢复措施，增强景观协调性，提高景观质量。

(2)对植物景观的影响

长白山区公路建设必然会对原有的植物景观造成一定破坏。例如：①公路路基的开挖打乱了土层，取走表土，使原有植被遭到破坏，植物失去了生存的土壤条件；②公路修建还可能会引起植物生长环境地下水位的变化，从而造成大片植物涝死或旱死；③公路施工过程中遗弃的建筑垃圾(如沥青、石灰、水泥等)会污染土壤和植被，致使植被死亡；④施工产生的扬尘和其他有害气体对路边植被的影响也是不可忽视的，尤其是沥青混合料的拌和和施工会对附近的植被造成严重的伤害，甚至死亡；⑤施工人员的活动包括施工活动和生活活动亦会对植被产生严重的破坏；⑥公路运营后，由于汽车废气、噪声、有害物质的产生，会使生物栖息的生态环境(空气、水、土壤)逐渐恶化，引起植物发育不良，繁殖机能减退，病害增多，抗病能力下降，有时可能会影响整个植物群落。相反的一个方面，生态因子的变化使一些喜光速生的植物能够适应路域环境，增加了物种多样性，极大地丰富了植物景观的多样化。

(3)对水体景观的影响

长白山区有丰富的水体景观，包括众多的湖泊、河流，该地区还是图们江、松花江、鸭绿江三大水系的发源地，水资源丰富。公路建设一方面需避开水源地等水体敏感地区，另一方面可采用借景手法，将河流、湖泊景观纳入到公路景观视野中来，保证公路视线的通透性，尽量展现水体景观的磅礴大气以及蜿蜒曲折。

长白山区公路建设在为游客展现丰富的水体景观同时也会对其产生负面影响。路堑的开挖及路基填筑阻隔原有水分的循环，改变局部河流水文形态，从而导致水系河道的更改，影响地表径流与动植物群落分布。

(4)对人文景观的影响

公路本身就是人文景观的重要组成之一，以其优美的线形和与环境协调的附属设施，大大丰富了长白山区的人文景观和地方特色，如观景台、管理所的修建，融入了当地的民族风情，与周围环境协调。同时长白山区公路的修建方便了游人旅游，使得更多的人加深了对长白山区民族风情、历史典故、建筑风格等人文景观的了解。

当然，公路建设对长白山原始自然环境的地域特征也会产生一定的影响，因此，这一地区的公路在满足行车安全的角度应灵活选用路线指标，尤其是旅游公路，应尽量使公路融入到当地自然环境中，减少人工痕迹，维护原始生态环境的气息。

2.6.4　公路建设对野生动物的影响

(1)公路对野生动物致死的影响

通过实地调查，长白山区公路野生动物的致死分属两栖纲、爬行纲和哺乳纲。由于两栖纲的动物行动比较缓慢，其道路致死占绝大多数(99.0%)。长白山保护区大量蛙类、蟾蜍的季节迁移导致了较高的道路致死率。许多蛇类也容易遭受道路致死。研究发现蛙类和蟾蜍道路交通致死有三个趋势：一是在公路每公里死亡的两栖类动物数量随着道路运营年份的增加而下降；二是交通量增加导致蛙类和蟾蜍致死比例升高；三是路域和临近栖息地的两栖类动物密度随着交通量增加而减小。因此，道路交通致死对这些两栖类的密度和数量有明显影响。

(2)公路对野生动物迁移的影响

道路的修建导致许多当地野生物种回避道路，这导致了道路避让带(road-avoidance zone)的产生。但我们对环长白山旅游公路的调查结果并未发现公路沿线的野生动物对公路产生明显的回避效应，相反的，公路至少有50m的吸引地带。这种反常现象主要是由于路侧区域光照强度增加，草本、灌木的种类比较丰富，导致了草食动物和松鼠的取食和活动，从而吸引一些大型动物的捕食活动。

(3)公路建设对野生动物栖息地影响

由于路基、取弃土场、观景台等区域的占地，减小了野生动物栖息地面积。另外，公路建成通车，交通量的不断增长带来的各种污染和干扰也间接退化了野生动物栖息地。包括噪声和视觉污染。据监测，噪声影响域实际上一直延伸到公路两侧300m范围，视觉影响域大约在100m左右。因此，长白山区公路对两侧环境的干扰距离至少为单侧300m。

第3章　长白山区公路建设生态影响与恢复区划技术

长白山地区自然条件复杂,生态类型多样,不同区域公路建设中面临的主要生态问题也不尽相同,恢复工程难易程度差别较大,因此,有必要针对不同区域公路建设引发的主要生态问题进行区划,以便在公路设计、建设和运营管理中实施目标明确、重点突出的生态保护措施。

3.1　区划目标与原则

3.1.1　目标

(1)反映长白山区与公路建设有关的主要生态因子时空分布规律。

(2)辨识公路建设和运营可能造成的主要生态问题,揭示公路建设和运营对该地区生态环境的干扰特征及其严重程度。

(3)提出长白山区不同区域内路域植被恢复的基本模式及难易程度,为制订合理的公路生态保护措施提供科学依据。

3.1.2　原则

(1)主要生态问题类型及其组合区域分异与区域完整性原则

针对吉林省长白山地区公路建设中所产生的各种生态影响进行区划。由于当地自然地理条件区域差异比较明显,不同地区面临生态问题的主导类型及其与其他类型的组合各不相同。因此,能够反映各个地区主要生态影响类型的差异性是区划指标,特别是高级区划单位指标选取重要原则。在反映区域差异的同时,也要考虑区划单位的相对完整性。

(2)综合分析与主导因素相结合原则

根据区域生态条件和目前公路建设现状,在综合分析各种生态影响的基础上,不同级别区域的划分选取不同的主导生态问题进行区划。主导因子的原则还体现在,针对每一个主导因子进行区划时,尽量选择能够反映该因子区域差别的主要参数作为区划指标。

(3)主要为长白山地区公路建设中生态环境保护服务原则

区划过程中虽然综合运用了多种生态条件指标,但本区划不同于一般的生态区划,也不同于自然区划。区划中选取的指标、参数和标准,均以已有的公路建设中基本生态问题辨识研究结果为基础,针对公路建设和运营中的生态问题类型及其严重程度选择的,最终目的是为公路建设中的生态保护提供科学依据。

(4)地域组合及生态影响程度的相似性和差异性原则

根据生态学规律和公路建设现状，在区划时对区域内的相似性和区域间的差异性加以识别和概括，力求保证区域内的生态影响类型、影响程度及其组合趋于一致，而区域之间则强调它们的相对差异性。

(5)多级划分原则

区划由多级别等级单位体系组成，每个级别具有互不相同的区划内容和指标。

3.2 区划等级系统及其划分依据

采用两级制区划，将能够反映空间分布特征的宏观生态因子所体现的生态问题作为级别高的区划单位等级。反映的生态问题越宏观，针对该问题区划的等级单位也越高。而相对微观的生态问题，或者限于局部区域出现的生态问题则归于较为低级的区划单位。因此，各级别区划等级划分的依据如下：

第一级　地貌侵蚀动力区

土壤侵蚀加剧是长白山区公路建设中普遍存在的生态问题，地貌与水力侵蚀和冻融侵蚀相结合，是产生这一问题的主要原因。第一级区划首先是区分地貌和侵蚀动力的区域差异，即根据海拔高度、地貌形态、年降水量、一月年平均最低气温的不同，将研究区划分为两个地貌侵蚀动力大区。第一级区划单元用大写罗马字母Ⅰ和Ⅱ表示。

第二级　生态敏感区

长白山区分布有许多自然保护区、湿地和沼泽，长年的人类活动特别是林业开发，已经将完整的原始温带森林景观切割得非常破碎。区域内动植物分布和景观特征的不同，使得公路建设对生态环境影响的敏感程度存在差异。第二级区划是区分公路建设生态敏感程度的区域差异，即根据公路隔离效应系数、生物保护重要性系数以及土壤侵蚀系数的不同，在每个一级区内再划分若干生态敏感二级区。第二级区划单元用大写英文字母 A ~ G 表示。

3.3 区划方法

3.3.1 指标选取

(1)一级区—地貌侵蚀动力指标：本级别主要反映不同区域地质地貌以及侵蚀动力特征等，选取的因子包括侵蚀动力、地质地貌特征和海拔高度。其他自然因素如水系分布、土壤类型等为参考依据。土壤侵蚀可分为三种：水力侵蚀、重力侵蚀和冻融侵蚀。在研究区主要存在水力侵蚀和冻融侵蚀两大类。降雨量是水力侵蚀的指标，降雨量越高，水力侵蚀的营力越强。结合其他因子，将 800mm 降雨量等值线作为第一大区水力侵蚀的分界线。750m 海拔高度等值线、地质地貌和土壤特征作为主要参考依据。此外，区划中靠近行政边界的地方可参照行政界线。经过综合分析，将研究区划分为两个大区：长白山中高山强侵蚀动力大区和吉林—柳河—延边低山丘陵弱侵蚀动力大区(图 3-1)。两大区的基本生态特征见表 3-1。

(2)二级区—生态敏感指标:此级区划主要反映生态系统对公路建设的敏感程度。区划的指标是生态敏感系数,包含的因子有地貌土壤植被特征、公路隔离效应系数、生物保护重要性系数以及土壤侵蚀系数等。公路隔离效应系数通过计算基本单元面积内公路的长度、段数等来分析公路对景观的阻隔程度和干扰程度。生物保护重要性系数主要通过植被类型的多样性、对环境干扰的敏感性、动物特有种群的分布特征、沼泽湿地及自然保护区的分布状况等来反映。土壤侵蚀系数主要在前人工作经验总结的基础上得到。具体的计算过程见下文详细说明。此大区公路生态建设着重考虑植被恢复的难易程度。

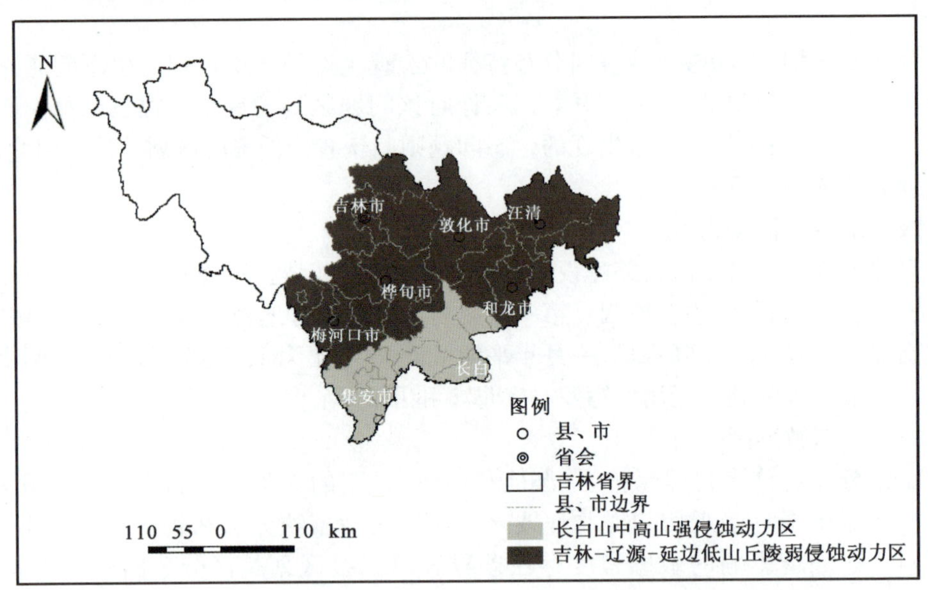

图 3-1 地貌和侵蚀动力分布图

不同区域地貌侵蚀营力的基本生态特征　　表 3-1

区域和地带	年均降水(mm)	1月年均最低气温	海拔高度(m)	主要土壤类型	主要地貌类型	主要地质类型
长白山中高山强侵蚀动力大区	>800	-26~-24℃	>750	黑钙土、盐化黑钙土、暗棕壤、草甸土	侵蚀剥蚀高丘陵、中起伏中山和高山,熔岩高台地	沉积岩
吉林—柳河—延边低山丘陵弱侵蚀动力大区	<750	敦化以东-22~-20℃,以西-26℃	<500	黑钙土,草甸土,沼泽土	侵蚀剥蚀丘陵,河谷平原	沉积岩和深成岩

3.3.2 数据的收集

(1)区划过程中计算的数据依据如下:

①植被类型分布图。

②自然保护区分布图。

③土地利用图(用来分析景观类型及其多样性分布)。

④研究区公路网分布图。

⑤一月平均最低气温。

(2)区划中作为参考的数据包括：

①珍稀动物种群数量及其在不同植被群落栖息地分布特征(见《吉林省志》,1992)。

②自然保护区自然地理环境特征(见《吉林省志》,1992)。

③吉林省自然地理环境(地质、地貌、气候和土壤等自然地理信息)(见《吉林省志》,1992)和生态特征分布图(于力,2005)。

3.3.3　区划技术策略

在GIS技术支持下,该区划采用定量和半定量方法进行。首先基于六角形基本单元面积对各种系数进行计算分析和标准化处理,然后综合运用“自上而下”和“自下而上”的区划策略。

(1)区划策略

对于第一级区划单位采用“自上而下”的区划策略,第二级区划单位的划分采用“自下而上”的区划策略。“自下而上”区划策略的具体过程如下：

①基本单元六角形的选取。

六角形在等面积划分时要优于正方形和圆形,因为它能把研究区尽可能涵盖,而且能使不同范围内包含的各个生态因子比较均匀,由此,本研究将研究区以六角形进行等面积区分。

②系数的标准化计算。

为了准确获取每个因子的生态信息,以免受其他因子的干扰,所有系数在进行计算的过程中都进行了标准化的处理。标准化的公式如下：

$$sd(X_i) = 1 + \frac{X_i - X_{\min}}{X_{\max} - X_{\min}} \tag{3-1}$$

式中：X_i——进行标准化的参数；

$X_{\min}$——所有样本中的最小值；

$X_{\max}$——所有样本中的最大值。

为了避免0值造成计算结果的错误,所有值在原有标准化公式的基础上加了1,因此得到的 X_i 结果都是在(1,2)区间。

③基本单元聚合。

将赋值后的基本单元划分为多个等级(因大区不同而有差别),在Arc/Info支持下进行归并,对归并结果进行分析,并依据区划的区域完整性、唯一性原则,进一步对细碎斑块进行过滤或者合并。如此反复计算,直至获得符合区划原则的完整区划区域。

(2)区域界线确定

不同区域界线的确定主要参照了主要参考指标以及山脉走向、水系走向和行政边界等。

(3)区域命名

各级别区划的命名以能够反映该区域相应的生态问题类型和程度为原则。第一级区划单位的命名主要反映公路修建过程中地质地貌特征和侵蚀动力的影响,故以地貌侵蚀动力区命名。第二级反映的是生态系统对公路建设的敏感程度,故以生态敏感区命名。

3.3.4 生态敏感系数的构建

该级别主要根据地貌土壤植被特征、公路隔离效应系数，生物保护重要性系数（比如不同植被类型特征、自然保护区（包括湿地、沼泽等）的分布和动植物多样性）以及土壤侵蚀系数等来确定。第二级区划的划分主要依据生态敏感系数，地质地貌和土壤特征、地势海拔等也是主要的参考依据。

（1）公路隔离效应系数

公路隔离效应系数主要通过用公路的长度和段数等来分析公路对景观的阻隔程度和干扰程度来实现。对于每一个六角形基本单元而言，公路对周围环境的影响不仅与公路的长度和基本单元内包含的段数相关，而且与被多个公路段所包围的网眼面积的大小有关。六角形基本单元内包含的公路长度越长、段数越多、网眼的面积越小，公路对景观的隔离效应就越强，而景观的完整性就越低。详见图3-2。

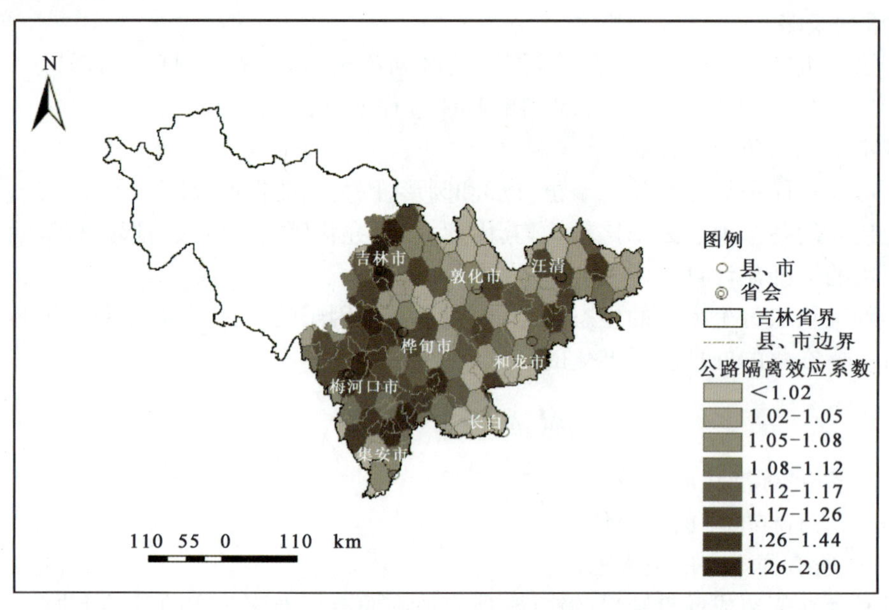

图3-2 公路隔离效应系数分布图

（2）生物保护重要性系数

生物保护重要性系数是根据植被和动物的多样性以及自然保护区的分布来确定。公路建设对植被种群影响主要体现在以下几个方面：造成外来物种侵入、植被生境损失、景观连通性降低、破坏植被以及生态系统扰动等。公路建设对植被的影响以六角形基本单元内植被类型的个数和各类型的面积来定义，并以生物保护重要性因子标示。生物保护重要性系数的定义加入了植被群落内所包含的动物特有种和保护种的因子。

动物的分布与其栖息地植被群落的分布有密切关系。因此对于包含动物特有种和保护种数量较多的植被类型赋予更高的重要性系数，详见图3-3。

（3）土壤侵蚀系数

通过文献资料得到研究区各个县市的土壤侵蚀敏感等级数据，根据每个类型所占面积，对具有不同土壤侵蚀程度的地区赋予不同的权重值，比如一般地区赋予权重为1，轻度敏感区赋予敏感系数权重为2，中度敏感区赋予权重为3，高度敏感区赋予权重为4，然后用各自的敏感系数权重乘以各区的面积，再除以总面积，得到土壤侵蚀系数的值。

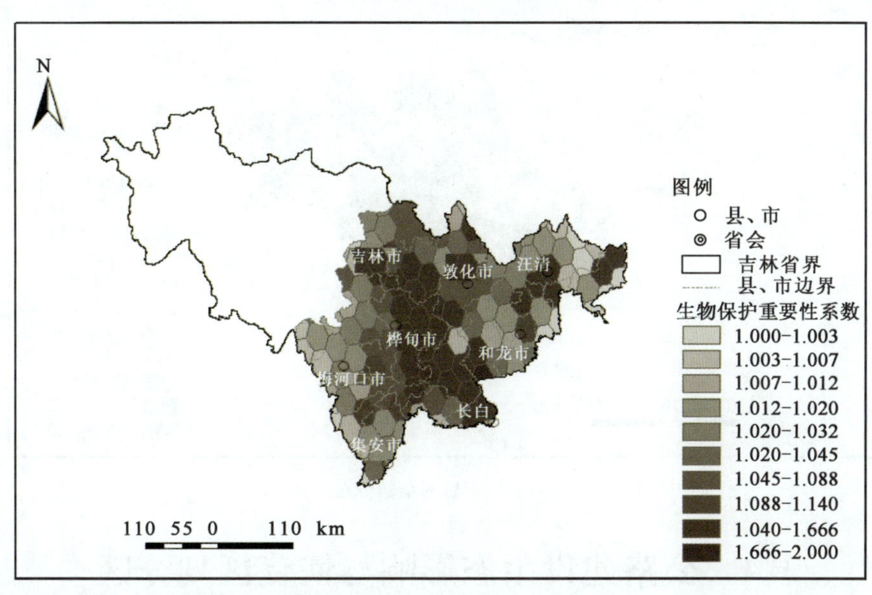

图 3-3 生物保护重要性系数分布图

(4)生态敏感性指数

一般情况下，公路密集的区域，基本属于生物保护相对不重要的区域。所以遵循着重保护未被破坏的较大景观斑块的原则，结合生物保护重要性特征以及自然保护区的位置，将生态敏感性系数定义为以下公式：

$$EI_j = SD\_(1/R_{vj}) \cdot SD\_P_j \cdot SD\_S_j \tag{3-2}$$

式中： EI_j——六角形基本单元 j 的生态敏感性系数；

$SD\_(1/R_{vj})$——基本单元 j 内公路隔离效应系数的倒数标准化形式；

SD_P_j——基本单元 j 的生物保护重要性系数的标准化形式；

SD_S_j——基本单元 j 的土壤侵蚀系数的标准化形式，详见图 3-4。

(5)敏感等级定义

根据以上计算结果，将公路隔离效应系数、生物保护重要性系数和生态敏感系数进行标准化处理，根据系数标准化后的不同指数范围定义相应的敏感等级，见表 3-2。

标准化的公路隔离效应系数、生物保护重要性系数和生态敏感性系数的等级范围 表 3-2

生态敏感等级	生态敏感系数	生物保护重要性系数	公路隔离效应系数	土壤侵蚀系数
高度	1.40 ~ 2.0	1.44 ~ 2.00	<1.06	>3.00
较高	1.25 ~ 1.40	1.06 ~ 1.40	1.06 ~ 1.12	2.80 ~ 3.00
中度	1.18 ~ 1.25	1.01 ~ 1.06	1.12 ~ 1.26	2.50 ~ 2.80
轻度	<1.18	<1.01	1.26 ~ 2.00	2.00 ~ 2.50

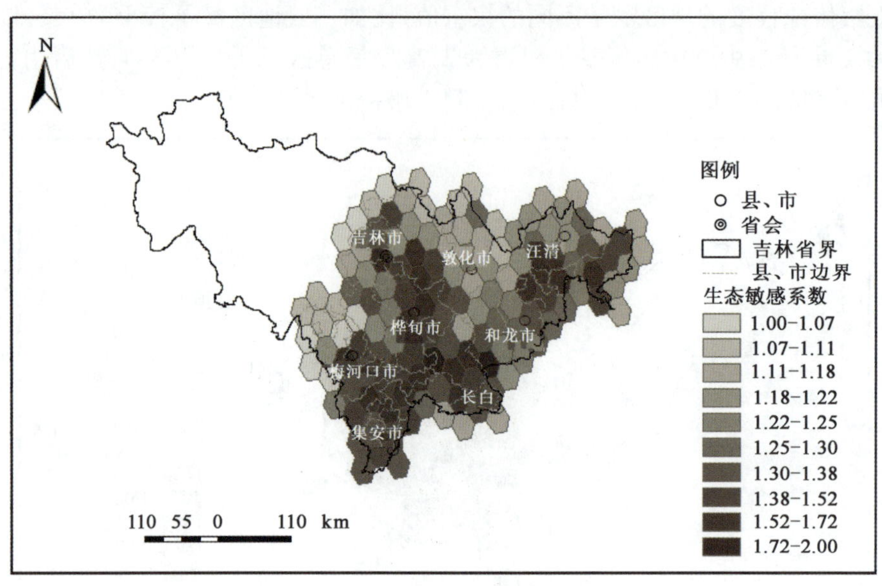

图 3-4 生态敏感系数分布图

3.4 公路建设生态影响与恢复区划分区

根据以上方法，对长白山地区公路建设中的生态问题进行区域辨识，共区划出 2 个一级大区和 7 个二级区（图 3-5）。

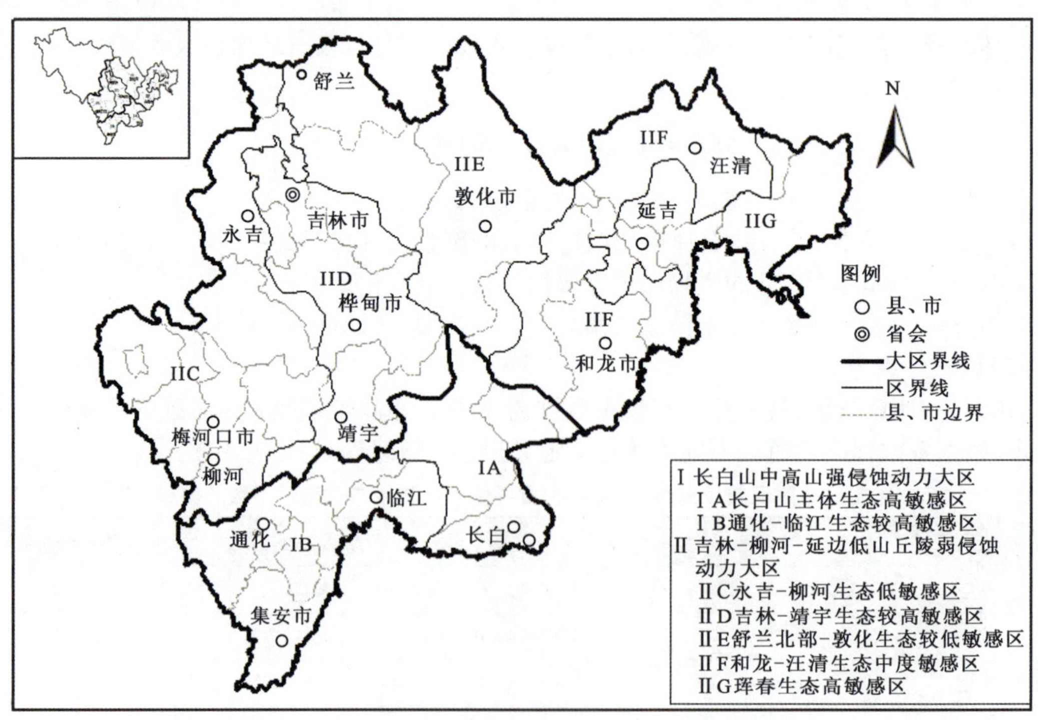

图 3-5 吉林省长白山区公路建设生态影响区划图

Ⅰ长白山中高山强侵蚀动力大区

ⅠA 长白山主体生态高敏感区

ⅠB 通化—临江生态较高敏感区

Ⅱ吉林—柳河—延边低山丘陵弱侵蚀动力大区

ⅡC 永吉—柳河生态低敏感区

ⅡD 吉林—靖宇生态较高敏感区

ⅡE 舒兰北部—敦化生态较低敏感区

ⅡF 和龙—汪清生态中度敏感区

ⅡG 珲春生态高敏感区

3.5 生态影响区分区特征

两个大区和七个小区的基本生态特征、公路建设可能造成的影响以及相应的改善措施如下：

3.5.1 长白山中高山强侵蚀动力大区Ⅰ区（22 619km²）

大区Ⅰ位于长白山区（研究区）的南部，包括长白山主体熔岩高台地和长白山余脉龙岗山、老岭一带。行政区上包括白山市、通化市的大部分地区（包括长白、临江、抚松、江源、通化和集安等市县）。该区大部分降水量在800mm以上，属集安长白润湿气候区；一月平均最低气温在－26～－22℃左右，冻融侵蚀和降雨侵蚀的动力相对较强；绝大部分地区海拔在750m以上，是研究区海拔最高、降水最多的区域；地质岩性以沉积岩为主。区内包括鸭绿江流域全部和第二松花江流域部分地区；土壤类型主要有暗棕壤、白浆土、灰化土、山地草甸土等；长白山主体区地貌属于熔岩高台地，西南部则主要属于侵蚀剥蚀起伏中山。土壤侵蚀系数在这一带分布差异大，长白山主体区比较低，西南部地区比较高。

本大区地被植物主要类型为长白山地高原红松针阔叶混交林，其中长白山自然保护区内尚保留部分原始林，大部分原始林中的高大红松通过择伐成为幼龄红松阔叶混交林。该区内部拥有鸭绿江上游国家级自然保护区和长白山国家级自然保护区，野生动植物资源丰富，具有大量珍稀的动植物物种，是生态保护的重中之重。植被恢复模式建议以自然恢复为主，或人工辅助促进自然恢复，尽量少用外来物种；植被恢复的过程以促进当地群落自然演替为主。

根据本区域的生态敏感特征，可进一步划分为2个二级区ⅠA和ⅠB。ⅠA和ⅠB之间的界线主要依据生态敏感系数，此外，地貌类型、自然地面坡度以及地势海拔高度等也作为区划的参考依据。

（1）IA 长白山主体生态高敏感区 12 016km²

该区年均降水量在800mm以上；一月平均最低气温在－26℃左右；海拔大部分在750m以上；由于一直处于被保护状态，公路网稀疏，公路隔离效应系数大都小于1.10；土壤侵蚀性属于中等，侵蚀系数在2.6～2.8之间；内部拥有长白山和鸭绿江上游国家级自然保护区，生物保护重要性极高，系数大都在1.35以上。生态敏感系数都在1.4以上。此区地貌以高山熔岩台地为主，土壤类型主要有暗棕壤、白浆土、灰化土、山地草甸土等。海拔1 800m以下植被类型以针叶林为主、呈针阔混交林状态，包括红松、鱼鳞松、云杉、冷杉和鹅耳枥、槭树等；海拔超过1 800m 时呈现岳桦矮林、灌木苔原、亚高山草甸等状态。

(2)IB 通化—临江生态较高敏感区 10 603km^2

该区年均降水量超过 850mm；一月平均最低气温在 -22℃左右；海拔在 500 ~ 750m，地面坡度大，基本大于 6°，部分地区大于 25°，侵蚀的营力较大，植被一旦破坏极易造成土壤侵蚀。公路网在此分布相对 IA 区密集，公路隔离效应系数在 1.08 ~ 1.30 之间；土壤侵蚀系数均超过 3.1；生物保护重要性系数在 1.01 ~ 1.05 之间，生态敏感系数在 1.33 ~ 1.53 之间。此区地貌类型以侵蚀剥蚀起伏中山为主，土壤类型以白浆土、暗棕壤为主。植被类型为针阔混交林，山坡覆盖较多次生蒙古栎林。

3.5.2 吉林—柳河—延边低山丘陵弱侵蚀动力大区Ⅱ区（84 820km^2）

该区绝大部分降水量在 750mm 以下，属于吉林敦化湿润和延吉半湿润气候区；一月平均最低气温在敦化西部地区为 -26 ~ -24℃左右，敦化以东地区为 -22 ~ -20℃，冻融侵蚀和降雨侵蚀的动力在敦化以西地区较大，在敦化以东地区较小；地貌类型主要是低山和丘陵；除了东部部分地区海拔在 500m 以上外，其他绝大部分地区海拔在 500m 以下；岩性以深沉岩和沉积岩为主；土壤类型包括白浆土、暗棕壤、水稻土、山地草甸土等。本大区西部为低山丘陵次生落叶阔叶林如蒙古栎林等，另有小面积白桦林、山杨林和水胡林。还有大片人工落叶松林、小面积红松林，河谷中的草甸和苔草沼泽，绝大部分已被开垦为旱田和水田。河流水系：松花江流域、图们江流域、绥芬河流域和第二松花江流域。本区西部属于农业生态区，公路网密集，景观和植被斑块破碎，公路隔离效应系数高；中部（敦化、桦甸、安图）景观和植被斑块较为完整，公路网系数、公路隔离效应系数较低，土壤侵蚀系数较低，基本在 3.0 以下。

此大区包括珲春东北虎、龙井天佛指山、雁鸣湖、龙湾、伊通火山群 5 处国家级自然保护区，生物保护重要性在拥有保护区和湿地沼泽较多的中、东部地区（三湖保护区、敦化、和龙等地）较高，而在西部的梅河口、辽源等地较低。建议在靠近自然保护区尽量以自然恢复为主，其他大部分地区以人工辅助为主进行生态恢复。由于此大区水土流失背景值较大，生态问题较多，景观割裂度较大，建议公路建设坡面生态恢复尽量采用快速施工方法恢复，减少由于工程建设加剧地区水土流失的现象，增加区内景观整体连续性。

根据本区域生态敏感特征，可进一步划分为 5 个二级区ⅡC、ⅡD、ⅡE、ⅡF 和ⅡG。第二级区划各小区之间的界线以生态敏感系数为主要参考依据，此外，地质地貌土壤特征、降水量等值线等也是区划参考依据。

(1)ⅡC 永吉—柳河生态低敏感区 21 148km^2

年均降雨量在 750mm 以下，一月平均最低气温在 -24℃左右，海拔在 500m 以下，地面坡度较缓；公路网很密集，公路隔离效应系数大都在 1.10 ~ 1.60 之间，人类活动影响大，水土流失背景值较高；动植物资源相对贫乏，生物保护重要性系数小于 1.05，此区生态敏感系数基本都在 1.34 以下。此区地貌类型以侵蚀剥蚀高丘陵，地质类型以深沉岩为主，夹杂部分沉积岩，土壤类型以暗棕壤、白浆土为主，山谷、河流等部分地区有水稻土、山地草甸土和沼泽土。山地植被类型以松树、蒙古栎林为主，还有部分榛灌丛、水胡林、五花草甸、苔草沼泽和农田等。

(2)ⅡD 吉林—靖宇生态较高敏感区 18 231km^2

该区年均降水量在650~800mm之间；一月平均最低气温在-24~-26℃；桦甸市海拔500~750m之间，其余海拔在500m以下；此区坡度较陡，大部分地区超过6°；公路网密集，公路隔离效应系数在1.02~1.22之间；土壤侵蚀属于中等，系数在2.5~2.8之间；内部生物多样性非常丰富，具有多种珍稀濒危物种，所以生物保护重要性很高，生物保护重要性系数在1.3~1.6之间。该区生态敏感系数在1.25~1.58之间，属于高度敏感区。此区地貌类型以湖泊、河谷平原和侵蚀剥蚀起伏中山为主，地质类型属于沉积岩、变质岩和深沉岩交替分布，土壤类型与ⅡC区的区别是山地草甸土和沼泽土居多。植被类型同ⅡC。

(3)ⅡE 舒兰北部—敦化生态较低敏感区 18 574km²

年均降水量在650~700mm之间；一月平均最低气温在-24℃左右；海拔高度在750m以下，敦化北部部分地区高于750m；坡度在北部地区较高，中部比较平坦；公路网在此区相对稀疏，以高速公路和国道为主，公路隔离效应系数在1.01~1.20之间。土壤侵蚀性较低，其系数平均在2.5左右。生物多样性对外界干扰的敏感性中等，生物保护重要性系数在1.03~1.06之间；生态敏感系数大多在1.10~1.22之间。此区地貌类型以侵蚀剥蚀中起伏中山为主；地质类型为深沉岩和沉积岩交替分布，土壤类型以暗棕壤、白浆土和水稻土、草甸土为主。植被类型以次生蒙古栎和松树林为主，还有部分五花草甸、苔草沼泽和农田。

(4)ⅡF 和龙—汪清生态中度敏感区 17 180km²

此区大部分地区年均降水量在600mm以下；一月平均最低气温在-24~-20℃之间；海拔高度分布比较复杂，珲春南部海拔在250m以下，其他大部分地区海拔高度在500m以上；公路网稀疏，公路隔离效应系数小于1.20。土壤侵蚀系数基本在3左右。生物保护重要性都较弱，敏感系数均小于1.02；生态敏感系数大多分布在1.55~1.67之间。此区地貌类型以侵蚀剥蚀起伏中山和低山为主，地质类型为沉积岩和深沉岩分布，土壤类型以暗棕壤、白浆土和水稻土为主。植被类型同ⅡE。

(5)ⅡG 珲春生态高敏感区 9 687km²

年均降水量大部分500mm左右；一月平均最低气温在-22~-20℃之间；延吉市附近海拔高度在500m以下，汪清山地海拔在500~1 000m之间；此区坡度绝大部分在6~15°之间，公路网在延吉、珲春市较为密集，公路隔离效应系数大都小于1.23；土壤侵蚀系数为2.86，属于中等偏低；由于该区拥有东北虎自然保护区和海滨沙区，所以生物保护重要性系数很高，敏感系数在1.37~1.55之间；生态敏感系数在1.41~1.68之间，属生态高度敏感区。此区地貌类型以侵蚀剥蚀起伏中、低山为主，南部有部分半固定沙丘和侵蚀剥蚀高丘陵；地质类型以深沉岩和沉积岩为主；土壤类型和植被类型同ⅡE区。

3.6　主要生态影响和恢复对策建议

3.6.1　分区主要生态影响

(1)Ⅰ区(IA、IB)：公路建设可能造成：①外来物种入侵，对珍贵的动植物资源以及基因库造成较大威胁和破坏作用；②阻隔珍稀濒危动物的生态廊道，导致其减少或灭绝；③破坏特有景观、生态系统的连续性和完整性，例如典型的火山地貌景观、独特的植被自然垂直分布景观以及特有的森林生态系统等；④景观连通性下降、生境损失，另外由于某些破坏的滞后性，比如动物种群的减少和濒危物种的灭绝导致某些珍贵基因的交流困难甚至丧失，这对动植物资源及生态系统基因库都将造成损失。

本区生态保护意义重大，在自然保护区周边修建公路时，公路建设和运营中要高度重视对生态环境的保护。为防止生物入侵，生态恢复首选"自然诱导"或表土回覆的"种子库"技术，促进路域植被自然恢复。公路建设注意对长白山、鸭绿江上游和哈尼三个国家级自然保护区的保护，同时加强对集安高句丽古墓群遗址的保护。必要时设置动物通道、采用防噪、限速措施，营造动植物野生环境状态，降低公路建设对动、植物活动和生长的影响。

(2)ⅡC、ⅡE 生态较低敏感区：公路建设可能导致的不利后果如下：①更加严重的坡面水力侵蚀、加剧水土流失现象；②噪声、污染物、生态系统扰动以及生境阻隔和破坏当地动植物资源；③外来物种入侵威胁本地物种的生存；④造成湿地和沼泽的萎缩甚至消失，危及特有生境的功能，土壤理化性质改变等。

公路建设中所采取的保护措施应对此高度重视。由于整体地形相对平缓，在公路生态保护方面以减少表层土壤侵蚀为主，生态恢复中可以考虑选用观赏性较好的物种；此外，由于地势较为低平，公路修建过程中避免造成周围农田的排水障碍，导致局部土壤退化。

(3)ⅡD、ⅡG 生态高敏感区：该地区建设公路会导致如下问题：①在永吉县西北部和靖宇西南部的公路会对保护区形成干扰和破坏，造成次生林生态系统扰动，降低景观的连通，导致生境隔离和损失，并影响内部国家级保护和濒危动植物的生存和繁衍；②由于生物保护重要性系数和公路隔离效应系数都非常高，磐石市和辉南一带的公路建设将会导致景观和生境的进一步碎裂化，使自然生态系统更加脆弱。

本区公路建设中应减少对生态系统的进一步影响，避免对自然保护区的切割扰动。由于区内拥有多处国家和省级自然保护区，公路建设中要采取动物通道和防噪等措施，不干扰被保护目标的生态环境和动物栖息地，满足珍稀动物种群保护的需要。若公路已经靠近或位于保护区之中，则应考虑采取限鸣笛防噪声和限速等措施，保证保护物种的穿行和觅食等不受干扰。在防止土壤侵蚀的坡面生态恢复工程中，仍然首先建议采用"自然诱导"或"种子库"技术，加快坡面植被自然恢复。重视挖方边坡的植物防护措施，构建乔灌草结合的护坡植物群落结构，减少公路径流携带污染物对水源地的污染。此外，公路建设还应关注海滨湿地的连通性，确保物种种群的基因交流和繁殖等不受阻碍。

3.6.2 分区主要生态影响恢复对策分析

(1)公路建设对自然保护区影响的恢复对策

吉林东部山区自然保护区相对较多，公路不应横穿生态高度敏感区，如长白山主体生态高敏感区(ⅠA)、珲春生态高敏感区(ⅡG)以及吉林—靖宇生态较高敏感区(ⅡD)等。必要时要选择保护区的实验区通过。在确定线位时要把握好路网规划与地区特点、工农业分布、旅游景点与生态敏感区之间的关系，正确处理好交通需求、路线标准与地形特征、坡面生态防护技术之间的关系，使得线路与地形、地物与环境之间相互协调。

(2)加强工程边坡的防护和治理，防治水土流失

此措施对侵蚀营力较强的长白山中高山强侵蚀动力大区(Ⅰ)尤为重要。该区域的水力

和冻融侵蚀营力都很强、生物多样性丰富，尤其在长白山主体生态高敏感区（ⅠA），边坡侵蚀导致的连环生态问题应该引起足够重视。边坡绿化是防治侵蚀的有效措施，在工程施工过程中要及时实施水土保持措施，保护高敏感区的生态环境。

（3）防范外来物种和病虫害的入侵

外来物种入侵会打乱当地生态系统的平衡，也有可能带来病虫害问题，因此在生物保护重要性高的地带和濒危物种栖息地。如长白山主体生态高敏感区（ⅠA）和吉林—靖宇三湖地区生态较高敏感地（ⅡD），应着重加强管理，提高监测检疫效力，公路生态恢复时选择本地物种，防止物种入侵和病虫害问题的发生。对于保护区外的公路建设生态恢复的植物选择中，也要严格考察，多方咨询，尽量采用本书推荐的植物种类（第4章），防止问题的发生。

（4）公路工程坡面土壤改良

由于公路建设的填挖方工程产生了很多生土坡面，尤其是岩质坡面，适宜植物生长的养分极少，而且较陡的坡面水土流失严重，风化干旱现象突出，非常不适于植物生态的恢复。坡面土壤改良就是对工程开挖的坡面覆盖表土或采用有机质喷播等技术，使得坡面具备植物生长的条件。公路边坡作为路域生态系统遭受破坏最严重的部分，是恢复的重点核心部位。如ⅡC区：永吉—梅河口—柳河生态低敏感区的公路网密度较高，公路建设对景观的切割现象较为突出，为了尽快恢复生态环境，建议采用人工辅助（如客土喷播等）措施改良坡面加速生态恢复，保证当地生态景观的完整性和连续性；对于Ⅰ区（IA、IB），为保证生态安全，生态恢复首选"自然诱导"或表土回覆的"种子库"技术，促进路域植被自然恢复。

（5）水环境保护和污染防治

长白山是三江源头，长白山区河网湖泊密布，是东部山区和内地人们生活、生产用水的主要来源，保护水资源环境十分重要。在本区内很多深山中的河流还处于未受人类活动污染的状态，公路在建设和运营期间的水土流失都有可能对水环境造成污染，因此要采取有效措施避免施工对地表水和地下水的污染，尤其是对Ⅰ区（IA、IB）、ⅡD～F内的大江大河、饮用水源要加强保护。建议施工队伍进场前要接受环保培训，收费站、服务区等生活污水要建设专用回收净化设施，净化、过滤污水。对水环境保护和污染防治，应在整个研究区公路建设的各个阶段引起高度重视，根据地表水（河流、湖泊、水库）水域环境功能和分类保护目标制订相应措施，对公路排水系统整体规划，设置沉淀净化设施，避免水污染问题发生。

（6）建立生态走廊，保护野生动物

吉林省东部山区是野生动物栖息、生存的主要地区，特别是近年来生态环境的逐渐恢复，很多野生动物种群得到了繁衍和恢复。为保证野生动物活动空间，避免对它们危害，可以通过设置专门的动物通道（桥）或动物隔离栅栏，建立生态走廊，为野生动物提供适宜的活动通道，以减轻公路的阻隔作用及其造成的生境碎裂化现象，将公路建筑物对景观单元的分隔降低到最低程度。

3.6.3　分区公路建设植物生态恢复模式建议

（1）长白山中高山强侵蚀动力大区Ⅰ区

此区水力侵蚀和冻融侵蚀的营力均很强，但由于自然植被覆盖率较高，水土流失背景值较低，土壤侵蚀系数较低，景观和植被斑块完整，发生破坏后的恢复能力强。

表 3-3

区划特征描述及主要生态保护措施建议

大区及其主要特征		植被恢复模式	区及其主要特征		公路建设潜在生态影响及相应生态保护措施建议	植被恢复难易程度
Ⅰ长白山中高山强侵蚀动力大区	年均降水量在800mm以上，海拔在750m以上，部分地区高于1 500m；一月平均最低气温 -26 ~ -22℃，冻融侵蚀和降雨侵蚀的动力均较大；地貌类型为熔岩台地、侵蚀熔岩台地、侵蚀起伏中高山和丘陵；地质岩性以沉积岩为主；土壤类型多样。区内有部分原始的红松阔叶混交林，次生蒙古栎林和白桦林	植被恢复模式建议以自然恢复为主，或人工辅助促进自然恢复，尽量少用外来物种；植被恢复的过程以促进当地群落自然演替为主	IA长白山主体生态高敏感区12 016km^2	该区年均降水量在800mm以上；一月平均最低气温在 -26℃左右；海拔大部分在750m以上；由于一直处于被保护状态，公路网稀疏，公路隔离效应系数大都小于1.10；土壤侵蚀性属于中等，侵蚀系数在2.6 ~ 2.8之间；内部拥有长白山和鸭绿江上游国家级自然保护区，生物保护重要性极高，系数大都在1.35以上。生态敏感系数都在1.4以上。此区地貌以熔岩台地为主，土壤类型主要有暗棕壤、白浆土、灰化土、山地草甸土等。海拔1 800m以下植被类型以针叶林为主、呈针阔混交林状态，包括红松、鱼鳞松、云杉、冷杉和鹅耳枥、槭树等；海拔超过1 800m时呈现岳桦矮林、灌木苔原、亚高山草甸等状态	公路建设可能造成：①外来物种入侵，对珍贵的动植物资源以及基因库造成较大威胁和破坏作用；②阻隔珍稀濒危动物的生态廊道，导致其减少或灭绝；③破坏特有景观、生态系统的连续性和完整性，例如典型的火山地貌景观、独特的植被自然垂直分布景观以及特有的森林生态系统等；④景观连通性下降、生境损失，另外由于某些破坏的滞后性，比如动物种群的减少和濒危物种的灭绝导致某些珍贵基因的交流困难甚至丧失，这对动植物资源及生态系统基因库都将造成损失。本小区生态保护意义重大，在自然保护区周边修建公路时，公路建设和运营中要高度重视对生态环境的保护。为防止生物入侵，生态恢复首选“自然诱导”或表土回覆的“种子库”技术，促进路域植被自然恢复。必要时设置动物通道、采用防噪、限速措施，营造动植物野生环境状态，降低公路建设对动、植物活动和生长的影响	此区水力侵蚀和冻融侵蚀的营力很强，但由于自然植被覆盖率较高，水土流失背景值较低，土壤侵蚀系数较低，景观和植被斑块完整，发生破环后的恢复能力强，建议适当人工辅助，以自然恢复为主
			IB通化-临江生态较高敏感区10 603km^2	该区年均降水量超过850mm；一月平均最低气温在 -22℃左右；海拔在500 ~ 750m，地面坡度大，基本大于6°，部分地区大于25°，侵蚀的营力较大，植被一旦破坏极易造成土壤侵蚀。公路网在此分布相对IA区密集，公路隔离效应系数在1.08 ~ 1.30之间；土壤侵蚀系数均超过3.1；生物保护重要性系数在1.01 ~ 1.05之间，生态敏感系数在1.33 ~ 1.53之间。此区地貌类型以侵蚀剥蚀起伏中山为主，土壤类型以白浆土、暗棕壤为主。植被类型为针阔混交林，山坡覆盖较多次生蒙古栎林	公路建设中填挖方较多，工程坡面土壤侵蚀问题突出。对于土质边坡建议在采取必要加固措施的基础上，采用灌木和草本植物组合进行生态恢复，对于风化石质边坡，可采用人工辅助客土喷播或覆盖藤本植物进行坡面生态恢复。考虑到本小区周边临近自然保护区，建议坡面生态恢复采用乡土物种，公路建设注意对哈尼自然保护区等饮用水源地和集安高句丽古墓群遗址的保护	此区水力侵蚀营力大，冻融侵蚀营力中等。地形起伏大，土壤侵蚀系数较高，植被一旦发生破环恢复困难

续上表

大区及其主要特征		植被恢复模式	区及其主要特征		公路建设潜在生态影响及相应生态保护措施建议	植被恢复难易程度
Ⅱ吉林—柳河—延边低山丘陵弱侵蚀动力大区	年均降水量在750mm以下，属于吉林敦化湿润和延吉半湿润气候区；一月平均最低气温在敦化西部地区为-24℃左右，敦化以东地区为-22℃左右，冻融和降雨侵蚀的动力在敦化以西地区较大，在敦化以东地区较小；绝大部分地区海拔在500m以下；地貌类型主要是低山和丘陵；岩性以深沉岩和沉积岩为主；土壤类型以暗棕壤、白浆土为主，山谷、河流等部分地区有水稻土、山地草甸土和沼泽土	植被恢复模式以人工恢复为主，在一些自然保护区附近，尽量以自然恢复为主 尽管此大区侵蚀动力低，但土壤流失背景值高，植被恢复过程尽量考虑快速恢复植被覆盖，逐渐向自然群落过渡	IIC永吉—柳河生态低敏感区21 148km²	年均降雨量在750mm以下，一月平均最低气温在-24℃左右，海拔在500m以下，地面坡度较缓；公路网很密集，公路隔离效应系数大都在1.10~1.60之间，人类活动影响大，水土流失背景值较高；动植物资源相对贫乏，生物保护重要性系数小于1.05，此区生态敏感系数基本都在1.34以下。此区地貌类型以侵蚀剥蚀高丘陵，地质类型以深沉岩为主，夹杂部分沉积岩，土壤类型以暗棕壤、白浆土为主，山谷、河流等部分地区有水稻土、山地草甸土和沼泽土。山地植被类型以松树、蒙古栎林为主，还有部分榛灌丛、水胡林、五花草甸、苔草沼泽和农田等	区内今后的公路建设可能会面临更加严重的边坡侵蚀问题，公路建设中所采取的生态与环境保护措施中应该对此给予高度重视。由于整体地形相对平缓，填、挖方高度不会很大，在公路生态保护方面以减少表层土壤侵蚀为主，生态恢复中可以考虑选用观赏性较好的物种；此外，由于地势较为低平，公路修建过程中避免造成周围农田的排水障碍，导致局部土壤退化	此区侵蚀剥蚀高丘陵地貌分布集中，水力和冻融侵蚀营力较强，地形坡度平缓，景观和植被碎裂化程度高，一旦遭受破坏恢复较困难
			IID吉林—靖宇生态较高敏感区18 231km²	该区年均降水量在650~800mm之间；一月平均最低气温在-24~-26℃；桦甸市海拔500~750m之间，其余海拔在500m以下；此区坡度较陡，大部分地区超过6°；公路网密集，公路隔离效应系数在1.02~1.22之间；土壤侵蚀属于中等，系数在2.5~2.8之间；内部生物多样性非常丰富，具有多种珍稀濒危物种，所以生物保护重要性很高，生物保护重要性系数在1.3~1.6之间。该区生态敏感系数在1.25~1.58之间，属于高度敏感区。此区地貌类型以湖泊、河谷平原和侵蚀剥蚀起伏中山为主，地质类型属于沉积岩、变质岩和深沉岩交替分布，土壤类型与ⅡC区的区别是山地草甸土和沼泽土居多。植被类型同ⅡC	该地区建设公路会导致如下问题：①在永吉县西北部和靖宇西南部的公路会对保护区形成干扰和破坏，造成次生林生态系统扰动，降低景观的连通，导致生境隔离和损失，并影响内部国家级保护和濒危动植物的生存和繁衍；②由于生物保护重要性系数和公路隔离效应系数都非常高，磐石市和辉南一带的公路建设将会导致景观和生境的进一步碎裂化，使自然生态系统更加脆弱。公路建设中应减少对生态系统的影响，避免对几个自然保护区的进一步切割。若公路已经靠近或位于保护区之中，则应考虑采取防噪和限速措施，保证保护物种的穿行和觅食等不受干扰；重视下边坡的植物防护措施，构建乔灌草结合的护坡植物群落结构，减少公路径流携带污染物对水源地的污染。由于拥有多种国家级自然保护区，在防止土壤侵蚀的坡面生态恢复工程中，仍然首先建议采用"自然诱导"或"种子库"技术，加快坡面植被自然恢复	此区一方面降水量较多，一月平均最低气温较低，水力和冻融侵蚀的营力较大，另一方面地形起伏较大，边坡土壤侵蚀问题较突出，景观和植被发生破坏后恢复难度属中等

续上表

大区及其主要特征		植被恢复模式	区及其主要特征		公路建设潜在生态影响及相应生态保护措施建议	植被恢复难易程度
Ⅱ吉林—柳河—延边低山丘陵弱侵蚀动力大区	年均降水量在750mm以下，属于吉林敦化湿润和延吉半湿润气候区；一月平均最低气温在敦化西部地区为-24℃左右，敦化以东地区为-22℃左右，冻融和降雨侵蚀的动力在敦化以西地区较大，在敦化以东地区较小；绝大部分地区海拔在500m以下；地貌类型主要是低山和丘陵；岩性以深沉岩和沉积岩为主；土壤类型以暗棕壤、白浆土为主，山谷、河流等部分地区有水稻土、山地草甸土和沼泽土	植被恢复模式以人工恢复为主，在一些自然保护区附近，尽量以自然恢复为主 尽管此大区侵蚀动力低，但土壤流失背景值高，植被恢复过程尽量考虑快速恢复植被覆盖，逐渐向自然群落过渡	ⅢE舒兰北部—敦化生态较低敏感区18 574km²	年均降水量在650~700mm之间；一月平均最低气温在-24℃左右；海拔高度在750m以下，敦化北部部分地区高于750m；坡度在北部地区较高，中部比较平坦；公路网在此区相对稀疏，以高速公路和国道为主，公路隔离效应系数在1.01~1.20之间。土壤侵蚀性较低，其系数平均在2.5左右。生物多样性对外界干扰的敏感性中等，生物保护重要性系数在1.03~1.06之间；生态敏感系数大多在1.10~1.22之间。此区地貌类型以侵蚀剥蚀中起伏中山为主；地质类型为深沉岩和沉积岩交替分布，土壤类型以暗棕壤、白浆土和水稻土、草甸土为主。植被类型以次生蒙古栎和松树林为主，还有部分五花草甸、苔草沼泽和农田	公路建设可能导致的不利后果如下：①噪音、污染物、生态系统扰动以及生境阻隔和损失干扰和破坏当地动植物资源；②外来物种入侵威胁本地物种的生存；③造成湿地和沼泽的萎缩甚至消失，危及特有生境的功能，土壤理化性质改变等	此区年均降水量和一月平均最低气温均属中等，各种敏感系数较低，景观和植被斑块较完整，受到破环后的恢复相对容易
			ⅡF和龙—汪清生态中度敏感区17 180km²	此区大部分地区年均降水量在600mm以下；一月平均最低气温在-24~-20℃之间；海拔高度分布比较复杂，珲春南部海拔在250m以下，其他大部分地区海拔高度在500m以上；此区地面坡度大部分在6°~15°之间；公路网稀疏，公路隔离效应系数小于1.20。土壤侵蚀系数基本在3左右。生物保护重要性都较弱. 敏感系数均小于1.02；生态敏感系数大多分布在1.55~1.67之间。此区地貌类型以侵蚀剥蚀起伏中山和低山为主，地质类型为沉积岩和深沉岩分布，土壤类型以暗棕壤、白浆土和水稻土为主。植被类型同ⅡE	本区域公路建设中坡面生态恢复的重点在山区，尽量选择当地耐旱物种建植坡面植物群落，在平原地区可考虑选用当地耐旱灌木物种建植植物群落。因降水冲刷力相对较小，以前期覆盖率较小为特征的灌木群落基本能够满足护坡需求，灌木群落后期维护投入少，耐旱能力强的特点能够得到充分发挥	此区年均降水量较低，一月平均最低气温均较高，侵蚀营力均较弱，但大部分地区坡度很陡，土壤侵蚀系数高，景观和植被斑块较为完整，一旦遭受破坏恢复的难度属于中等

续上表

大区及其主要特征		植被恢复模式	区及其主要特征		公路建设潜在生态影响及相应生态保护措施建议	植被恢复难易程度
Ⅱ吉林—柳河—延边低山丘陵弱侵蚀动力大区	年均降水量在750mm以下，属于吉林敦化湿润和延吉半湿润气候区；一月平均最低气温在敦化西部地区为 -24℃左右，敦化以东地区为 -22℃左右，冻融和降雨侵蚀的动力在敦化以西地区较大，在敦化以东地区较小；绝大部分地区海拔在500m以下；地貌类型主要是低山和丘陵；岩性以深沉岩和沉积岩为主；土壤类型以暗棕壤、白浆土为主，山谷、河流等部分地区有水稻土、山地草甸土和沼泽土	植被恢复模式以人工恢复为主，在一些自然保护区附近，尽量以自然恢复为主 尽管此大区侵蚀动力低，但土壤流失背景值高，植被恢复过程尽量考虑快速恢复植被覆盖，逐渐向自然群落过渡	ⅡG珲春生态高敏感区9 687km²	年均降水量大部分500mm左右；一月平均最低气温在 -22 ~ -20℃之间；延吉市附近海拔高度在500m以下，汪清山地海拔在500 ~1 000m之间；此区坡度绝大部分在6° ~15°之间，公路网在延吉、珲春市较为密集，公路隔离效应系数大都小于1.23；土壤侵蚀系数为2.86，属于中等偏低；由于该区拥有东北虎自然保护区和海滨沙区，所以生物保护重要性系数很高，敏感系数在1.37 ~1.55之间；生态敏感系数在1.41 ~1.68之间，属生态高度敏感区。此区地貌类型以侵蚀剥蚀起伏中、低山为主，南部有部分半固定沙丘和侵蚀剥蚀高丘陵；地质类型以深沉岩和沉积岩为主；土壤类型和植被类型同ⅡE区	本区公路建设首先应该高度重视自然保护区的要求，不干扰和破坏保护目标的行为和栖息地，动物通道和防噪等措施应满足东北虎种群保护的需要。其次，本小区内高速公路的建设应关注海滨固定和半固定沙地的保护和公路防风固沙措施。采取局部草方格和草灌结合的群落坡面防护技术，对固定与半固定山地的扰动面进行及时保护，同时考虑在公路两侧建植乔灌绿化带，防止流沙影响路面。此外，公路建设还应关注海滨湿地的连通性，确保种群的基因交流和繁殖等不受阻碍	此区水力和冻融侵蚀的营力都很弱，公路隔离效应系数和土壤侵蚀系数也较低，但大部分地区地势很陡，保护区内景观和植被遭受破坏后恢复难度属于中等；南部平坦地区的海滨沙丘是非常脆弱的生态系统类型，一旦遭受破坏很难恢复

建议该区植被恢复模式以自然恢复为主，或人工辅助促进自然恢复，尽量不用外来植物物种，植被恢复的过程以促进当地群落自然演替为主。

（2）吉林—柳河—延边低山丘陵弱侵蚀动力大区Ⅱ区

此区处于起伏中低山侵蚀剥蚀地貌分布地带，大部分地区路网密集，整体景观和植被碎裂化程度高，土壤流失背景值较大，一旦遭受破坏恢复较困难。

建议该区植被恢复模式以人工恢复为主，在一些自然保护区附近，尽量以自然恢复为主。尽管此大区侵蚀动力低，但土壤流失背景值高，植被恢复过程尽量考虑快速恢复植被覆盖，逐渐向自然群落过渡。

各分区的特征描述及主要生态保护措施建议详见表3-3。

第 4 章 长白山区公路建设生态恢复的乡土植物筛选

4.1 长白山区植物区系特征

4.1.1 植被垂直分布带明显

长白山区的植被垂直分布带及其主要的建群代表植物是:

(1)高山冻原[海拔 1 900(2 000)m 以上]:牛皮杜鹃(Rhododendron chrysanthum),毛毡杜鹃(Rh. confertissimum),宽叶仙女木(Dryas octopetala var. asiatica),高山笃斯越桔(Vaccinium uliginosum var. alpinum),松毛翠(Phyllodoce caerulea)等。

(2)亚高山长白落叶松与岳桦林带[海拔 1 700 ~ 1 900(2 000)m]:岳桦(Betula ermanii),长白落叶松(Larix olgensis var. changbaiensis),东北赤杨(Alnus mandshurlca)。

(3)针叶林带[海拔 1 100 ~ 1 700(1 800)m]:鱼鳞云杉(Picea jezoensis vat. microsperma),臭冷杉(Abies nephrolepis),红皮云杉(Picea koraiensis),长白落叶松,红松(Pinus koraiensis)。

(4)红松针阔叶混交林带(海拔 1 100m 以下),这最下一带的以红松为主的针阔叶混交林即是本山区也是整个东北植物区系独具特色的地带性植被,它的最主要建群植物有:红松,紫椴(Tilia amurensis),色木槭(Acer mono),枫桦(Betula costata),水曲柳(Fraxinus mandshurica),黄菠萝(Phellodendron amurense),胡桃楸(Juglans mandshurica),杉松冷杉(Ables holophylla),长白松(Pinus sylvestriformis),蒙古栎(Quercus mongolica),拧劲槭(Acer triflorum),白牛槭(Acer mandshuricum),春榆(Ulmus japoica),白桦(Betula platyphylla),山杨(Populus davidiana)等。

当地带性植被红松针阔叶混交林在自然保护区之外受到不合理采伐、火烧等破坏之后则可逐渐形成现今常见的次生阔叶杂木林和杨桦林,进一步破坏则可成为更干旱的蒙古栎林以至榛灌丛。

4.1.2 植物种类比较丰富

据文献资料记载(周繇,王绪等,2006),长白山共有维管植物 105 科、336 属、610 种(含变种及变型,不包括栽培种和外来种),见表 4-1。

其中蕨类植物 13 科、16 属、21 种;裸子植物 3 科、7 属、13 种;被子植物 89 科、314 属、576 种。种子植物共计 92 科,占东北植物区总科数的 79.31%,属数 321 属,占东北植物区总属数的 55.83%,种数为 589 种,占东北植物区总种数的 33.16%(傅沛云等,1995)。

长白山植物区系组成成分 表4-1

类别		科	属	种
蕨类植物	Pteridophyta	13	16	21
裸子植物	Gymnosperm	3	7	13
被子植物	Angiosperm	89	314	576
种子植物	Seed plants	92	321	589
合计		105	337	610

4.1.3 优势现象比较明显

从长白山植物区系种子植物中含9种以上科的排序来看(表4-2),30种以上的大科有3个,即菊科(Asteraeeae)63种、蔷薇科(Rosaceae)45种、毛茛科(Ranunculaceae)34种。含20种以上的有4个,依次为百合科(Liliaceae)27种、豆科(Leguminosae)26种、唇形科(Lamiaceae)21种、虎耳草科(Saxifragaceae)20种。含9~19种的有8个,依次为石竹科(Caryophyllaceae)18种、伞形科(Umbe uiferae)18种、杨柳科(Salicaceae)17种、忍冬科(Caprifoliaceae)14种、龙胆(Gentianaceae)11种、蓼科(Polygonaceae)10种、兰科(Orchidaceae)10种、杜鹃花科(Ericaceae)9种。以上15个科,共计177属,343种,分别占长白山种子植物区系属、种的55.14%和58.23%。而科数仅占16.30%,这表明以上这些科构成了长白山植物区系的主要成分。

长白山种子植物科的统计 表4-2

科名		属数	种数	科名		属数	种数
菊科	Asteraceae	37	63	伞形科	Umbelliferae	12	18
蔷薇科	Rosaceae	18	45	杨柳科	Salicaceae	3	17
毛茛科	Ranunculaceae	13	34	忍冬科	Caprifoliaceae	5	14
百合科	Liliaceae	17	27	龙胆科	Gentianaceae	4	11
豆科	Leguminosae	18	26	蓼科	Polygonaceae	3	10
唇形科	Labiatae	17	21	兰科	Orchidaceae	8	10
虎耳草科	Saxifragaceae	10	20	杜鹃花科	Ericaceae	3	9
石竹科	Caryophyllaceae	9	18				

从长白山植物区系种子植物中属的大小统计来看(表4-3),种数在8种以上的属有7属,分别是柳属(Salix)13种、槭树属(Acer)9种、委陵菜属(Potentilla)9种、樱桃属(prunus)8种、堇菜属(Viola)8种、龙胆属(Gentiana)8种、忍冬属(Lonicera)8种;种数在5~7种的属有10属,以上17个属的总种数达到120种,占该区总种数的20.37%,而属数仅占本区系总属数的5.296%。从以上分析可知,长白山的优势科和优势属现象比较明显。

长白山种子植物优势属统计表　　表4-3

属名		种数	属名		种数
柳属	Salix	13	乌头属	Aconitum	6
槭树属	Acer	9	铁线莲属	Clematis	6
委陵菜属	Potentilla	9	杜鹃花属	Rhododendron	6
樱桃属	prunus	8	松属	Pinus	5
堇菜属	Viola	8	紫堇属	Corydalis	5
龙胆属	Gentiana	8	茶镳子属	Ribes	5
忍冬属	Lonicera	8	蔷薇属	Rosa	5
蓼属	Polygonum	7	鸢尾属	Iris	5
百合属	Lilium	7			

4.1.4　典型的温带分布，地理成分比较复杂

根据吴征镒的中国种子植物区系地理成分的划分(表4-4),长白山种子植物属的分布类型:①在长白山有13种分布类型,说明该区系植物分布类型多样,地理成分较复杂。②北温带分布147属,占本区总属数的46.5%,远远高于中国区系中本分布类型所占比例(10.3%),居所有分布类型首位,典型的北温带分布属,如落叶松属(Larix)、榆属(Ulmus)、胡桃属(Juglans)、桦木属(Betula)、桑属(Morus),在该区均有分布。另外加上第8~10和第12类型,温带分布的共有252属,占长白山总属数79.73%,由此可见,长白山植物区系具有典型的温带植物区系特点。③热带分布属第2、4、5、6、7各种热带类型共计31属,占本区系的9.81%,说明本区系种子植物在发展中与热带植物区系也有着一定的联系。

长白山种子植物的分布类型　　表4-4

分布型	长白山属数	占长白山总属数的比例(%)*	中国属数	占中国属数的比例(%)*
1. 世界分布 Cosmopolitan	35	—	108	—
2. 泛热带分布 Pantropic	19	6.01	372	13
3. 旧热带分布 Old World Tropics	5	1.58	163	5.7
4. 热带亚洲至热带大洋洲分布 Trop. Asia & Trop. Australasia	3	0.95	150	5.2
5. 热带亚洲至热带非洲分布 Trop. Asia & Trop. Africa	2	0.06	151	5.3
6. 热带亚洲分布 Trop. Asia	2	0.06	542	18.9
7. 北温带分布 North Temperate	147	46.5	296	10.3
8. 东亚和北美洲间断分布 E. Asia & N. Amer. disjuncted	28	8.86	117	4.1
9. 旧世界温带分布 Old world Temperate	42	13.3	157	5.5
10. 温带亚洲分布 Temp. Asia	10	3.16	63	2.2
11. 中亚分布 C. Asia	1	0.32	112	3.9
12. 东亚分布 E. Asia	25	7.91	298	10.4
13. 中国特有分布 Endemic to china	2	0.06	196	6.8

注：* 未包括世界分布属。

4.1.5 种的特有现象比较明显

长白山植物区系中中国特有属2属,即大叶子属(Astilboides)、槭叶草属(Mukdenia),占长白山总属数的0.06%。在本区系中特有种类也很丰富,有黄花落叶松紫果变型(Larix olgensis f. olensis)、长白鱼鳞云杉(Picea jezoensis var. komaroii)、长白卷耳(Cerastium baischanense)、朝鲜崖柏(Thuja koraensis)、高山乌头(Aconitum monanthum)、簇毛槭(Acer harbinerve)、拧筋槭(Acert triflonrum)、长白瑞香(Daphne koreana)、东北刺人参(Optopoaox elatus)、人参(Panax ginseng)、长白高山芹(Coelopleurum nakaianum)、毛毡杜鹃(Rhododendron confertissimum)等。既有在长期历史上适应这一地区气候和自然条件而生成的种类,也有适应高寒条件受几次冰期影响适应了冰缘气候的种类。

4.1.6 植物区系的古老性

长白山是中国的典型火山地貌区域之一,山体形成历史悠久,自然环境复杂多样,具有丰富的植物种类。长白山植物区系是东北植物区系的一部分,它含有大量古老的科属,并保存了许多残遗植物。在本区系中,起源古老的属比较丰富,在中生代就已出现的松属(Pinus)、胡桃属(Juglans)、五味子属(Schisandra)、南蛇藤属(Celastrus)、槭树属(Acer)、榛属(Corylus)、荚迷属(Viburnum)、杨属(Populus)、柳属(Salix)、栎属(Quercus)、楤木属(Aralia)以及于新生代第三纪大量兴起并广泛分布的枫杨属(Pterocarya)、榆属(Ulmus)、椴树属(Tilia)、卫矛属(Euonymus)、猕猴桃属(Actinidia)、葡萄属(Vitis)(王荷生,1982)等在长白山均有分布,可见长白山植物区系的古老性。

4.1.7 长白山区经济植物资源丰富

长白山具有适宜植物生长的独特环境,经济植物资源十分丰富,现按用途分述如下:

(1)果类植物资源

本区有鲜果类植物40余种,如越橘、蓝靛果忍冬、猕猴桃、东北茶、野草莓、山楂、山葡萄等,其中越橘、蓝靛果忍冬是长白山著名的果类资源,现已开发利用。

(2)淀粉植物

本区有淀粉植物62种,如蒙古栎、榛子、百合、穿龙薯蓣、玉竹、鹿药、榆等,它们的种子或根状茎、鳞茎等含丰富的淀粉。

(3)纤维植物

据调查,该区纤维植物50余种,如长白升麻、白桦、南蛇藤、山杨、胡枝子、紫椴等皆为优质的纤维植物。

(4)油脂植物

油脂是重要的生活原料,也是必需的工业原料。本区有油脂植物80余种,如元宝槭、月见草、榛子、毛榛、油松等,它们含油量皆在30%以上,提取的油脂可用于工业或医药业。

(5)蜜源植物

长白山有“高山花园”之称,蜜源植物十分丰富。据调查,有蜜源植物60余种,野生蜜源植物主要有毛百合、长白楼斗菜,东北山梅花、暴马丁香、白桦、牛皮杜鹃等。

(6)饲料植物资源

据调查,本区有80余种可作牧草的植物,如山扁豆、狭叶野大豆、草木樨、车前、野豌豆、歪头菜等,有很大的开发利用潜能。

(7)药用植物

长白山药用植物资源十分丰富,有320余种。其中著名的药用植物有野山参、长白红景天、草苁蓉、灵芝、天麻、北五味子、细辛、高山龙胆等,其中长白红景天、草苁蓉、野山参是珍稀药用植物,分别为国家一、二级保护植物。

(8)农药植物

本区农药植物33种,可提取优质的农药,如猫眼草、暴马丁香、天南星、毛茛等。

(9)野菜植物

长白山野菜资源丰富,有40余种,有荠菜、华北蹄盖蕨、蕨、东北羊角芹等,营养价值高的如大叶芹、寒葱、龙牙木、银耳、羊肚菌等。

(10)观赏植物

长白山观赏植物138种,种类十分丰富,如牛皮杜鹃、云间杜鹃、高山蓍、东北雷公藤、萱草、高山粗梗老鹳草、柳叶绣线菊、松毛翠等。

(11)用材植物

长白山素有"长白林海"之称,木材资源十分丰富,本区有30余种用材植物,如红松、白桦、长白鱼鳞松、水曲柳、紫椴、东北红豆杉等。

通过对植物区系的分析,说明长白山野生植物资源极为丰富,开发利用的潜能较大。但是长白山区内自然保护区分布广泛,部分保护区内珍稀动植物资源濒临灭绝,有些特有种列在国家的保护范围之内。在公路建设生态恢复和重建过程中,首先要尽可能地保护,在生态恢复时应充分利用本土植物,这样可以保证恢复后的路域景观能够最大限度的接近原有自然环境。

4.2　长白山生态恢复植物种类的调查

通过对吉林省内长白山区(特别是公路周边)生态环境系统地调查和分析研究,针对公路建设生态恢复适宜的植物种类的具体情况,遵循"因地制宜、就地取材、草灌结合、经济美观"的原则,重点考虑根系发达(易成活、水土保持性强、固土护坡能力强)、抗性强(抗寒、抗旱、耐盐碱、抗病虫害能力、抗污染、净化空气能力强),适合粗放式养护管理(易移植、耐修剪、耐践踏、自然长势整齐、覆盖度大、密度大、绿期长、抗倒伏性能好)等特性要求,通过调查,初选适合本区域内气候(湿度和降水)和土质条件的路用生态恢复的多年生植物种类,详见表4-5。

长白山区公路生态恢复植物初选表　　表4-5

序　号	类　　别	树种名称	拉　丁　名
1	针叶乔木类	樟子松	Pinus sylvestris L. var. mongolica Litv.
2		黑松	Pinus thunbergii Parl.
3		红皮云杉	Picea koraiensis Nakai
4		青扦云杉	Picea wilsonii Mast.

续上表

序号	类别	树种名称	拉丁名
5	阔叶乔木类	刺槐	Robinia pseudoacacia L.
6		蒙古栎	Quercus mongolica Fisch.
7		大青杨	Populus ussuriensis Kom.
8		白桦	Betula platyphylla Suk.
9		五角枫	Acer mono Maxim.
10		旱柳	Salix matsudana Koidz.
11		垂柳	Salix babylonica L.
12		梓树	Catalpa ovata G. Don
13		梨树	Pyrus bretschneideri Rehd.
14	阔叶亚乔木类	京桃	Prunus davidiana (Carr.) Franch.
15		山杏	Prunus armeniaca L. var. sibirica K. Koch
16		茶条槭	Acer ginnala Maxim.
17		沙枣(银柳)	Elaeagnus angustifolia L.
18		水曲柳	Fraxinus mandshurica Rupr.
19		辽东桤木	Alnus sibirica Fisch. ex Turcz.
20	灌木类	紫丁香	Syringa oblate Lindl.
21		小叶丁香	Syringa pubescens Turcz.
22		鸡树条荚迷	Viburnum sargentii Koehne
23		火炬树	Rhus typhina L.
24		胡枝子	Lespedeza bicolor Turcz.
25		紫穗槐	Amorpha fruticosa L.
26		沙棘	Hippophae rhamnoides L. ssp. sinensis Rousi
27		兴安杜鹃	Rhododendron dauricum L.
28		珍珠绣线菊	Spiraea thunbergii Sieb. ex Blume
29		女贞	Ligustrum lucidum Ait.
30		连翘	Forsythia suspensa (Thunb.) Vahl
31		榆叶梅	Prunus triloba Lindl.
32		红瑞木	Cornus alba L.
33		银莓(银果胡颓子)	Elaeagnus commutata
34		山丁(定)子	Malus baccata (L.) Borkh
35		红刺玫	Rosa multiflora var. cathayensis Rehd. et Wils.
36		四季锦带	Weigela florida
37		珍珠梅	Sorbaria sorbifolia (L.) A. Br.
38		长白忍冬	Lonicera ruprechtiana
39		东北接骨木	Sambucus williamsii Hance var. miquelii
40		紫叶小檗	Berberis thunbergii f. atropurpurea
41		日本绣线菊	Spiraea japonica L. f.

续上表

序　号	类　别	树种名称	拉　丁　名
42	宿根类	大金鸡菊	Coreopsis lanceolata L.
43		黄景天(西德景天)	—
44		白景天(卧茎景天)	Sedum sarmentosun Bunge
45		红景天	Sedum spectabile‘Brilliant’
46		黑心菊	Helenium nudiflorum Nutt.
47		卷丹	Lilium lancifolium Thunb.
48		大花萱草	Hemerocallis middendorffii Trautv. et Mey.
49		玉簪	Hosta plantaginea Aschers.
50		紫萼	Hosta ventricosa Stearn
51		荷兰菊	Aster novi-belgii L.
52		马蔺	Iris lacteal Pall. var. chinensis (Fisch) Koidz
53	爬藤类	爬山虎	Parthenocissus tricuspidata (sieb. et Zucc) Planch.
54		五叶地锦	Parthenocissus quinquefolia (L.) Planch.
55	牧草类	紫花苜蓿	Medicago sativa L.
56		多变小冠花	Coronilla varia L.
57		无芒雀麦	Bromus inermis Leyss
58		冰草	Agropyron cristatum (Linn.) Gaertn.
59		早熟禾	Poa annua Linn.
60		紫羊茅	Festuca rubra L.

注:1. 各树种简介(科属、地理分布、形态特征、生态习性和繁殖方式)详见表4-1～表4-4。

2. 表中红体字为非当地原产物种,但已经在当地繁育多年,被证明无物种入侵问题。

4.3　主要生态恢复植物的抗逆性评价

所谓植物的抗逆性是指植物保持正常生长所能抵抗恶劣生存条件的能力,从生物学角度将植物的抗逆性评价分为:抗寒、抗旱、耐瘠薄、耐盐碱、抗污等方面。由于公路结构和减少用地的原因,与普通平地植树不同,工程坡面的植物立地条件非常恶劣,不仅土壤的养分稀少,而且不易留存水分,极易受阳光照射和风力侵蚀形成干旱状态,不利于生态恢复。因此,用于生态恢复植物要具有较强的抗逆性能,尤其在寒冷的长白山区对抗寒、抗旱、耐瘠薄的性能要求较高,另外由于冬季路面需要撒盐防滑,所以对植物的耐盐蚀性能也有较高的要求。

表4-5中的大部分外来物种经过了多年的本地栽种驯化,实践已经证明它们可靠的生物抗逆特性,本研究重点对新引进的几种生态恢复植物进行路用抗逆性试验评价,进一步了解它们的生物特性。试验评价植物包括:景天、沙枣和银莓。同时对主要的乡土乔灌木种类进行抗旱能力评价。

4.3.1 抗寒、抗旱、耐盐蚀能力评价

1)评价指标分析

(1)质膜透性(伤害率)——抗寒性能

植物细胞的选择透性是指细胞控制物质进出的能力,它主要取决于质膜的结构和功能。质膜是分割细胞质和胞外物质的屏障,也是细胞与环境进行物质交换的重要通道,更是细胞感受环境胁迫最敏感的部位。各种逆境伤害(寒冷,干旱,高温,盐碱,水涝,大气、土壤及水质污染等)往往首先作用于质膜上,造成膜透性的改变或丧失,膜透性的增大是膜系统受破坏的表现之一。因此,膜透性的测定常作为植物抗性研究的一个重要的生理指标。当质膜的选择透性由于逆境伤害而明显改变或丧失时,细胞内的物质(尤其是电解质)大量外渗,导致组织浸泡液的电导率增大,通过测定外渗液电导率,就能反映出质膜受损伤的程度和所测材料抗逆性的大小。

(2)根系活力

植物根系是植物吸盐、吸水的器官,是合成氨基酸和某些激素(如 IAA、GA、CTK 和 ABA)的场所。根系活力是根的吸收和合成能力,能直接反映出根的功能状况,是衡量植物根系能否行使正常的吸收和代谢能力的综合指标,也是抗性生理的重要指标之一,它的大小能直接反映出根的功能状况。

(3)脯氨酸的含量

在正常情况下,植物体内游离脯氨酸的含量并不高($200 \sim 700ug \cdot g^{-1}DW$),约占游离脯氨酸总量的百分之几。但当植物处于不同的环境胁迫时,植物体内的脯氨酸水平将明显增加。有关盐胁迫条件下植物体内积累脯氨酸的报道很多,脯氨酸作为植物在渗透胁迫下一种无毒的渗透调节剂,在细胞质内的大量积累,能够降低细胞的水势,避免细胞脱水,并在高渗环境中获取水分。同时,脯氨酸还能保护细胞生物大分子的活性结构。因此,脯氨酸含量高,说明植物的抗逆性强,脯氨酸的积累因而成为抗性生理研究的一个重要指标。

2)景天类植物的抗逆性试验评价

景天类植物具有独特的景天酸代谢途径。所谓景天酸代谢途径(CAM 途径,crassulacean acid metabolism pathway)是指生长在热带及亚热带干旱及半干旱地区的一些肉质植物(最早发现在景天科植物)所具有的一种光合固定二氧化碳的附加途径。具有这种途径的植物称为 CAM 植物。在其所处的自然条件下,气孔白天关闭,夜晚张开,利用此途径,维持水分平衡,同化二氧化碳。由于该途径的特点造成光合速率很低($3 \sim 10mg\ CO_2/dm^{-2} \cdot h^{-1}$),故生长缓慢,但它能在其他植物难以生存的生态条件下生存和生长。

(1)低温抗冻试验

低温对植物的伤害是由结冰引起的。景天类植物对低温的耐受性与其叶片结构有关。景天类植物叶肉细胞间含水量较高,当温度小于0℃时,易形成细胞间结冰,而胞间结冰不一定会导致植物死亡,当环境温度恢复后,叶片解冻,景天类植物仍然保持生命力。

试验方法设计

①秋季取三种景天(黄景天、白景天、红景天)的地下越冬部分分别置于-20℃、-25℃、-30℃、-35℃、-40℃温度条件下1h、2h、3h、4h、5h。取样后,将所取样品放置在5~10℃环

境进行恢复1h,测定质膜透性。

②冬季(环境温度 -12℃)取三种景天地下越冬部分分别置于 -20℃、-25℃、-30℃、-35℃、-40℃温度条件下1h、3h、5h。取样后,将所取样品放置在5~10℃环境进行恢复1h,测定质膜透性和脯氨酸含量。

测定及计算方法:

①质膜透性(伤害率)的测定。具体步骤:a.用具清洗:电导率变化极为敏感,所用玻璃器皿必须洗干净,倒置于垫有洁净滤纸的瓷盘中,用洁净的纱布盖好;b.材料准备:剪取各品种、各处理相同叶位、长势一致的叶片,用湿纱布包好带回室内。水洗并用滤纸吸干外附水分,剪成大小一致的方块(去除大叶脉),准确称取材料0.5g;c.电解质浸提:将材料放入三角瓶中,加入25ml蒸馏水、加盖,并使叶片完全浸入水中,于室温下浸泡24h;d.电导率测定:先将浸泡液充分摇匀,再测定电导率值;为测定相对外渗电导值,将测过电导率的各三角瓶(浸泡液及材料),放入沸水中煮沸30min,冷却至室温后再测定总电导率值(图4-1);e.结果计算:

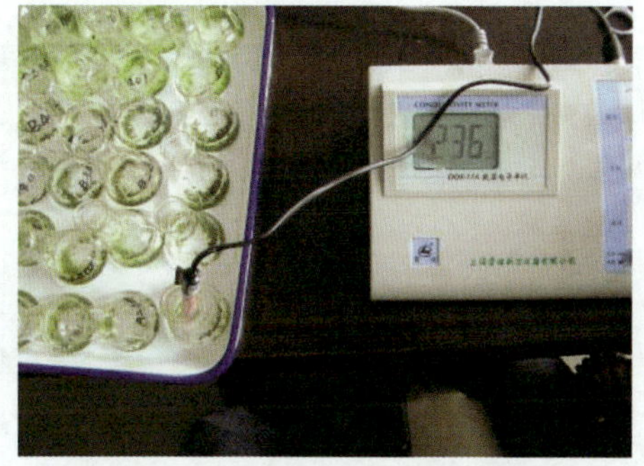

图4-1　三种景天电导率的测定过程

$$伤害率(\%)=\frac{处理电导率值-对照电导率值}{处理煮沸总电导率值-对照电导率值}\times 100 \tag{4-1}$$

②脯氨酸的测定(图4-2)。

具体步骤:

a.标准曲线的绘制:取脯氨酸标准溶液各2ml,加入8个试管中,再分别加入2ml冰醋酸和2ml茚三酮,于沸水浴中加热10~20min,冷却后,加入4ml甲苯,萃取。吸取甲苯层,测515nm处的OD值。以脯氨酸含量(ug/ml)为横坐标,以OD值为纵坐标,绘制标准曲线;

b.游离脯氨酸的提取:称取各品种各处理的叶片材料0.5g,放入试管中,加入10ml蒸馏水,沸水浴10~20min,过滤,定容至50ml,供测定用;

c.游离脯氨酸的测定:取滤液2ml,冰醋酸2ml,茚三酮2ml,沸水浴10~20min,冷却后加入4ml甲苯,萃取。吸取甲苯层,515nm下比色,记录OD值;

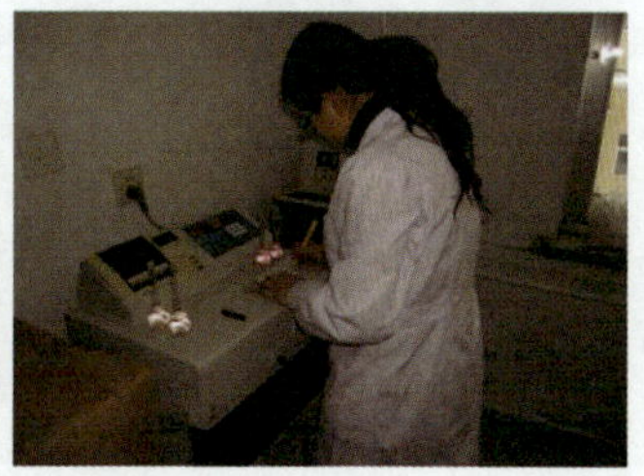

图4-2　三种景天脯氨酸的测定过程(脯氨酸标准溶液、脯氨酸提取、OD值测定)

d.结果计算:

$$C=\frac{A\times V_1}{W\times V_2} \tag{4-2}$$

式中：C——样品脯氨酸含量，ug/g；

W——样品干重，g；

A——标准曲线上查得的脯氨酸含量，ug；

V_1——样品提取液总体积，ml；

V_2——样品反应液体积，ml。

试验结果与分析：

①质膜透性试验结果，见表4-6。

拟越冬环境下三种景天质膜透性的变化(单位：%)　　表4-6

植物名称	温度(℃) 时间(h)	-20	-25	-30	-35	-40
白景天	1	13.98	18.49	27.09	39.21	38.22
	3	17.97	25.76	33.45	42.41	38.19
	5	19.43	32.21	39.09	43.54	40.55
红景天	1	10.99	17.99	25.65	35.40	33.21
	3	16.75	24.56	38.26	47.98	39.04
	5	16.98	32.51	37.53	44.31	48.22
黄景天	1	18.32	23.32	27.06	38.66	39.07
	3	19.19	23.87	33.16	49.30	44.31
	5	23.69	30.11	36.44	47.12	41.56

②试验结果分析：

a. 从表4-6质膜透性的变化趋势来看，秋季取材的各参试材料随处理温度的降低，质膜透性逐渐升高，规律较明显。虽然有个别数据出现温度高而质膜透性也相对较高的情况，但不影响总体的变化规律。基本上符合温度越低对细胞膜造成的损伤越大，细胞膜的透性增大，导致细胞内电解质外渗率也增大这一电导法测定抗寒力的基本理论。

b. 三种景天的质膜透性最高为49.3%，以电解质50%的外渗率作为临界致死低温的生理指标，三种景天在所有温度梯度下的质膜透性都没有达到50%。

c. 在三个处理时间上电导率随温度变化均呈上升趋势，并同时在-40℃时下降。分析原因可能是-40℃低温处理温度下降速度过快细胞间隙没有扩大，对细胞膜和原生质的损害不大。

由此可见，三种景天的地下越冬部分在-40℃下仍不会被冻伤致死，其抗寒力完全适合东北地区的温度环境。

结果分析：

从表4-7可见，三种景天在-20℃、-25℃时脯氨酸积累规律不明显，可能是因为脯氨酸含量过低导致误差影响偏大。进入-30℃、-35℃条件下脯氨酸积累随处理时间的延长而迅速增加，-40℃时积累速度有所放缓，其原因很可能是-40℃的低温较-35℃低温强烈地抑制了脯氨酸的合成反应，即低温降低了脯氨酸合成过程中酶的活性，导致脯氨酸含量没有继续升高而是维持在低水平上。同时对应对照样本的脯氨酸含量，三种景天在-25℃、-30℃、-35℃低温处理后，脯氨酸含量的增加均呈显著状态。

拟越冬环境下植物脯氨酸含量的变化(单位:ug/g)　表 4-7

植物名称	温度(℃) 时间(h)	-20	-25	-30	-35	-40
白景天	1	0.72	0.54	1.26	1.08	1.98
	3	0.36	0.90	1.26	1.62	2.52
	5	1.08	1.08	2.16	2.70	2.70
红景天	1	0.36	0.36	0.72	1.62	2.34
	3	0.54	0.54	1.62	1.62	2.88
	5	0.54	0.90	1.98	2.70	3.06
黄景天	1	0.72	0.72	1.08	1.62	2.52
	3	1.08	1.26	1.98	1.98	2.52
	5	0.90	1.26	2.34	2.88	3.06

由此可见,三种景天在-20℃~-35℃处理范围内的脯氨酸积累量和处理温度存在着正相关性,在此范围内具有一定的抗寒性或对低温胁迫的保护作用。脯氨酸积累量为:黄景天>白景天>红景天,抗寒能力排序为:黄景天>白景天>红景天。

(2)干旱胁迫试验

①耐旱机理分析:景天类植物抗旱性强,这与景天类植物自身的叶片结构有关,分析其耐旱机理:由于景天类植物叶片较厚,叶肉细胞内液泡体积较大,具有特殊的景天酸代谢途径(CAM),在高温、干燥的白天气孔关闭,而在温度较低、空气湿度较高的夜间张开,CO_2 进入叶肉细胞并固定,白天这些固定的 CO_2 再释放出来,在阳光下进行光合作用,减少了蒸腾,降低了水分消耗,避免了白天干旱高温的伤害。

②试验方法设计:秋季取三种景天营养钵苗分别置于培养室内,室温,处理前灌足水,连续70天不浇水,取样测定电导率,并计算出质膜透性。

③测定及计算方法:同低温抗冻试验方法。

④试验结果与分析(表4-8):

干旱胁迫70天后对景天质膜透性的影响　表 4-8

材料名称	电导率(dS·m)			质膜透性(%)
	浸泡液	煮沸后	空白	
黄景天(西德景天)	0.325	2.383	0.078	10.72
白景天(卧茎景天)	0.289	1.755		12.58
红景天	0.126	0.489		11.68

结果分析:电导法测定其抗旱性指标中,三种景天的抗旱性存在着一定差异,质膜透性(伤害率)越大,表明由干旱造成的细胞质膜的透性越大,抗旱性越弱,反之亦然。从试验结果来看,黄景天的抗旱性最强,其次为红景天和白景天。但三者的伤害率均在10.72%~12.58%,未超过15%,处于较低的伤害水平,说明三者均表现出较强抗旱性,且黄景天>红景天>白景天,但差异不显著,说明三种景天的抗旱性均较强。

3）沙枣、银莓等灌木类的抗逆性试验评价

（1）质膜透性试验

试验方法设计：试验方法、测定及计算方法与景天类植物抗寒、抗旱能力拟越冬环境试验相同。试验结果与分析（表4-9）：

拟越冬环境下质膜透性的变化（单位：%）　　表4-9

植物名称	温度（℃） 时间（h）	-20	-25	-30	-35	-40
沙枣	1	19.86	29.65	30.65	37.97	40.89
	3	28.55	28.15	33.44	45.96	44.95
	5	19.66	33.42	37.31	44.32	42.11
银莓	1	20.46	24.56	27.9	43.57	43.01
	3	27.87	31.08	29.99	55.65	44.51
	5	26.54	30.21	34.89	47.05	39.96
珍珠绣线菊（对比组）	1	22.17	24.96	30.77	39.55	40.19
	3	27.84	35.33	35.76	51.90	44.36
	5	27.98	34.54	39.04	47.31	39.22
紫穗槐（对比组）	1	18.50	23.52	26.73	43.21	40.95
	3	24.37	28.21	30.93	36.79	50.99
	5	27.21	28.18	31.34	40.26	44.31

结果分析：四种木本植物在三个时间上电导率随温度变化均呈上升趋势，并同时在-35℃时下降。这一点同三种景天情况相同。除个别数值偶尔突出外，基本符合变化规律，大体上其质膜透性（伤害率）在-35℃时未过50%，说明四种植物在抗寒方面完全适合此温度条件。由以上试验结果也可看出，与当地栽种多年的紫穗槐和珍珠绣线菊相比，近年来新引进吉林省的沙枣、银莓均表现出较强的抗寒性，可以用于该地区公路建设生态建设中。

（2）脯氨酸含量试验

试验方法同前，试验结果见表4-10。

结果分析：四种木本植物的脯氨酸积累量明显高于三种景天，尤其是紫穗槐脯氨酸积累量很高。除紫穗槐外，其余植物样本在脯氨酸积累量随温度下降试验中，三个处理时间上脯氨酸积累量变化规律大体相同，试验初期脯氨酸积累量略有下降，后随温度下降积累量逐渐增加，在-40℃时呈下降趋势。这表明，适当的低温处理能引起脯氨酸积累，而较低的温度则能使脯氨酸含量短期内迅速升高，但随后会因为受到抑制而下降。在-25℃、-30℃、-35℃低温处理中，脯氨酸含量的增加均呈显著状态。

拟越冬环境下植物体内脯氨酸含量的变化(单位:ug/g) 表4-10

植物名称	温度(℃) / 时间(h)	-20	-25	-30	-35	-40
沙枣	1	5.04	3.42	5.04	5.22	3.78
	3	5.04	4.14	5.94	12.96	11.88
	5	4.32	7.74	9.72	23.04	8.28
银莓	1	2.7	1.98	3.24	3.24	3.96
	3	2.16	2.88	3.78	4.5	2.88
	5	2.88	2.52	3.42	4.86	3.42
珍珠绣线菊(对比组)	1	0.36	0.9	0.72	1.26	1.08
	3	1.08	0.54	0.72	1.62	1.08
	5	1.08	0.36	2.88	2.88	1.62
紫穗槐(对比组)	1	32.04	27.18	39.06	36.9	35.46
	3	25.56	35.82	35.28	41.94	36.9
	5	23.22	39.42	46.62	43.56	31.68

4.3.2 抗污染能力评价

公路上行驶的汽车尾气排放、粉尘、噪声、震动也会对自然环境造成污染。汽车尾气污染物主要包括:一氧化碳 CO、碳氢化合物 HC 和氮氧化合物 NO_x、臭氧、二氧化硫 SO_2 和悬浮颗粒物、烟尘微粒(某些重金属化合物、铅化合物 Pb、黑烟及油雾)、臭气(甲醛)等,不仅危害人体健康,还是造成酸雨和光化学烟雾的主要成分。

粉尘是大气环境中涉及面最广、危害最严重的一种污染物,不合理的公路施工会对周边环境造成严重的粉尘污染,粉尘污染会影响庄稼等植物的正常生长发育。

抗污染植物是指能够吸收有害气体、滞留灰尘、杀灭细菌、减弱噪声、保持大气中氧气和二氧化碳平衡的植物,这类抗污、吸污的植物称为抗污染植物。在公路生态恢复植物中应采用抗污染类植物,可以吸收空气中的有害物质,杀菌抑尘,防止铅和其他有害物微粒的扩散。通过对已有研究的分析和归纳,总结出长白山区用于生态恢复建设的主要植物的抗污染情况详见表4-11、表4-12。

主要树种对有害气体的吸收情况 表4-11

植物名称	性状	有毒气体(蒸气)							杀菌
		SO_2	Cl_2、HCl	HF	O_3	Hg	Pb	粉尘	
云杉	针叶乔木							√	
刺槐	阔叶乔木	√	√	√	√	√		√	
大青杨	阔叶乔木							√	
白桦	阔叶乔木	√	√	√					√
五角枫	阔叶乔木		√		√				
旱柳	阔叶乔木	√	√	√					

续上表

植物名称	性状	有毒气体(蒸气)							杀菌
		SO_2	Cl_2、HCl	HF	O_3	Hg	Pb	粉尘	
垂柳	阔叶乔木	√	√	√					√
紫穗槐	落叶灌木	√	√		√	√			
女贞	落叶灌木	√	√	√			√	√	
珍珠梅	落叶灌木								√
柽柳	落叶灌木	√	√	√					
玉簪	宿根	√							
爬山虎	爬藤			√					

主要树种对大气污染物的抗性等级

表4-12

植物种类	SO_2	NO_x	烟尘	C_nH_{2n}(烯烃)	O_3
垂柳	强,中等	—	强	强	强
刺槐	强,较强	强	强	中等	强
旱柳	强,较强	强	强	强	强,较强
紫穗槐	强,较强	强	—	中等	强
火炬树	强	中等	—	—	中等
五角枫	中等	强	中等	中等	强
女贞	强	—	—	—	—
榆叶梅	较强	中等	—	—	—
山桃	较强	—	中等	较强,弱(敏感)	较强
山杏	较强,弱(敏感)	—	—	—	—
连翘	弱(敏感)	弱(敏感)	—	中等	弱(敏感)

通过对长白山区公路建设生态恢复植物的抗污染能力的分析,得出以下结论:

(1)抗 SO_2 植物:SO_2 是污染大气最常见的有害气体,危害也最广泛。对 SO_2 抗性较强的植物:紫丁香、刺槐、旱柳、垂柳、紫穗槐、火炬树。

(2)抗粉尘植物:粉尘是大气污染的主要物质之一。抗粉尘植物一般叶片粗糙密生茸毛,有褶皱,具有吸尘、滞尘能力。抗粉尘能力较强的植物有刺槐、大青杨、女贞。

(3)抗 NO_x 的植物:刺槐、旱柳、紫穗槐、五角枫、火炬树、榆叶梅。

(4)降低噪声效果较好的植物:云杉、垂柳、女贞。

4.4 适合该地区公路建设生态景观恢复的乡土植物

4.4.1 生态、景观恢复植物选择的要求

(1)满足季冻区公路坡面恶劣的生态恢复条件要求

公路建设填挖方的影响,形成的具有一定坡度的路堤、路堑坡面,不仅土壤的养分稀少,而且不易留存水分,极易受阳光照射和风力侵蚀形成干旱状态,其植物立地条件非常恶劣,不利于生态恢复。因此,公路生态恢复植物要选择具有较强的抗逆性能的品种,尤其长白山区地处

季节性冰冻地区，冬季气温可达零下 30 ~ 40℃，夏季公路坡面温度有时高达 40 ~ 50℃，对生态恢复植物的抗寒、抗旱、耐瘠薄性能要求较高，另外由于本地区冬季路面需要撒盐防滑，所以对植物耐盐蚀性能也有较高的要求。

(2)与长白山区植物区系多样性特点相融合

通过对长白山区植物区系的调查分析，发现该区域植物种类丰富多样，自然环境下的生态系统完整。因此，公路建设在生态景观恢复过程中，要十分注意对长白山区特有植物生态环境的保护，尽量利用原生植物种类，为丰富路域景观时可以选用经过多年驯化的、适宜本地生长的、不会产生外来物种入侵的准乡土化植物品种(详见表 4-5 中红字表示)。因此，长白山区公路建设生态景观恢复的植物选择时注意保护植物品种的多样性和特殊性，选择能够反映长白山区地貌特色的植物品种，避免采用单一绿化植物和形式，使公路设施与周边自然景观有机地融合在一起。

4.4.2　适合长白山区公路建设生态景观恢复的植物筛选

根据对长白山区多条公路路域生态恢复现状的现场调查和实际工程经验，在满足公路路域生态景观恢复特殊性和长白山区整体景观多样性的前提下，结合本章对植物抗逆性的试验、分析评价，经过综合分析筛选，提出适合长白山区公路建设生态、景观恢复的各类植物 55 种，其中乔木类植物 18 种，灌木类植物 16 种，宿根类草本植物 11 种，爬藤、牧草类植物 10 种，同时对各种植物的生物特性(生长周期、绿期及花期)进行描述(详见表 4-13 ~ 表 4-16，表中 * 号的品种是经过当地多年驯化的安全的外来物种)，各种植物具体的应用位置详见第 7 章生态景观恢复模式。

长白山区公路生态景观恢复——乔木类植物特性表　　表 4-13

序　号	植 物 名 称	生长周期、绿期及花期	
1	樟子松* Pinus sylvestris L. var. mongolica Litv.	常绿乔木，幼树生长慢，10 年后生长加快，平均年高生长可达 50 ~ 70cm。花期 5 ~ 6 月；球果翌年 9 ~ 10 月成熟。 阳性树种，深根性，根系非常发达，树形及树干均较美观。 可用于互通、场区景观点缀树种	
2	黑松* Pinus thunbergii Parl.	常绿乔木，花期 4 ~ 5 月，果期翌年 10 月。 强阳性，幼树稍耐荫。根系发达，穿透力强，有菌根共生。树形高大美观，树冠葱郁，干枝苍劲，对 SO_2 和 Cl_2 抗性强。 可用于互通、场区景观点缀树种。路侧采用时要考察当地生长条件	

续上表

序 号	植 物 名 称	生长周期、绿期及花期	
3	红皮云杉 Picea koraiensis Nakai	常绿乔木,树冠尖塔形,花期5~6月,球果9~10月成熟。 阴性树种,人工林幼年生长慢,15年后渐快,树高每年生长可达40cm。该树种姿态优美,既耐寒,又耐湿,可作为互通、场区景观点缀树种。路侧、中间带采用时要考察当地生长条件	
4	青扦云杉* Picea wilsonii Mast.	常绿乔木,球果卵状圆柱形或圆柱状长卵形。 阴性树种,成熟前绿色,熟时黄褐或淡褐色。50年树高11m左右。花期5月,球果10月成熟。 可用于互通、场区景观点缀树种。路侧、中间带采用时要考察当地生长条件	
5	白扦云杉* Picea meyeri Rehd. ex Wils	乔木,高达30m,胸径约60cm。树皮灰褐色,主枝叶辐射伸展,侧枝叶由两侧向上弯伸,四棱状线形,微弯,表面每侧有气孔线6~7条,背面每侧有4~5条,极明显,远看粉白色。花期4月,球果9月下旬至10月上旬成熟。 我国特有树种。分布于河北、山西及内蒙古等省(区),为华北地区高山上部主要乔木树种之一。可用于互通、场区景观点缀树种	
6	刺槐* Robinia pseudoacacia L.	落叶乔木,刺槐树芽萌动开放期在4月末,9月末~10月初秋叶开始变黄,稳定通过5℃的气温终止时,刺槐叶子落尽。 喜光,花期5~6月,果实从7月末~8月上旬成熟。 原产北美的树种,公元1877年后引入中国,在国内已遍及华北、西北、东北南部的广大地区。尤其适宜在立地条件差,环境污染重的地区绿化	

续上表

序　号	植 物 名 称	生长周期、绿期及花期	
7	蒙古栎 Quercus mongolica Fisch.	落叶乔木，喜光，长白地区蒙古栎幼树在5月中下旬后开始展叶。十月末落叶，花期5～6月，果9～10月成熟。 蒙古栎的生长速度明显优于榆木，接近于天然次生林生长速度最快的山杨，是一个生长力很高的树种。可用于互通、场区景观少量点缀树种	
8	大青杨 Populus ussuriensis Kom.	落叶乔木，喜光，苗期生长高峰期主要为6月中旬到7月下旬。胸径生长3～7年为加速阶段，8～14年为稳定生长阶段；树高生长最快时期为4～9年。花期4月上旬～5月上旬，果期5月中旬～6月。 可用于场区周边、取弃土场绿化和互通区景观点缀之用	
9	白桦 Betula platyphylla Suk.	落叶乔木，树冠卵圆形，树皮白色。 阴性树种，尤其是树干修直，洁白雅致，十分引人注目。花期5～6月，8～10月果熟。可用于路侧、场区适宜位置生态景观恢复，互通、场区造景之用	
10	五角枫 Acer mono Maxim.	落叶乔木，花期4月，叶前或稍前于叶开放，果10月成熟。弱阳性，生长速度中等，深根性。秋季树叶变红，景色非常优美。可用于路侧、场区适宜位置生态景观恢复，互通、场区造景之用	

续上表

序　号	植 物 名 称	生长周期、绿期及花期	
11	旱柳 Salix matsudana Koidz.	阴性树种,花期4月;果期4~5月。萌芽力强,根系发达,扎根较深,具内生菌根。 在湿润肥沃河流冲积土壤上生长快,11年生树高15.8m,胸径17.8cm,约50年衰老,寿命长达400年以上。可用于路侧、场区和取弃土场适宜位置生态景观恢复,互通、场区造景之用	
12	垂柳 Salix babylonica L.	杨柳科落叶乔木,高达10m,树冠广倒卵形,小枝纤细下垂,3月开黄绿色花,雌雄异株,蒴果4月成熟。 阳性树种,喜生于河岸两旁湿地,短期水淹及顶不致死亡。高燥地及石灰土壤也能适应。发芽早,落叶迟,生长快速,寿命短,30年后渐趋衰老。繁殖以扦插为主,亦可用种子繁殖。花期5~6月,果期9~10月。可用于路侧、场区和取弃土场适宜位置生态景观恢复,互通、场区造景之用	
13	京桃 Prunus davidiana (Carr.) Franch.	阳性喜光,京桃播种后4月下旬~5月初出苗,至7月中旬仍有缓生种子破土出苗。出土子叶为5枚叶片,嫩绿色,展开后陆续变深绿,苗高12cm后开始长侧枝,至9月下旬停止生长时,苗高可达80cm左右,侧枝最多达23个。10月上旬落叶。播种育苗后第4年可正常开花。成树4月末陆续开花并展叶,至5月上中旬花落尽,花期16~22天。7月底果实渐熟,变成橙褐色。可用于路侧、互通、场区的适宜位置造景之用。近年常用(以下花灌木相同)	
14	榆树 Ulmus pumila L.	落叶乔木,高达25m。树干直立,枝多开展,树冠近球形或卵圆形。树皮深灰色,粗糙,不规则纵裂。产于我国东北、华北、西北、华东等地区。 阳性树种,喜光,耐旱,耐寒,耐瘠薄,不择土壤,适应性很强。根系发达,抗风力、保土力强,生长快,寿命长。不耐水湿。具抗污染性,叶面滞尘能力强。是本地区公路各位置绿化常用树种	

续上表

序 号	植物名称	生长周期、绿期及花期	
15	山杏 Prunus armeniaca L. var. sibirica K. Koch	阳性喜光,4月中旬开花,4月下旬盛花,花期7天。4月中旬叶芽萌动,5月初展叶,10月中下旬落叶,生长期约180天。休眠枝条受冻害临界温度为-45℃	
16	火炬树* Rhus typhina	落叶小乔木,阳性树种,高达8m左右。花期5~7月,果熟期9月。 火炬树造林后一、二年,即可在定植穴周围$2m^2$内根蘖出20多株幼树,形成自然苗圃或自然成林。砍伐后,伐根萌芽生长迅速,当年高生长量可达2.5m以上	
17	茶条槭(三角枫) Acer ginnala Maxim.	阳性树种,在东北地区,每年5月上旬叶片开展(盛期),郁郁葱葱。 树叶秋季9月下旬叶片变成红色或淡黄褐色;10月上旬叶片渐落。全年供赏叶时间可达5个月之久。花期5月,花白色、淡黄色或黄绿色。果为双翅果,初为绿色,成熟时为暗褐红色,常下垂,9月成熟,似飞刀,悬空不落也很美丽	
18	沙枣*(银柳) Elaeagnus angustifolia L.	阳性树种,落叶灌木或小乔木。果椭圆形或近圆球形,果长1~2cm,果径1cm左右,萼筒宿存,熟时黄色或红色。花期4~6月,果熟期10月。 根系有固氮根瘤菌,适宜生长在疏松、排水良好的中性沙质壤土中	

长白山区公路生态景观恢复——灌木类植物特性表 表4-14

序　号	植 物 名 称	生长周期、绿期及花期	
1	紫丁香 Syringa oblate Lindl.	落叶灌木或小乔木。圆锥花序长达12cm。花色自淡紫色至深紫色，芳香。花期仲夏。耐寒，喜阳。开花早，又具有美丽秋叶。喜土壤肥沃、排水良好的向阳处。耐修剪，每年注意灌水、施肥和修剪，春季可开出繁茂的花。 紫丁香原产我国华北地区，在中国已有1 000多年的栽培历史。5月春季盛开时艳丽的花序布满全株，芳香四溢，观赏效果甚佳	
2	小叶丁香* Syringa pubescens Turcz.	落叶灌木，稍耐阴，高约2.5m。叶卵圆形或椭圆状卵形，全缘，有缘毛。适应性较强，耐寒、耐旱、耐瘠薄，病虫害较少。以排水良好、疏松的中性土壤为宜，忌酸性土。忌积涝、湿热。 在吉林，丁香花一般5月上旬前萌动，先长叶后开花，5月下旬开花，9～10月份果熟，11月落叶。春季盛开时芳香四溢，观赏效果甚佳	
3	鸡树条荚蒾 Viburnum sargentii Koehne	灌木，稍耐阴，高1～1.5m。花期6～7月。果期7～8月。鸡树条荚蒾树姿清秀，春季白花满枝，夏季绿叶如掌，秋冬季节鲜艳的红果，珠圆玉润，经冬不落，是花、叶、果俱佳的优良花木	
4	胡枝子 Lespedeza bicolor Turcz.	落叶灌木。阳性，花期8～9月。胡枝子耐寒性强，无雪覆盖也能耐-28～-30℃的低温。5月返青，返青温度要稳定在5℃以上。种子发芽最低温度为7～9℃，最适温度22～25℃，最高为32～34℃，幼苗遇-3～-4℃的晚霜不受害，入秋在-5～-6℃的早霜仍能生长，到-7～-8℃时落叶停止生长	

续上表

序 号	植 物 名 称	生长周期、绿期及花期	
5	紫穗槐 Amorpha fruticosa L.	从生落叶灌木，株高约5m，花期5～6月，果期9～10月。紫穗槐喜欢干冷气候，耐干旱能力也很强，能在降水量200mm左右地区生长。也具有一定的耐淹能力，虽浸水1个月也不至死亡。 要求光线充足。对土壤要求不严。根系发达，每丛可达20～50根萌条，平茬后一年生萌条高达1～2m，2年开花结果，种子发芽率70%～80%	
6	沙棘 Hippophae rhamnoides L. ssp. sinensis Rousi	落叶灌木或乔木，喜光，高5～10m，花期3～4月，果期9～10月，具粗壮棘刺。一般情况下，3年后开始进入丰产期，10～15年为盛果期，30年以后开始衰退	
7	珍珠绣线菊* Spiraea thunbergii Sieb. ex Blume	灌木，喜光，株高1.5m，枝条细长，叶线状披针形，花序伞形，白色，花期4～5月，果期7月。 珍珠绣线菊是喜光树种，在全光照下，长势旺盛，枝干生长量大，开花时间长。较耐寒，在湿润排水良好的土壤中生长，长势更好，并且繁殖容易，荫蘖性强，耐修剪，栽培容易，易管理	
8	女贞* Ligustrum lucidum Ait.	常绿灌木或小乔木，稍耐阴，高可达8～13m，枝斜展成广卵形圆整的树冠。果实成熟呈紫蓝色。花期6～7月，果期11～12月。能耐－20℃左右低温，在北方气候也能安全越冬，是园林绿化中应用较多的乡土树种	

续上表

序号	植物名称	生长周期、绿期及花期	
9	连翘* Forsythia suspensa (Thunb.) Vahl	落叶灌木，强阳性树种，株高2～3m。适应性较强，耐寒。对土壤气候要求不甚严格，怕水渍，耐干旱，耐瘠薄，病虫害少。在腐殖土及砂砾土中都可生长，但喜温暖潮湿气候。4月下旬为盛花期。4月下旬在东北连翘为主要观赏植物	
10	榆叶梅 Prunus triloba Lindl.	叶紫褐色，叶宽椭圆形至倒卵形，先端3裂状，缘有不等的粗重锯齿。 弱阳性，花单瓣至重瓣，紫红色，1～2朵生于叶腋，花期4月末；核果红色，近球形，有毛。果期7月	
11	红瑞木* Cornus alba L.	落叶灌木，干直丛生，高可达3m。花小黄白色，花期5～6月。果熟期8～9月。叶浓密，单叶对生。入秋后变红色，鲜艳夺目，甚是秀美。其枝条终年血红色，诱人眼目。春夏观花，秋赏红叶，周年观茎，各具特色。 属半阴性树种，适应性广，极耐寒、耐旱，极耐修剪。是理想庭院绿化观赏树种	
12	银莓* (银果胡颓子) Elaeagnus commutata	落叶的丛枝状灌木，喜光，高3～5m。枝红褐色至灰褐色，无刺，植物体各部分均被银白色腺鳞。叶银白色，单生，花两性，黄色，为完全花，小而具芳香，果实为干燥的、果皮不开裂的瘦果，具肉质花被。种子核果状，小形，具坚硬外壳。 能忍耐严酷的环境条件，对土壤条件要求不严，根系发达，水平伸展，具有根瘤菌，具有抗寒、抗干旱、抗风沙、耐瘠薄、耐盐碱等优良特性。银白色的叶片和果实，是园林绿化美化的优良灌木树种	

续上表

序　号	植 物 名 称	生长周期、绿期及花期	
13	红刺玫* Rosa multiflora var. cathayensis Rehd. et Wils.	灌木，高可达2m。幼枝被黄色柔毛并密生皮刺和刺毛。花期在5～6月。果期于8～9月。阳性植物。生长季节日照少于8h则徒长而不开花。对空气湿度要求不甚严格，气温低、湿度大时发生锈病和白粉病。红刺玫对土壤的酸碱度要求不严格，微酸性土壤至微碱性土壤均能正常生长。冬季有雪覆盖的地区能忍耐－38～－40℃的低温，无雪覆盖的地区也能耐－25～－30℃的低温	
14	四季锦带 Weigela florida	灌木，阳性树种。高达1～3m。6月进入盛花期，球形树冠，开成一个粉红色的花球，特别美观，具有极强的绿化、美化效果，果期9～10月	
15	珍珠梅 Sorbaria sorbifolia (L.) A. Br.	从生落叶灌木，高约2m，枝梢向外开展；叶互生，奇数羽状复叶，长5～10cm，小叶长椭圆状披针形，边缘具重锯齿，顶生圆锥花序，花小，白色，6～7月开花果，种子小，圆形。 喜光，又耐庇荫，耐寒性较强。喜湿润肥沃土壤。萌蘖力强。长白山区公路两侧常见野生群落	
16	长白忍冬 Lonicera ruprechtiana	灌木、高达2～3m。幼枝密生短柔毛。叶对生。两花合生叶腋，花萼筒联合，花冠白色后变成黄色，基部带淡紫色。浆果红色。花期月下旬，果期8～10月。对土壤要求不严，喜光，耐阴，耐旱，喜湿润。易移栽，耐－34.5度低温。适应地区只有东北	

续上表

序　号	植物名称	生长周期、绿期及花期	
17	日本绣线菊* Spiraea japonica L. f.	落叶小灌木，喜光照，高达 1.5m，冠幅可达 60～90cm。叶卵状，互生，叶缘有桃形锯齿。花蕾及花均为粉红色，10～35 朵聚成复伞形花序。花期 6 月中旬～10 月中旬，盛花期为 6 月中旬～9 月上旬，花期长，观花期 5 个月。4 月上旬开始萌芽	

长白山区公路生态景观恢复——宿根类草本植物特性表　　表 4-15

序　号	植物名称	生长周期、绿期及花期	
1	大金鸡菊* Coreopsis lanceolata L.	大金鸡菊，属菊科金鸡菊属宿根草本植物。株高 60～80cm，花期 5 月中旬～11 月上旬。 大金鸡菊原产北美，对土壤要求不严，在地势向阳，排水良好的沙质土壤中生长	
2	黄景天* （西德景天）	多年生草本，株高 30～40cm，出土时馒头状，植株整齐，单株成球状。叶肉质、翠绿色，秋叶红黄色。聚伞花序，花亮黄色，花期 7～8 月。 耐旱性强，喜光照，也耐荫，具有一定的耐寒性；对土壤要求不严。抗旱性极强，年绿期达 10 个月以上	
3	白景天* （卧茎景天） Sedum sarmentosun Bunge	多年生草本植物。多年生肉质草本，枝淡粉色，密集较细弱，不育枝匍匐生根，结实枝直立，长 10～20cm。叶肉质浅绿色，3 片轮生，倒披针形至长圆形，长 15～25mm，宽 3～5mm。绿叶观赏期达 8～9 个月，聚伞花序，花淡黄绿色，花期 6 月上旬～7 月下旬。 适应性很强，耐寒、耐旱又能耐水湿，也可耐半荫	

续上表

序 号	植 物 名 称	生长周期、绿期及花期	
4	红景天* Sedum spectabile 'Brilliant'	多年生宿根草本。株高30~40cm,茎红色。整体呈球型,伏地效果好,十分美观。叶对生或三枚轮生,椭圆形,光滑,全缘。整株出土时肥大肉质叶呈馒头状,叶绿色,返青早,落叶迟,绿色期长,秋季叶变红色。伞房花序,小碎花黄色,花期6月上旬~7月下旬	
5	黑心菊* Helenium nudiflorum Nutt.	一般作1~2年生栽培,枝叶粗糙,地植株高可达1~2m,盆栽矮化为20~30cm,且多分枝,叶片较宽且厚,基部叶羽壮分裂5~7裂,茎生叶3~5裂,边缘具有较密的锯齿形状,头状花序生于主杆之上。花瓣长3cm左右,花展开度为3~7cm,花色有:橘红、深红、粉红、水红等颜色。花期从5月~10月,在南方时间更长	
6	卷丹 Lilium lancifolium Thunb.	多年生球根花卉,茎高60~120cm。叶互生,鳞茎的鳞片无节,茎上部叶腋具珠芽,并生有白色绵毛;有花8~20朵,橙红色,下垂,花被片反卷,具紫黑色斑点,花期7~8月	
7	大花萱草* Hemerocallis middendorffii Trautv. et Mey.	多年生草本,地下具根状茎和肉质肥大的纺锤状块根。叶基生,条形,排成两列,长约25cm,宽1cm。株高30cm,花茎粗壮,高约35cm。螺旋状聚伞花序,花7~10朵。花冠漏斗形,花径约7~8cm,金黄色。花期5~11月(6~7月为盛花期,8~11月为续花期),单花开放5~7天	

续上表

序　号	植 物 名 称	生长周期、绿期及花期	
8	玉簪 Hosta plantaginea Aschers.	为多年生草本植物地下茎粗壮，有多数须根。叶基生丛状，卵形至心脏状卵形，具长柄，顶生总状花序高出叶面，花管状漏斗形，筒长约13cm，紫色有浓香。花期7~9月	
9	紫萼* Hosta ventricosa Stearn	为多年生草本植物地下茎粗壮，有多数须根。4月上中旬返青，花期7~9月，开花时花葶从叶间抽出，花较小，淡紫色，果期8月。9月下旬~10月初进入枯萎期	
10	荷兰菊* Aster novi-belgii L.	为多年生草本植物，株高40~80cm，主茎直立，多分枝。 耐严寒，也较耐旱，适应性强，喜阳光充足及通风良好环境和肥沃排水良好的土壤，花期7~9月	
11	马蔺 Iris lacteal Pall. var. chinensis (Fisch) Koidz	马蔺高10~60cm，密丛生。根状茎粗短，须根长而坚硬。叶基生，花莛直立，高10~30cm，顶生1~3朵花，蓝紫色或天蓝色。花期4~5月，果期7~8月。 播种当年幼苗生长缓慢。第2年一般3月底返青，幼苗越冬率一般都超过95%。播种当年不分蘖，不开花，第2年分蘖，一般为1~3个	

长白山区公路生态景观恢复——爬藤、草本植物特性表　　表4-16

序号	植物名称	生长周期、绿期及花期	
1	爬山虎 Parthenocissus tricuspidata (sieb. et Zucc) Planch.	落叶木质大藤本，茎卷须短而多，长分枝，枝端有吸盘，单叶在短枝上对生，花期6～7月，浆果小球形，蓝色，果熟期9月。 耐荫，耐干旱瘠薄，适应性强	
2	五叶地锦* Parthenocissus quinquefolia (L.) Planch.	落叶木质藤本。老枝灰褐色，幼枝带紫红色，髓白色。7～8月开花，聚伞花序集成圆锥状。浆果近球形，9～10月成熟，熟时蓝黑色	
3	紫花苜蓿* Medicago sativa L.	分枝多，高30～100cm。紫花苜蓿适应性广，但较喜温暖、多晴少雨的干燥气候。年降水量以500～900mm最宜，超过1 000mm时不利于生长，低于300mm又无灌溉条件则难以正常生长。耐寒性强，种子在4～6℃即可发芽。出苗后能耐短时间的－5～－6℃低温，成年植株能耐－20～－30℃低温。在积雪覆盖下，－40℃低温亦不致受冻害。生长最适温度为20～25℃，高温会抑制生长	
4	多变小冠花* Coronilla varia L.	多年生草本，根繁叶茂，密生根瘤，根部不定芽再生力强，茎蔓生匍匐向上伸，可过180cm，分枝力强。花期6～9月，延续持久，地上部绿色期也较长	

续上表

序号	植物名称	生长周期、绿期及花期	
5	无芒雀麦* Bromus inermis Leyss	经过低温刺激才能进行花芽分化，所以当年播种的幼苗抽穗开花的很少。生长第二年的植株返青后50～60天即抽穗开花，花期延续15～20天。授粉后11～18天种子即有发芽能力，但刚收获的种子发芽率低。第二年的种子发芽率最高。无芒雀麦在冷凉干燥的气候条件下生长最好，不适应高温、高湿环境。耐干旱，适于降水量较低的地区。耐寒，能在－30℃低温条件下越冬，若有雪覆盖，－48℃越冬率可达80%以上	
6	冰草 Agropyron cristatum (Linn.) Gaertn.	冰草的根系较发达，主要分布于0～15cm的土层中。耐旱和耐寒性强，但对自然降水量要求为150～400mm之间，在吉林地区（栽培）4月下旬返青。冰草早春生长快，分蘖多，长势好。6月上旬开始抽穗，5月中旬达生长盛期，5月底始花，6月上旬达盛花期，6月底种子成熟。在内蒙古西部地区6月初～6月中旬抽穗，7月下旬～8月初种子成热，生长期110天左右。枯黄期晚。冰草在我国主要分布在黑龙江，吉林、辽宁、河北、山西、陕西、甘肃、青海、新疆和内蒙古等省（区）干旱草原地带	
7	早熟禾* Poa annua Linn.	多年生草本，根系发达，具细根状茎，15～20cm处根系最密集，秆直立，叶片扁平，高50～80cm，叶片条形柔软，细长密生基部，圆锥花序，小穗长4～6mm，花期5～6月。早熟禾喜光耐荫，喜温暖湿润，又具有很强的耐寒能力。最适pH值在6.0～7.0之间。根茎繁殖力强，再生性好，较耐践踏。播种当年只个别植株抽穗开花，大部分植株第二年才抽穗开花结实，因此采种应在第二、三年进行	
8	紫羊茅 Festuca rubra L.	多年生草本，少为一年生，圆锥花序，由穗状花序组成，开展或紧缩，叶鞘通常不闭合，秆基部斜生或膝曲，株高45～70cm，基部红色或紫色，分枝丛生，先匍匐或直立，有短匍匐茎，叶细长，线形内卷，光滑有绿色。4月下旬返青，5月下旬抽穗，花期6月上旬，7月中旬种子成熟。绿色期长，约到10月中旬始枯黄越冬。耐寒性较强。在我国东北、华北、华中、西南及西北各地都有分布	

续上表

序　号	植 物 名 称	生长周期、绿期及花期	
9	羊草 Leymus chinensis (Trin.) Tzvel	形态特征:多年生草本。杆散生,直立,高40～90cm,具4～5节,叶片长7～18cm,宽3～6mm,扁平或内卷,上面及边缘粗糙,下面较平滑。花果期6～8月。分布于前苏联、日本、朝鲜和我国的东北三省、内蒙、河北、山西、陕西等省区	
10	白三叶 Trifolium repens L.	又名白车轴草,属多年生草本,茎匍匐,无毛,复叶有3小叶,花冠白色或淡红色,广泛分布于温带及亚热带高海拔地区,在东北、华北、华中、西南、华南、新疆和甘肃等省区均有种植	

4.5 小　结

(1)对长白山区植物区系的特征进行了分析。该区域的植被具有明显海拔垂直分布的特点。植物种类比较丰富,种子植物共计92科,占东北植物区总科数的79.31%。属数321属,占东北植物区总属数的55.83%,种数为589种,占东北植物区总种数的33.16%;该区优势科、属现象明显,种数在5种以上的17个属的总种数达到120种,占总种数的20.37%,而其属数仅占本区系总属数的5.296%。

(2)长白山是中国的典型火山地貌区域之一,具有丰富的植物种类。长白山植物区系是东北植物区系的一部分,它含有大量古老的科属,并保存了许多残遗植物。长白山野生植物资源极为丰富,开发利用的潜能较大。在公路建设中应充分利用本土物种,一方面可以保证恢复后的生态能够最大限度的接近原有自然环境,另一方面也可减少物种入侵及扩散的威胁。

(3)通过对长白山区植物物种系统地调查和分析研究,并从生物学角度对初选植物种类的抗逆性进行评价,结合实际工程应用情况,本研究提出了适合长白山区公路建设生态、景观恢复的各类植物50余种,同时给出了各种植物的生物学特性,实践证明这些物种已经经过驯化、不会带来生物入侵问题。

第5章　长白山区公路路域生态景观恢复关键技术

5.1　长白山区典型公路工程概况

5.1.1　吉林至延吉高速公路概况

本研究的依托工程为“吉林至延吉高速公路”（简称“吉延高速公路”），该段高速公路是“长春至珲春高速公路”的主要段落，也是交通部规划的同江至三亚国道主干线长春至珲春支线的重要组成部分。依托工程长284.7km，分为“江黄段”、“黄敦段”和“敦延段”，各段建设起始年限不同，其中“江密峰至黄松甸段（101.4km）”、“敦化至延吉段（122.7km）”于2003年开工建设，“黄松甸至敦化段（60.6km）”于2006年开工建设，至2008年9月全线建成通车。全线设计采用全封闭、全立交高速公路线形和技术标准。依托工程地理位置详见图5-1。

图5-1　依托工程“吉延高速公路”地理位置图

本段公路为深入长白山腹地的纵深路线，是兼具生态旅游的交通干线，建设目标定位："生态路"、"景观路"、"安全路"、"旅游路"，具备各项试验研究的基本条件。

(1)江密峰至黄松甸段工程概况(2003 ~ 2008 年)

江密峰至黄松甸段简称"江黄段"，路段长 101.851km，本段起点为吉林市江密峰镇大茶棚村，与吉林至江密峰高速公路终点相接(桩号 K26 + 589.244)。路线经由江密峰南沟、苇子沟，跨长图铁路、蛀牛河及图乌公路，经五家子、拉法镇、兴隆、朝阳、大庙、刘家店，跨越小庆岭垭口，经八家子到达本段终点黄松甸镇。本段所经主要河流为蛀牛河、拉法河、嘎呀河。垭口依次为于木匠沟、老爷岭、庆岭。本段工程规模：大桥 7 座，长 1 490m；中桥 11 座，长 782m；隧道 2 座；互通式立体交叉 3 处；分离式立体交叉 11 处；天桥 5 座；通道 58 处；服务区 2 处；管理所 1 处；管理站 1 处；收费站 4 处。

(2)黄松甸至敦化段工程概况(2006 ~ 2008 年)

黄松甸至敦化段简称"黄敦段"，路段长 60.597km，起于吉林省蛟河市黄松甸镇(前花园)，与建设中的"江密峰至黄松甸段高速公路"终点相接，接线桩号为 K128 + 130，主要经蛟河市黄松甸镇、敦化市黄泥河镇、秋梨沟镇、江南镇，终点止于敦化市下石庄，与建设中的"敦化至延吉段高速公路"相接，终点桩号为 K188 + 727.314。路线经过的主要河流为黄泥河，该河属牡丹江流域，河流多受降水影响，4 ~ 6 月为平水期，7 ~ 9 月为丰水期，10 月 ~ 次年 3 月为枯水期。沿线地下水以第四系孔隙水和层间水为主，其补给来源主要为大气降水。本段工程规模：大桥 1 座，长 157m；中桥 8 座，长 568.32m；互通式立体交叉 1 处；分离式立体交叉 11 处；天桥 1 座；通道 42 处；服务区 1 处；管理处(兼管理所)1 处；管理所 1 处；管理站 1 处；收费站 1 处。

(3)敦化至延吉段工程概况(2003 ~ 2008 年)

敦化至延吉段简称"敦延段"，路段长 122.272km，起点位于敦化市江南乡(桩号 K0 + 500)，路线经由得胜屯、东昌屯、东明林场、碱场沟、红星村、新星村、新交村、仲平村、八道沟、仪凤村、台岩村，终点为延吉市烟集乡，与建成的延吉至图们的高速公路相接(桩号 K119 + 135.545)。所经的主要河流为沙河、长兴河、朝阳河及烟集河。垭口依次为哈尔巴岭、东林、新交洞、下庆沟、梅花洞、台岩。本段工程规模：大桥 12 座，长 2 644.18m；中桥 8 座，长 659.00m；隧道 3 座；互通式立体交叉 4 处；分离式立体交叉 7 处；天桥 2 座；通道 76 处；服务区 2 处；管理处(兼管理所)1 处；管理所 1 处；管理站 3 处；收费站 4 处。

5.1.2 沿线自然地理条件

(1)自然地理位置、地形地貌

依托工程"吉延高速公路"全路段地形起伏较大，海拔高度一般在 200 ~ 830m 之间，相对高差为 200 ~ 600m。地处吉林省东部山区，位于东经 126″45′ ~ 129″32′，北纬 42″58′ ~ 43″38′之间。江黄段地处吉林省中部平原向东部山区的过渡区域，属华夏系第二隆起带，由起点向东地形起伏逐渐加大，沿线所经地区沟谷发育，山地多为天然次生林及小面积人工林。沿线植被以旱田为主，在蛀牛河、拉法河及嘎呀河流域内有部分水田。基本走向为东西向，路线线位基本上沿山间河谷的一、二级台地布线。敦延段地处山岭区，主要山脉呈东北 ~ 西南向分布，少数呈西北 ~ 东南向延伸，路线起点(K0 + 500)至哈尔巴岭(K30 + 00)段，基本上沿着大黑岭西南山脚，山河冲积层和东明沟山谷布线，地形起伏不大，以旱田为主，并有局部沼泽地；K30 + 00 至终点（K119 + 135.545）段，地形起伏较大，路线主要沿图们江支流山谷布设，越岭多以隧道方案为主，沿线除越岭多为灌木林和次生林外，其余均以旱田为主，在长兴河、朝阳河及烟集河流域内有部分水田。

（2）河流与水文

路线通过地区由温带半湿润季风气候区向东部山区湿润区过渡，四季变化明显，春季干燥多风，夏季炎热多雨，秋季凉爽，昼夜温差大，冬季漫长而寒冷，年平均气温5℃，极端最高气温36℃，日极端最低气温风别为：敦化 -38.3℃、安图 -36.5℃、延吉 -32.7℃。年平均降水量500 ~ 800mm，延吉市最低为504.0mm，降雨多集中在7 ~ 8月份。初冻一般在10月中旬，完全解冻在次年5月中旬，最大冻深：吉林市段1.90m，蛟河段1.84m，敦化1.84m、安图1.71m、延吉2.00m。最大积雪深度：吉林48cm、敦化33cm、安图50cm、延吉58cm。

“江黄段”和“黄敦段”路线经过的较大河流依次为虻牛河、拉法河、嘎呀河，均为松花江水系，“敦延段”路线经过的较大河流依次为沙河、长兴河、朝阳河及烟集河。沙河属牡丹江的主要支流，属牡丹江水系；长兴河、朝阳河和烟集河是布尔哈通河支流，属图们江水系。沿线地下水以第四系孔隙水和层间水为主，其补给来源主要为大气降水。河流多受降雨影响，4 ~ 6月为平水期，6 ~ 9月为丰水期，10月 ~ 次年3月为枯水期。

（3）地质

经查阅区域地质资料，结合设计单位的工程地质勘探、调查文件，路线所经区域主要为白垩系、侏罗系、二迭系和第四系底层。“江黄段”通过区域主要为液限黏土，在越岭段有花岗岩、凝灰岩及风化碎石等，沿线工程地质情况良好，无坍塌、泥石流等不良地质现象，所经的水田及塔头地段软弱覆盖层较薄，一般为1m左右，且下面多为砂、砂砾等硬层，透水性较好，表层土含水率较高。“敦延段”路线起点至哈尔巴岭段，大部分为全新统河流冲积层，表层为粉质中黏限黏土和高黏限黏土，大孔隙、中等压缩，强度一般，厚度一般在2 ~ 5m。哈尔巴岭至终点段，地形起伏较大，工程地质比较复杂，沿长兴河、朝阳河除全新统冲积层外，还有侏罗系、白垩系、华力西期和二迭系地层，表层为粉质中黏限黏土和碎石土，其厚度一般在1 ~ 4m。

（4）土壤与植被

该路段沿线区域内土壤类型主要有8种：暗棕壤、白浆土、石质土、冲积土、草甸子土、泥炭土、石灰岩土和水稻土。其中暗棕壤和石质土是山地常见土壤，在本区分布最广，遍布各县，总面积达11 300km^2，占总面积的41.66%。白浆土：分布比较普遍，各县皆有分布，总面积约为9 078.8km^2，占全区总面积的33.6%，耕地较多，占耕地面积的40%左右。冲积土：总面积3 427km^2，占总面积的16%左右，其中耕地面积1 534km^2，占总耕地面积的35.4%，多分布在沿河平地上。草甸子土：全区甸子土2 084km^2，占全区总面积的7.3%，耕地773.6km^2，占总耕地的17.8%。泥炭土：有机质丰富，土壤疏松，保水潜力大，呈酸性，冷浆，泥炭土又分为筏子土和淤土草筏土。石灰岩土：分布面积较少，全区仅75km^2左右。水稻土：本地区的水稻土分布较广，占总面积的4%左右。

本区植被属长白山植物区系，从植物垂直分布上看，属针阔混交林带。但由于人为活动的结果，特别是日伪统治时期的连续破坏，加之十年动乱期间大跃进式砍伐，原生植被大量破坏，原生林大幅减少，目前已变成柞林或柞林为主的次生林型及小面积人工林。其森林破坏过程为:针阔混交林→软杂木林→柞林→散生林(撂荒地和荒地)。草本植物群落有草甸沼泽植物群落、湿草地植物群落、中生草地群落、干生草地群落、灌木多年生草本植物群落、胡枝子灌木群落、田间杂草草本植物群落。沿线所经地区沟谷发育,沿线农田以旱田为主,在虻牛河、拉法河、嘎呀河、长兴河、朝阳河及烟集河流域内有大片水田。

5.1.3　穿越的生态影响区划

"吉延高速公路"自吉林市江密峰镇起,终点为延吉市烟集乡,是由起伏的低山丘陵逐渐向东部长白山区延伸,路线跨越本研究划定的ⅡD、ⅡE、ⅡF、ⅡG四个区划,属于低、中生态敏感区,地被植物基本为:针阔叶杂木林、农田、次生柞树林、人工落叶松林和林间沼泽湿地。

由此可见,"吉延高速公路"的生态景观恢复应以人工辅助为主,逐渐引导向自然生态演替过渡。尽量采用快速生态恢复的技术手段,防止由于施工而带来水土流失现象的加剧,在部分林间湿地段落注意对湿地水循环的疏导,沿线避免设置过重的人工景观痕迹。

5.2　沿线生态恢复立地条件

5.2.1　沿线原生土壤植被调查分析

吉延高速公路沿线所经地带属于温带的针阔混交林暗棕壤气候带,是我国同纬度地区降水量最多的区域。通过对沿线原生土壤的调查,分析了植被恢复的基础条件。沿线原生土壤类型和分布范围见表5-1,公路开挖后沿线土壤状态描述和原生植被情况见表5-2。

沿线原生土壤类型及分布范围　　表5-1

土类	土种	分布范围
暗棕壤	厚腐麻砂质暗棕壤(马牙油红土)	海拔500~800m山地缓坡下部,蛟河、敦化、延吉一带
	深位麻砂质灰化暗棕壤(灰馅马牙油红土)	海拔500~800m山坡中下部,蛟河、敦化、延吉一带
	浅位麻砂质灰化暗棕壤(灰馅马牙红土)	海拔500~800m山坡中上部,蛟河、敦化、延吉一带
	浅位细矿质灰化暗棕壤(灰馅灰石红土)	海拔500~600m山坡上部,蛟河、敦化、延吉一带
	深位麻砂质白浆化暗棕壤(白馅马牙油红土)	海拔400~600m平缓山麓台地,蛟河、敦化、延吉一带
	厚层麻砂质暗棕壤性土(厚马牙砂)	海拔600~900m低山高丘陡坡处,蛟河、敦化、延吉一带
	薄层麻砂质暗棕壤性土(马牙砂)	海拔600~900m陡坡处,蛟河一带
	厚层细矿质暗棕壤性土(厚灰石砂)	海拔500~800m陡坡处,吉林、蛟河、敦化、延吉等地
	薄层泥质暗棕壤性土(片石砂)	海拔500~800m山坡地,蛟河、敦化、延吉一带
石质土	酸性盐粗骨土(红石砬子土)	呈点状或小片状分布在石质山地及丘陵中上部,常见于吉林
	注:石质土的表层土壤不足10cm,其下为未分化的石块,是难以利用的土壤类型。	
草甸土	覆泥厚腐坡洪积草甸土(山泥皮肥鳅土)	蛟河、吉林、敦化、安图等地的山间谷地
	厚腐坡洪积草甸土(山淤肥鳅土)	山间沟谷地带

续上表

土 类	土 种	分布范围
白浆土	中位黄土质潜育白浆土(狼屎白浆土)	海拔500~800m河谷阶地、山麓丘陵台地中下部
	深位黄土质白浆土(油白浆土)	海拔300~600m山麓丘陵台地及河谷阶地缓坡下部
	中位黄土质白浆土(白浆土)	海拔300~600m山麓丘陵台地及河谷阶地缓坡中下部
	浅位黄土质白浆土(破皮白浆土)	海拔300~600m山麓丘陵台地及河谷阶地岗坡上部
沼泽土	浅位非石灰性沼泽土(泡子土)	海拔400~600m山间谷地低洼处
	浅位非石灰性泥炭沼泽土(草筏泡子土)	河谷低地分布较多
泥炭土	薄层非石灰性低位泥炭土(薄筏子土)	山间盆谷,丘陵及河漫滩的低洼地分布多
	浅位埋藏低位泥炭土(浅埋筏子土)	山间河谷或盆谷低洼地分布居多
	中层非石灰性低位泥炭土(筏子土)	低山丘陵区和山间盆谷地分布多
水稻土	中位白浆土型淹育水稻土(白浆田)	海拔250~300m河谷阶地、低山丘陵台地缓坡中下部
	黏壤质冲积土型淹育水稻土(黏河淤田)	海拔170~220m河漫滩及阶地一带面积居多
	砂砾底黏壤质冲积土型淹育水稻土(砂底黏河淤田)	海拔200~300m江河沿岸低地上

代表性路段土壤类型基础条件调查表 表5-2

序号	桩 号	公路开挖后土壤描述	周边原有植被描述	备 注
1	江黄段K38+500	砂性土夹石	左侧农田 右侧柞树、桦树、落叶松,间有农田	01标
2	江黄段K39+560~K40+200	砂土土质,深层土贫瘠,沙化严重,且为“生土”	—	01标取土场
3	江黄段K45+850~K46+109	石质边坡	柞树、椴树、枫桦	01标于木匠隧道
4	江黄段K64+565~K66+925	黄土,岩石边坡	山杨、落叶松、柞树、榆树、水曲柳、冷杉、椴树、白桦、黄菠萝、胡桃楸、暴马丁香	02标老爷岭隧道
5	江黄段K77 新站互通立交	种植土(表面覆土),黄土略带点沙性, 土质条件相对较好, 底层为风化花岗岩	落叶松、榛子、柞树和山槐,此外,还有白桦、水曲柳、胡桃楸、榆树、山杨	03标景天试验段
6	江黄段K99+800	黄色风化砂(花岗岩)	落叶松为主	04标乌林大桥
7	江黄段K116+840~K116+940	土质条件特别恶劣,均为纯岩石坡面,稍有风化。坡度70°左右,坡高达到40m	两侧林分为桦树、榆树、柞树、水曲柳等	05标大垭口,设计为防护网
8	江黄段K127+640	黄色风化砂(花岗岩)	杨树、落叶松、红松、柳树	05标
9	敦延段K17+000	代表性土壤	柞树、山榆、樟子松为主	06标

续上表

序号	桩　　号	公路开挖后土壤描述	周边原有植被描述	备　　注
10	敦延段 K20	风口，周围无山	均为农田	07 标互通（大石头变线）
11	敦延段 K25 +500	草炭土	周围柞树、白桦、河柳为主	07 标
12	敦延段 K31 +500	回填土为白浆土，底下为风化石	山杨、柞树、枫桦、柳树、红毛柳及塔头甸子上成垄种植的落叶松	07 标
13	敦延段 K32 +150	黄色全风化土夹石	左右两侧均有植被	07 标灌木试验段
14	敦延段 K33 +000	湿地草炭土	周围人工造林落叶松、白桦、河柳为主	07 标
15	敦延段 K34 + 150 ~ K34 +200	风化砂土	落叶松、柞树、云杉为主	08 标取土场
16	敦延段 K65 +000	碎石土（碎石多，含量大于 60%），30cm 植土层 + 碎石土	杨树、柞树、山榆、云杉为主	09 标
17	敦延段 K70 + 132 ~ K70 +300	岩石边坡，坡度较陡，稍风化	—	10 标，设计为防护网
18	敦延段 K75 + 070 ~ K77 +470	—	椴树、榆树、枫桦、白桦、红松、落叶松	10 标新交洞隧道
19	敦延段 K78 +500	风化砂、碎石土（碎石含量约为 30%），50cm 植土层 + 碎石、沙土	周围以椴树、柞树、榆树、枫桦、白桦、落叶松为主，红松（少量）	10 标
20	敦延段 K80 +500	碎石土或卵石土	周围以椴树、柞树、榆树、枫桦、白桦、落叶松为主，红松（少量）	11 标
21	敦延段 K87 +300	—	两侧均为杂木林，左侧柳树、榆树、桦树；右侧柞树林	11 标下庆沟隧道
22	敦延段 K90 +760	—	落叶松、红松、赤松、桦树、柞树、稠李	11 标梅花洞隧道
23	敦延段 K119 +100	风化砂土	周围落叶松、柞树、黑松为主，蒿草和荒草	12 标

从表 5-2 可以看出，吉延高速公路沿线地貌植被覆盖良好，但原生林带不多见，多为针阔叶次生林型，村镇附近开垦大片农田。植被类型的垂直分布较为明显，而水平上的分布没有质的变化。乔木主要有红松、沙冷杉、红皮云杉、鱼鳞云杉、长白落叶松、赤松、水曲柳、胡桃楸、紫椴、大青杨、香杨、蒙古栎等，亚乔木和灌木有槭属、榆属、丁香、忍冬、蔷薇等品种。河流湿地附近以柳树、红毛柳及塔头甸子上成垄种植的落叶松居多，形成森林湿地景观。通过对沿线不同区域植被群落的调查，为依托工程生态景观恢复设计提供了条件。

5.2.2 沿线代表性原生土壤理化特性

依据全线基础条件调查结果,对其中的典型地段进行土壤样品的定点采集,分析测定代表性土壤的各项物理化学指标,为下一步生态景观恢复技术的选取打下基础。

1)厚腐暗矿质暗棕壤

此种类型的土壤属暗棕壤亚类,暗矿质暗棕壤土属。系温带湿润地区针阔叶混交林下发育的土壤,其母质几乎全是残积类型,或者是在这个类型的基础上受到坡积的影响。成土过程主要是温带湿润森林下腐殖质累积过程、弱酸性淋溶过程和弱度黏化过程。该类型土壤多分布在半山区海拔500~800m左右的低山丘陵坡地中下部。

(1)主要性状

厚腐暗矿质暗棕壤母质为玄武岩、辉长岩等基性岩的残、坡积物。土体厚度大于70cm,通体含多量砂砾碎石,以棕色为主,砾石颜色深暗,微酸性至中性反应,pH值为6.5~6.7。

(2)化学性质与颗粒组成(表5-3、表5-4)

厚腐暗矿质暗棕壤典型剖面化学性质试验结果表 表5-3

深度(cm)	pH(H_2O)	有机质(%)	全氮N(%)	C/N(碳/氮)	全磷P(%)	全钾K(%)	碱解氮N(ppm)	速效磷P(ppm)	速效钾K(ppm)
0~14	6.5	3.74	0.160	13.6	0.094	1.453	140	8.6	92.1
14~28	6.7	2.86	0.133	12.5	0.084	1.560	110	7.2	44.0
28~38	—	1.20	0.055	12.7	0.051	1.577	49	1.2	43.2
38~77	—	0.86	0.053	9.4	0.125	1.602	51	9.3	50.6
77以下	—	0.79	0.035	13.1	0.137	1.627	38	12.0	58.1

厚腐暗矿质暗棕壤典型剖面颗粒组成分析表 表5-4

深度(cm)	各粒径(mm)土粒含量(%)				
	>2.0	2.0~0.02	0.02~0.002	<0.002	质地名称
0~14	36.76	63.97	23.45	12.58	砾石土
14~28	29.59	52.41	30.97	16.62	多砾质黏壤土
28~38	43.48	65.76	15.82	18.42	砾石土
38~77	—	62.60	27.89	19.51	砾石土

从主要性状、剖面特征和土壤理化性质表可以看出:该种土壤类型多位于地形较平缓、排水良好、黑土层较厚、养分含量较高、保水保肥和供水能力较强的地带,适合各类植物生长,生态恢复性能良好。

2)深位麻砂质白浆化暗棕壤

此种类型的土壤属白浆化暗棕壤亚类,麻砂质白浆化暗棕壤土属。次生林分多为山杨白桦林、蒙古栎黑桦林,或为落叶松与白桦的混交林,林下草甸植被较旺盛。

成土过程主要是森林有机质积累与分解以及由此而引起的酸性淋溶过程,并在下层较黏、上层有周期性滞水,及有白浆化过程共同影响下形成的。土壤剖面主要特点是亚表层为白浆层，质地黏重，并与相接的下一层皆有锈斑及铁子等新生体。主要分布在海拔400～600m的平缓山麓台地。

（1）主要性状

深位麻砂质白浆化暗棕壤母质为花岗岩、片麻岩等酸性岩风化坡积物。土体厚度一般为70～80cm，通体含砂砾较多，以棕色为主，质地多黏壤土，微酸性反应，pH值为5.5～6.5。

（2）化学性质与颗粒组成（表5-5、表5-6）

深位麻砂质白浆化暗棕壤典型剖面化学性质分析表 表5-5

深度（cm）	pH（H_2O）	有机质（%）	全氮 N（%）	C/N（碳/氮）	全磷 P（%）	全钾 K（%）	碱解氮 N（ppm）	速效磷 P（ppm）	速效钾 K（ppm）	缓效钾 K（ppm）
0～20	5.85	9.75	0.441	12.8	0.124	1.75	321.0	12.3	192.9	979.8
20～40	6.00	0.79	0.049	9.4	0.053	2.29	150.6	2.5	76.0	406.2
40～85	5.75	0.72	0.044	9.5	0.057	2.16	47.7	12.1	107.3	795.0
85～100	5.78	0.78	0.052	8.7	0.073	2.31	35.1	16.3	109.3	549.0

深位麻砂质白浆化暗棕壤典型剖面颗粒组成分析表 表5-6

深度（cm）	各粒径（mm）土粒含量（%）					
	>2.0（石砾）	2.0～0.2	0.2～0.02	0.02～0.002	<0.002	质地名称
0～20	9.0	5.33	29.70	43.39	21.58	砾质黏壤土
20～40	15.1	31.60	21.18	33.43	13.79	多砾质壤土
40～85	13.16	17.53	20.22	34.65	27.60	多砾质壤黏土
85～100	8.5	23.46	17.93	34.95	23.66	砾质黏壤土

从主要形状、剖面特征和土壤理化性质表可以看出：该种土壤类型由于处于地形坡度较缓、腐殖质层较深地带，适合于林木生长。但自E层开始养分骤减，总储量低，酸度也较高，加之B层质地较黏重，透水性弱，雨季易造成地表水流失。

3）深位黄土质白浆土（油白浆土）

此种类型的土壤属白浆土亚类，黄土质白浆土土属。天然植被类型是疏林—草甸，即次生林和草甸植被。成土过程是一种滞水潴育性半水成土壤。突出的土壤剖面特征是在腐殖质层以下有一个灰白色的亚表层，厚度不等，该层湿时灰黄，干时浅灰，全剖面质地黏重。此种类型主要分布在海拔300～600m的山麓丘陵台地及河谷阶地缓坡下部。

（1）主要性状

深位黄土质白浆土母质为第四纪黄土状黏土沉积物。土体较深厚，一般都大于100cm，发生层次分异明显，能清晰地分辨出灰、白、棕三种色调，质地以黏壤土为主，酸性至微酸性反应，pH值为5.1～6.7。

（2）化学性质与颗粒组成（表5-7、表5-8）

从主要形状、剖面特征和土壤理化性质表可以看出：该种土壤类型由于地形坡度较平缓，黑土层较厚，是本土属中土壤肥力相对较高的土种。土壤水分物理性质较差，表现为E层和B_t层持水量低，透水性差，不耐旱涝。

深位黄土质白浆土典型剖面化学性质分析表 表5-7

深度（cm）	pH（KCl）	水分（%）	有机质（%）	全氮 N（%）	C/N（碳/氮）	全磷 P（%）	全钾 K（%）	碱解氮 N（ppm）	速效磷 P（ppm）	速效钾 K（ppm）	缓效钾 K（ppm）
0~20	5.0	3.10	5.33	0.234	13.20	0.067	1.77	226	20.48	213	604
20~31	5.3	2.71	2.16	0.143	10.6	0.051	1.94	132	4.25	73	515
31~48	4.8	2.55	0.88	0.087	5.9	0.030	1.94	93	2.30	69	410
48~63	4.9	2.96	0.75	0.063	6.9	0.033	1.96	60	2.82	114	463
63~120	4.0	5.16	0.66	0.055	7.0	0.041	1.85	41	7.47	172	491

深位黄土质白浆土典型剖面颗粒组成分析表 表5-8

深度（cm）	各粒径（mm）土粒含量（国际制）（%）				质地名称
	2.0~0.2	0.2~0.02	0.02~0.002	<0.002	
0~20	8.25	33.92	45.96	11.87	粉砂质壤土
20~31	7.43	28.64	47.91	16.11	粉砂质黏壤土
31~48	5.63	25.09	50.40	18.88	粉砂质黏壤土
48~63	4.09	20.06	49.86	25.99	粉砂质黏土
63~120	6.58	20.31	43.81	29.30	壤质黏土

4）浅位非石灰性草甸沼泽土（甸子哈塘土）

此种类型的土壤属草甸沼泽土亚类，非石灰性草甸沼泽土土属。系非地带性土壤，多与草甸土呈复区存在。沼泽土的母质多为深厚的黏土层，由于地形、气候、水分、母质等诸多因素的相互作用及影响，造成了该土类表层长期或周期性积水的条件，有利于多种喜湿性植物的生长。

长白山林区的沼泽土则主要由于森林被采伐或烧毁后，森林对土壤循环失去平衡，在母质黏重、地势低平地段，造成了地表水分过多，既而引起植被的改变，强烈的生草过程使迹地沼泽化日益加深。土壤剖面一般有两个层次，即位于剖面上方呈酸性反应的泥炭层（T）和位于泥炭层下的潜育层（G）。此种类型主要分布在河谷高阶地、起伏台地间低洼地。

（1）主要性状

浅位非石灰性草甸沼泽土母质多属冲积物、坡洪积冲积物。属均质型。土体厚度一般在100cm左右。暗灰至浅灰色，质地多粉砂黏壤至粉砂黏土，酸性至中性反应，pH一般在5.0~7.0，通体无石灰反应。

（2）化学性质与颗粒组成（表5-9、表5-10）

从主要形状、剖面特征和土壤理化性质表可以看出:该种土壤类型属草甸土向沼泽土的过渡类型。由于积水多,泥炭导热性能差,土温低,微生物活动微弱,有机质不易分解,营养元素难以释放,加之地面杂草丛生,并有泥炭层阻隔,林木多生长不良。

浅位非石灰性草甸沼泽土典型剖面化学性质分析表　　表5-9

深度(cm)	pH(H_2O)	水分(%)	有机质(%)	全氮N(%)	C/N(碳/氮)	全磷P(%)	全钾K(%)	碱解氮N(ppm)	速效磷P(ppm)	速效钾K(ppm)
5~15	5.49	4.90	2.65	0.296	5.2	0.068	1.86	221.6	15.8	142.8
15~32	5.55	4.46	3.65	0.208	10.2	0.051	1.94	154.0	9.46	110.0
32~50	5.80	5.01	1.30	0.063	11.9	0.081	2.17	56.5	51.00	130.6
50~105	5.00	4.71	1.19	0.053	13.0	0.080	2.29	43.8	71.97	149.9
105~125	5.50	5.96	1.94	0.081	13.9	0.111	2.17	65.5	62.46	166.9

典型剖面颗粒组成分析表　　表5-10

深度(cm)	各粒径(mm)土粒含量(国际制)(%)				
	2.0~0.2	0.2~0.02	0.02~0.002	<0.002	质地名称
0~15	1.34	17.47	43.95	37.24	壤质黏土
15~32	2.75	18.57	43.04	35.64	壤质黏土
32~50	4.02	21.68	42.07	32.23	壤质黏土
50~105	6.90	20.96	42.49	29.65	壤质黏土
105~125	1.82	16.72	39.44	42.02	壤质黏土

5)厚腐黑土型淹育水稻土(肥黑土田)

此种类型的土壤属淹育水稻土亚类,黑土型淹育水稻土土属。主要分布在海拔200~250m丘陵地带和河谷两侧地带。

(1)主要性状

厚腐黑土型淹育水稻土母质为第四纪黄土状沉积物,母土多为草甸黑土,属均质型。土体厚度80~100cm,质地多黏壤土或粉砂黏壤土,微酸性至中性反应,pH一般在5.0~7.2,通体无石灰反应。耕层和犁底层厚20~30cm,稻根附近有明显的锈斑锈纹,可见部分粒状结构;以下各层仍保留着原母土的基本特征。

(2)化学性质与颗粒组成(表5-11)

厚腐黑土型淹育水稻土典型剖面化学性质分析表　　表5-11

深度(cm)	pH(KCl)	水分(%)	有机质(%)	全氮N(%)	C/N(碳/氮)	全磷P(%)	全钾K(%)	碱解氮N(ppm)	速效钾K(ppm)
0~17	5.1	5.19	4.39	0.196	13.0	0.055	2.34	227	1076
17~25	5.7	5.68	3.85	0.172	13.0	0.055	1.89	122	1030
25~34	6.3	6.76	3.00	0.142	12.3	0.070	1.32	106	1251
34~80	6.2	7.24	2.89	0.139	12.1	0.079	2.57	101	1504
80~100	5.6	5.91	1.86	0.104	10.4	0.080	2.36	86	1199
100以下	4.6	5.95	1.72	0.092	10.8	0.072	2.99	62	1233

从主要形状、剖面特征和土壤理化性质表可以看出：该类型土壤母土黑土层较厚，有机质含量较多，结构较好，酸度适中，保水保肥性强。存在问题是所处地势较低平，质地偏黏，土壤有轻度滞水现象，土温较低，湿度大，速效磷、钾含量较低。

5.3 公路路域生态、景观恢复与再造关键技术对策

5.3.1 沿线生态、景观恢复与再造主要试验方案

通过对“吉延高速公路”沿线生态恢复立地条件和自然景观特色的调查分析、理解，结合对长白山区生态影响和恢复区划的分析论述，根据工程开挖后形成的坡面的特点，本研究提出“吉延高速公路”生态景观恢复和再造的整体设计理念和指导思想——“尊重自然、融于自然”、“充分体现长白山区自然景观特色”的指导思想，采用人工导入、加速自然恢复的技术手段，具体研究中针对沿线生态恢复的难点，根据不同的生态恢复立地条件，采取了不同的技术方案（表 5-12）。

沿线生态景观恢复与再造试验示范工程方案汇总　　表 5-12

分类	生态景观恢复与再造试验方案		采用的主要技术方案	地点位置	规模	与合同内容对应情况	实施时间（年）
线性	1	全线景观设计规划	利用 GIS 技术、划分为 9 个景观段落	全线	284.7km	超额	2006 ~ 2007
	2	生态边沟试验应用	浅碟形植草边沟	全线挖方边沟		超额	2007 ~ 2008
	3	组合式柔性边沟开发研制	采用 PE 塑料预制定型产品	江黄段 K77（新站）	100m	√	2005
	4	生态型截水沟	三维网植草截水沟	安图连接线	100m	√	2004
坡面	1	全风化砂质边坡生态恢复试验示范	景天类地被植物景观护坡	新站互通 A 匝道	15 000m^2	超额	2005、2007
	2	普通砂土、风化岩质坡面生态景观恢复试验示范、推广	普通喷播、厚层客土喷播	全线、隧道口岩质坡面	150 000 + 50 000m^2	超额	2006 ~ 2008
	3	强风化岩质坡面生态景观恢复试验示范	离子型双层喷附 + 保育块技术	5 标 K116 阴、阳坡	1 000m^2	√	2006
	4	坡面山野花景观再造试验示范	表土种子库、人工播种	全线砂土边坡	> 10 000m^2	√	2006 ~ 2008

续上表

分类		生态景观恢复与再造试验方案	采用的主要技术方案	地点位置	规模	与合同内容对应情况	实施时间(年)
重点部位	1	互通立交区生态景观恢复与再造试验示范、推广	近自然恢复 + 人文景观结合	黄泥河、天岗、新站、蛟河	4 处 > 60 000m²	超额	2006 ~ 2008
	2	服务区生态景观恢复与再造试验示范、推广	近自然恢复 + 人文景观结合	江密峰、蛟河、延吉服务区	3 处 > 25 000m²	超额	2006 ~ 2009
	3	圬工结构物表面柔化景观再造示范、推广	景天类地被、爬藤类植物 + 乔灌木 + 花草美化	全线石砌挡墙、隧道口前绿地	> 10 000m²	超额	2006 ~ 2008
	4	取、弃土场生态景观恢复试验示范、推广	乔灌木遮挡 + 坡面绿化防冲刷	全线分布	> 25 000m²	超额	2006 ~ 2008

本研究结合“吉延高速公路生态景观完善设计”开展了大量的生态景观恢复与再造技术试验示范和推广应用,并进行了定期的跟踪观测。

5.3.2 公路景观规划设计技术

(1)沿线景观环境分析

由于依托工程“吉延高速公路”开工之初的设计标准变化,部分工程(如圬工砌石)已经完成,给生态景观恢复设计带来了一定难度,根据这一情况,项目组根据吉林省交通运输厅的要求,根据吉延高速公路工程进展的实际情况,充分调查、发掘沿线自然人文景观特色,努力实现“生态路”、“景观路”、“安全路”、“旅游路”的总体目标。

项目组通过对沿线的景观环境基础条件的调查,如:公路沿线动植物资源、水资源、景观资源、旅游资源等各种生态环境资源,以及人文社会景观的分布、功能、保护对象等。通过公路路线图与地形图、植被分布图、水系分布图、土壤分布图、土地利用规划图等相叠加,分析沿线自然景观、人文景观和公路景观的相互关系,列出应该保留的景观资源(山川、湖泊、河流、湿地、古树等景观要素)以及应该回避的场点(采石场、村落、养猪场、坟墓等);并利用 GIS 技术,对沿线地貌、水系、土壤、植被、旅游资源、景观特色等进行了系统分析;并结合公路内部景观特征(互通、隧道、服务区等),对沿线景观空间及视线进行了认真研究,分析公路内部和外部景观的关系,对沿线生态环境的各种影响进行定量分析和评价(图 5-2 ~ 图 5-11)。

(2)景观规划定位

根据对沿线景观环境的全面调查分析,抓住沿线景观主线进行景观规划的定位。“吉延高速公路”的景观规划定位是紧紧围绕“安全、生态、景观、旅游路”的总体目标要求,以生态恢复为主线,以景观建造为亮点,充分发挥植物在造景、柔化硬质构造物、遮挡工程创伤等方面的功能。对全线景观进行系统规划,对路内景观和路侧外景观进行全面设计,以动态景观为主,以静态景观为辅,抓住重点(如路堑边坡)、突破难点(如窗式护面墙)、呈现亮点(互通区、服务区、观景台等)。

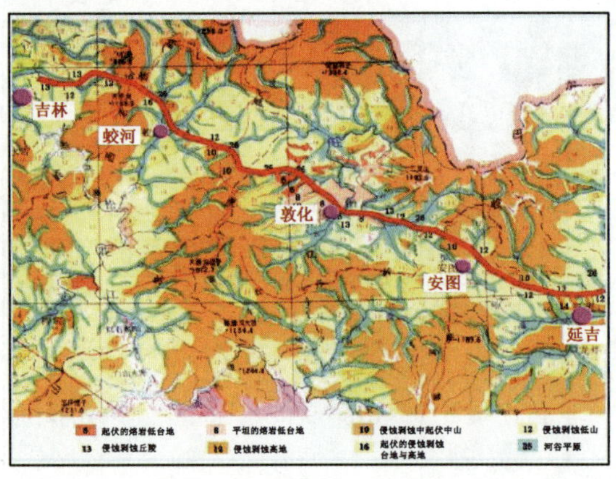

图 5-2 沿线地貌类型图

图 5-3 沿线主要水系分布图

图 5-4 沿线土壤类型图

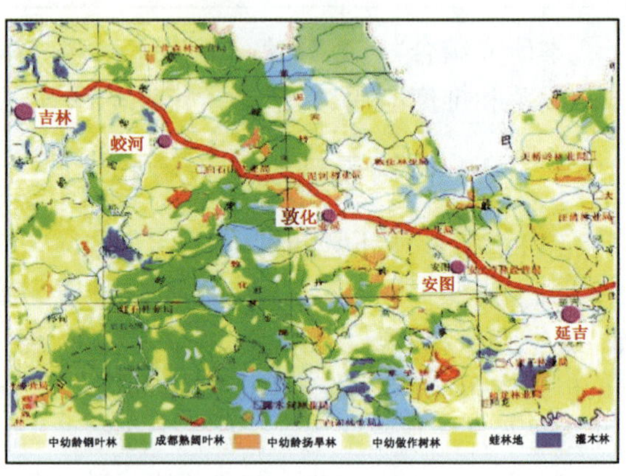

图 5-5 沿线森林资源分布图

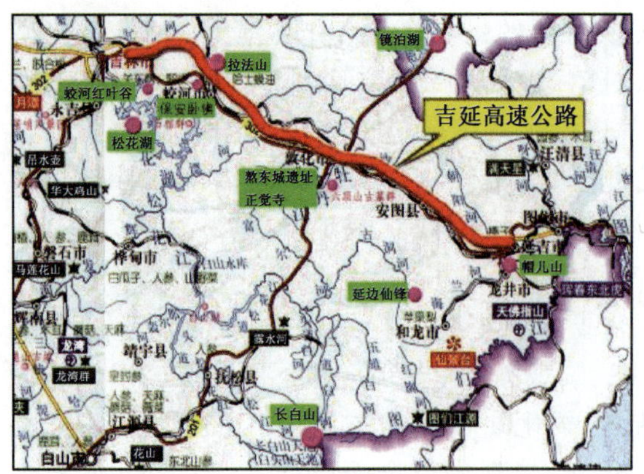

图 5-6 沿线旅游资源分布图

图 5-7 沿线主要景观类型图

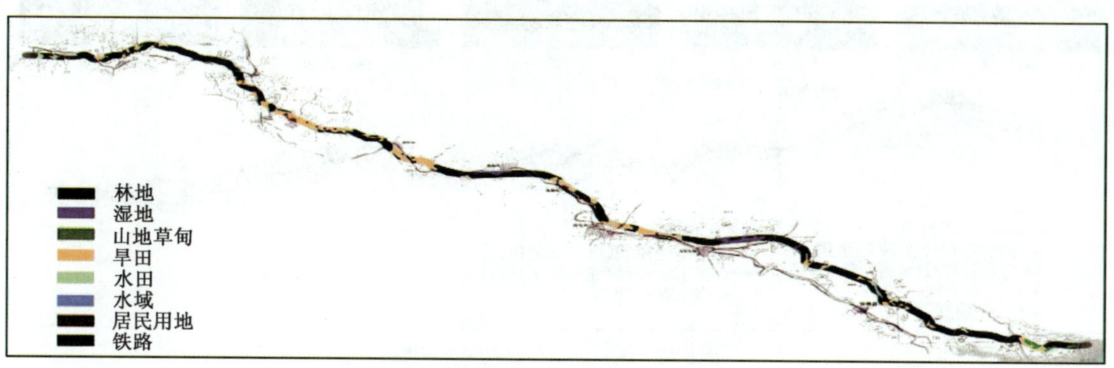

图 5-8　沿线土地利用类型分布图

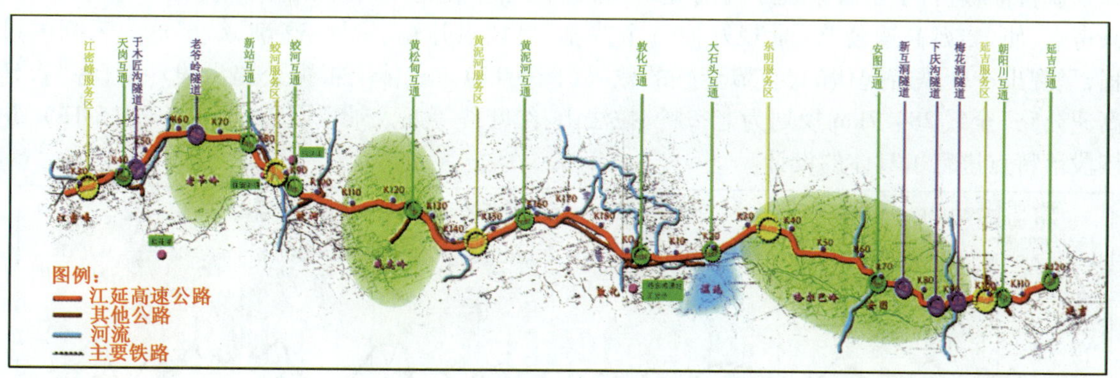

图 5-9　吉延高速公路现状综合分析图

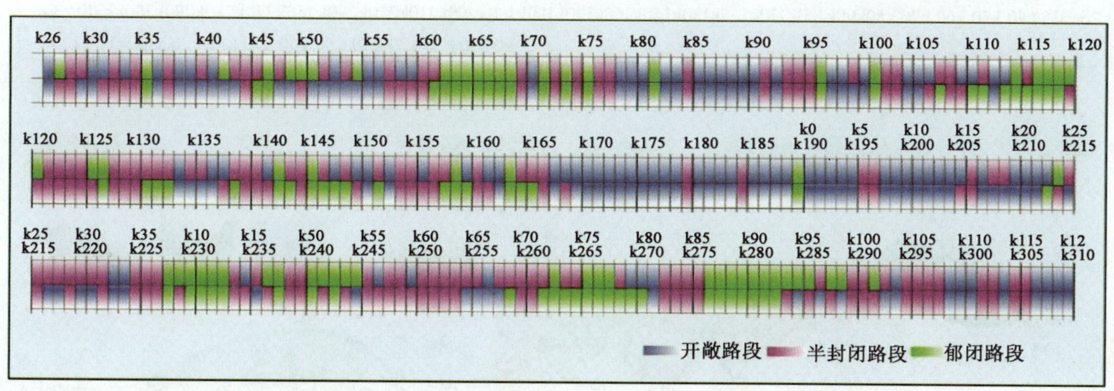

图 5-10　吉延高速公路景观空间分析图

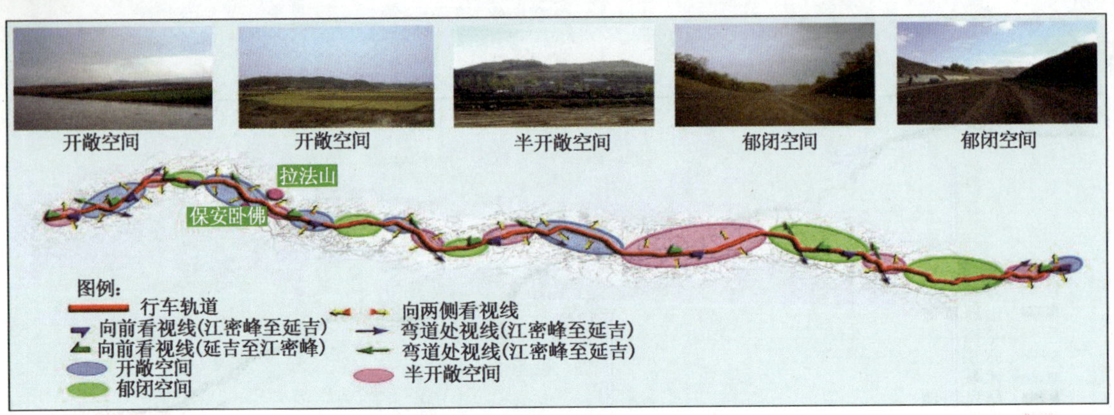

图 5-11　吉延高速公路视线分析图

(3)景观规划设计

在"吉延高速公路"的景观完善设计中,充分调研、分析了沿线自然景观特征,结合公路内部景观特征,进行了全线景观序列的规划,确定了互通、隧道口等景观点为景观序列中的景观兴奋点,使"吉延高速公路"景观好似一个戏剧,呈现出开端、发展、高潮、结尾这一系列的过程,呈现出一个跌宕起伏的、有节奏感的效果(图 5-12)。总体上根据公路沿线环境,将"吉延高速公路"全线 284.7km 规划为老爷岭、拉法山、红叶谷等九大景观段落(图 5-13、表 5-13),并按段落特点进行了具体的设计。

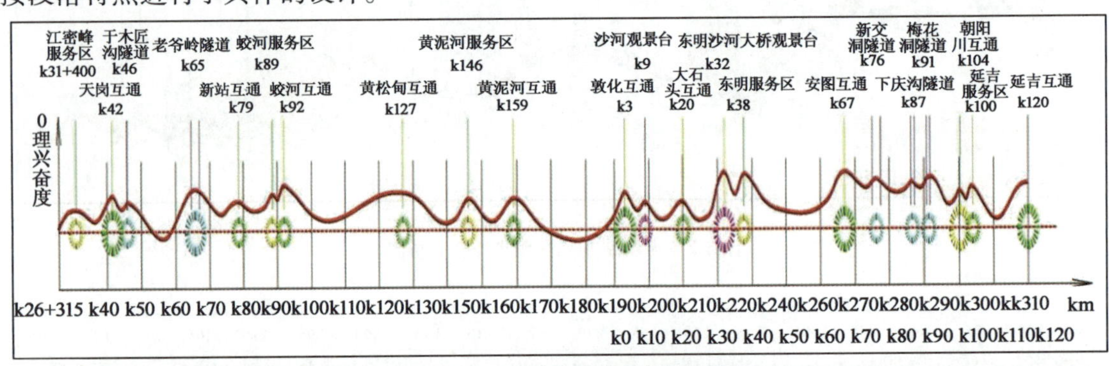

图 5-12　吉延高速公路景观序列规划图

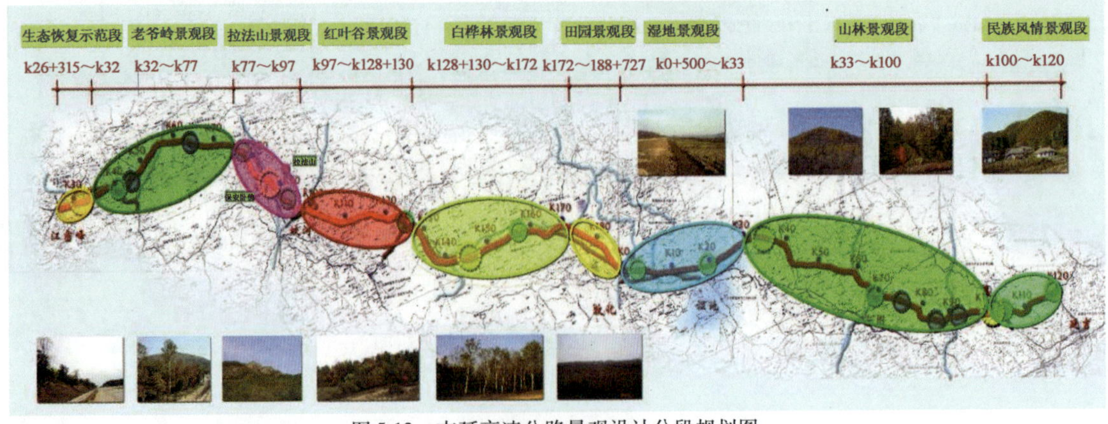

图 5-13　吉延高速公路景观设计分段规划图

景观段落划分表　　表 5-13

编　　号	起 讫 桩 号	景观段落名称
1	江黄段 K26 +000 ~ K32 +000	生态恢复示范段
2	江黄段 K32 +000 ~ K77 +000	老爷岭景观段
3	江黄段 K77 +000 ~ K97 +000	拉法山景观段
4	江黄段 K97 +000 ~ K128 +000	红叶谷景观段
5	黄敦段 K128 +000 ~ K172 +000	白桦林景观段
6	黄敦段 K172 +000 ~ K188 +000	田园景观段
7	敦延段 K0 +000 ~ K33 +000	湿地景观段
8	敦延段 K33 +000 ~ K100 +000	山林景观段
9	敦延段 K100 +000 ~ K119 +000	民族风情景观段

①生态恢复示范段(江黄段 K26 +315 ~ K32 +315)

该段位于项目的起始位置,以微丘地貌为主,以杂木林和农田相间为沿线主要景观特色。公路路堑边坡多为连续矮土坡,部分边坡采取叠拱防护,植被恢复条件较好。景观规划要点:a. 为体现吉延高速公路整体设计思想,进行重点设计,将浆砌边沟改为生态边沟,整理原有景观。b. 路堑边坡采用普通喷播形成缀花草地。路堤边坡路肩 2m 内植草,确保视线开敞。c. 在项目起点附近设置旅游标牌,标示沿线主要旅游景点。

②老爷岭景观段(江黄段 K32 +315 ~ K77 +000)

该段处于微丘地貌向老爷岭山地地貌过渡地带,沿线植被繁茂,色彩艳丽,景色优美。K42 处是天岗互通立交,天岗镇资源富饶、历史悠久,尤其以富有的花岗石资源而闻名海内外。K45 和 K65 处分别位于木匠沟隧道和老爷岭隧道。

本段景观规划要点:a. 避免山体裸露和人工痕迹,对窗式护面墙护坡进行重点处理,窗格内栽植景天,并适当栽植地锦攀援,减轻硬质景观的不良视觉影响。b. 对隧道口洞门上部开挖坡面采用客土喷播恢复植被,特别对老爷岭隧道周围破坏的坡面进行重点恢复。c. 根据天岗镇的“石”文化特色,进行绿化景观设计。

③拉法山景观段(江黄段 K77 +000 ~ K97 +000)

该段位于蛟河拉法山风景区,该段的路堑边坡坡体较矮且缓,多为土质边坡。该段包括新站、蛟河两个立交,K88 处是蛟河服务区。

该段景观规划要点:a. 突出借景和视线诱导,把拉法山景色纳入公路,路肩下 2m 范围植草,以保证视线开敞。b. 蛟河互通距离拉法山较近,能很好地观看拉法山,立交区绿化要弱化自身景观,并通过诱导栽植引导观赏拉法山,植物造景为疏林草地景观,以达到与周围植被类型相协调。c. 对土质路堑边坡采取草灌结合方式进行植被恢复,以实现与周围环境的协调。d. 蛟河服务区充分利用周围环境,并在适当位置设置观景亭,便于游客观赏拉法山景观。

④红叶谷景观段(江黄段 K97 +000 ~ K128 +130)

该段位于红叶谷区域,秋季红叶鲜艳,五彩缤纷,景色十分秀丽,是吉延高速公路一个突出的景观特色带;路堑边坡多为土夹石、石质类型;本段的结尾是黄松甸互通立交(图 5-14)。

该段景观规划要点:a. 边坡植被恢复采用茶条槭、悬钩子等秋色红叶树种。b. K117 处的大挖方边坡以裸岩景观为主,坡面采用柔性钢绳网加普通喷播使岩石缝隙点缀抗逆性强的植物,碎落台植草,局部进行丛式栽植。其余石质边坡采用客土喷播方式尽量恢复植被。c. 黄松甸互通采用秋色叶树种进行绿化美化,与周围环境相和谐,并体现红叶谷特色。

图 5-14 红叶谷景观段、田园景观段

⑤白桦林景观段(黄敦段 K128 +130 ~ K172 +000)

该段位于熔岩台地,周围自然植被以白桦林密林为主。公路线位多处与 302 国道并行。景观规划要点:a. 在公路施工时要重点做好表土资源和自然植被的保护,对不影响施工的树木尽量予以保留。b. 边坡绿化采用普通喷播技术,形成草灌木结合的群落,并适当点缀白桦,做到不遮挡白桦林景观和路外风景。

⑥田园景观段(黄敦段 K172 +00 ~ K188 +727)

该段周围以农田景观为主,呈现一派田园风光。处于农耕区,表土层深厚肥沃。该段路堑边坡不大,多为土质边坡。公路线位多处与 302 国道并行。景观规划要点:a. 在公路施工时要做好表土资源和自然植被的保护。b. 路堑边坡绿化采用普通喷播技术种植缀花草地,并适当点缀胡枝子。c. 与 302 国道并行的路段做好边坡、锥坡部位的绿化和遮挡,减轻圬工体对外部景观的不良影响。

⑦湿地景观段(敦延段 K0 +500 ~ K33 +000)

图 5-15 湿地景观

该段处于山林过渡段,以农田、河流和湿地景观为主,山间湿地较多,是吉延高速公路水体景观最丰富的区域。景观规划要点:a. 在地势开畅、景色宜人的位置(K32 左右两侧)设置观景台和临时停车区,以便游人驻足,饱览秀丽风光。湿地景观见图 5-15。b. 开辟透景线,路堤边坡路肩 2m 范围内植草,以便于观赏沿线河流、湿地及农田景观。c. 敦化互通充分挖掘当地人文景观特色,选择龙图腾作为设计主题,并通过植物素材来表现,体现敦化是满族发源地的历史背景。

⑧山林景观段(敦延段 K33 +000 ~ K100 +000)

该段为山地地貌,植被茂密,以蒙古栎、落叶松、白桦、槭树类等混交林为主,夏季满目葱翠、秋季五彩缤纷,是全线突出的景观特色带之一(图5-16)。该段路堑边坡数量多,边坡种类有土质和石质,防护形式包括叠拱防护、护面墙、挡墙、窗式护面墙等。K37处的东明服务区,K67处的安图互通立交,还有新交洞、下庆沟、梅花洞三个隧道,是景观规划的重点。

图5-16　山林段景观

该段景观规划要点:a.石质边坡采用客土喷播方式恢复植被,植被群落恢复目标与周边山林景观相一致。b.边坡植物种类采用茶条槭、蒙古栎、胡枝子等秋色叶植物种类,增强公路沿线山林景观效果。c.安图立交区绿化设计以自然式种植为主,与周围环境相协调,并体现长白山文化;东明服务区要充分利用周围地形和植物,结合山地环境并融合朝鲜族建筑风格。d.隧道口尽量弱化人工痕迹,努力恢复山林气氛,对洞门上部已喷浆的坡面采取厚层客土喷播、打种植穴的办法恢复植被,并对梅花洞隧道口石质挡墙进行重点美化和柔化,减轻视觉污染;对取土场留下的山坡疮疤予以植被恢复和遮挡。

⑨民族风情景观段(敦延段K100+000~K119+135)

该段位于全路线的结尾,靠近延边朝鲜族自治州州府。盆地地貌,沿线以农田为主,人文特色景观显著。景观规划要点:a.对较矮的土质边坡尽量放缓,与地界自然衔接,充分展现沿线朝鲜族民居等特色。b.延吉服务区、互通立交的景观设计重点体现朝鲜族民居特色和朝鲜族人文特征,彰显民族风情。

5.3.3　全风化岩、砂土坡面生态景观恢复技术

由于区域地质构造的原因,沿线经过地区下伏岩性以花岗岩为主,蛟河、延吉前后出现小片砂砾岩岩组,由于自然侵蚀作用,岩层表层风化严重,局部路段呈现全风化砂砾状花岗岩,土壤无黏结性能,几乎无植物生长所需的养分。工程开挖后由于雨水、干湿和冻融的侵蚀作用,更加速了裸露岩体的风化速度,局部路段出现了严重的碎落、塌方等现象(图5-17)。

图5-17　工程开挖后全风化花岗岩坡面—生态恢复

由于这一特殊的地质现象,也给生态恢复工作增加了一定的难度。经过对现场情况的详细调查研究,结合国内外成功的经验,课题组计划采取普通喷播和人工栽植景天的办法恢复全风化花岗岩坡面,阻止坡面进一步风化碎落和水土流失现象的发生。

(1)普通喷播——人工诱导自然恢复生态技术

普通喷播(即湿法喷播)是20世纪90年代初从瑞士引进的湿法喷播技术,既是将种子和必要的营养液一同利用机械设备喷播到坡面进行生态恢复,并根据不同景观段落的主题选择不同的植物种类,又可以达到生态恢复、防治水土流失等功能性要求。此法具有施工效率高、适用范围广、经济成本较低、见效快的优点;缺点是植物生长初期易被雨水冲蚀,后期恢复效果不尽理想,恢复自然生态主要靠周边生态植物入侵演替。因此,此种恢复方法适合坡面具备基本的生态恢复功能,而且周边生态环境优良的条件,必要时需要结合圬工框架防护防止初期雨水冲刷。

根据沿线挖方的实际情况,结合绿化景观完善设计,全线共进行了近百万平方米的普通喷播恢复边坡生态系统。这在吉林省还是首次大面积推广使用普通喷播技术,改变了过去单纯栽植紫穗槐护坡的植被恢复方式。施工过程和后期效果如图5-18~图5-21所示。

图5-18　普通喷播施工

图5-19　生态恢复初期养护

图5-20　喷播25天后覆盖率100%(2007.8.18)

图5-21　坡面恢复胡枝子等灌木丛(2007.8.18)

(2)多年生地被植物——景天类植物护坡试验

对于易产生冲刷的边坡,最好的办法就是用地被性植物尽快护住坡面,如果采用禾草类植物护坡后期养护工作量很大，遇旱易干枯死亡。分析沿线条件，项目组提出采用栽植宿根类地被性植物——景天防护全风化花岗岩坡面，通过前面的植物抗逆性试验评价，已经发现景天类植物具有优异抗旱、抗寒性能，因此选择适当的坡面进行护坡试验，从而验证景天类植物代替草坪的可能性。

景天类植物属于肉质性植物，具有独特的景天酸代谢途径——光合固定二氧化碳的附加途径改变其代谢类型来适应环境，由于该途径的特点造成光合速率很低（3 ~ 10mg $CO_2/dm^{-2} \cdot h^{-1}$），故其生长缓慢，能在缺水干旱、寒冷的恶劣生存条件下生长发育，而且还具有一定观赏性，适合坡面植物防护。试验用景天包括：黄景天、红景天、白景天三种类型，见图5-22。第一段试验地点：江黄段3标段K77新站互通D匝道K0 + 207 ~ K0 + 447，面积3 000m^2，施工时间2005年7月29日~8月1日，施工过程见图5-23、图5-24。第二段推广路段：江黄段2标段隧道出口挖方坡面K68 + 300 ~ 507（左侧），面积5 000m^2，施工时间2007年8月。

图5-22　三种景天：黄景天、白景天、红景天

图5-23　全风化砂挖方坡面状态

自2005年施工完成，项目组对试验坡面进行了后期跟踪观测（图5-25 ~ 图5-27），发现这种宿根肉质植物在栽后3 ~ 5天就表现出生长的迹象（如果是在春季情况会更好），一个月后枯萎的叶片已经泛绿，根系不断深入土层，进入秋季，红、黄景天的叶片变成深红色，秋景宜人！第二年春季景天类植物大约在4月末开始返青，越冬成活率98%，基本全部越冬，花期在6月中旬至7月下旬之间，远望黄、红花连成一片。

图 5-24　人工栽植景天护坡施工(2005.8)

图 5-25　2006 年夏秋季节景天生长情况

图 5-26　2007 年夏、秋季节景天生长情况(近 1 个月无雨干旱)

图 5-27　2008、2009 年夏秋春季节景天生长情况

经过近4年多的试验应用，实践证明，选取的地被景天类植物抗旱、越冬能力突出，在东北寒冷地区可以代替草坪在公路植物防护和美化绿化中推广应用（图5-28、图5-29）。

图5-28　江黄段K68＋300～507推广情况（2008）

图5-29　隧道口坡面景天护坡

5.3.4　强风化岩质坡面生态恢复关键技术——沿线生态恢复难点

1）试验边坡特点

强风化岩质坡面生态恢复是吉延高速公路沿线难点之一，为考察生态防护试验方案的实际使用状况，试验地点选择在坡面条件非常恶劣的风化花岗岩质坡面，靠近“江黄段”五标大垭口附近，坡面基本上为强、弱风化岩石，具有代表性，见图5-30、图5-31。

图5-30　K116＋910～K116＋970（阴坡）

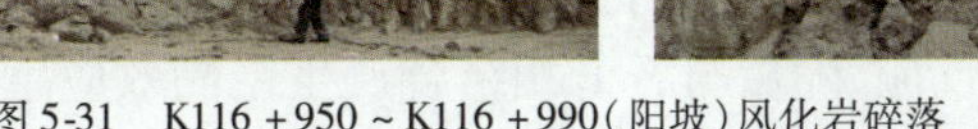

图5-31　K116＋950～K116＋990（阳坡）风化岩碎落

试验地点：江黄段K116＋910～K116＋970（阴坡，图5-30）和K116＋950～K116＋990（阳坡，图5-31），位于蛟河市刘家店村附近，海拔463m，阴坡坡度45°（1∶1）左右，阳坡坡度48°（1∶0.9）左右。局部坡位坡度可达到55°（1∶0.7）。阴坡坡面平均长度为17m，最高处坡高14.3m；阳坡坡面平均长度9.8m，最高处坡高10m。试验边坡总面积为1 000m^2。自2004年工程开挖以来，由于裸露在自然界中，很多花岗岩质边坡的风化侵蚀速度加快，发生了很多边坡滑塌、碎落，雨水侵蚀沟深度可达5～15cm。边坡表面的花岗岩风化物主要为粗砂粒，几乎不含黏土成分，缺乏养分，自然植物生长非常困难。公路沿线类似坡面还很多，如不及时治理将来也会危及行车安全，同时也与周边茂密的森林植被景观极不协调。因此，建设单位急需找出解决难题的办法，项目组接受委托，开始了强风化岩石坡面生态恢复技术方案的试验。

2）生态恢复技术方案论证

针对这个问题项目组通过多方调研、现场考察、专家咨询和分析论证，根据生态学原理，模拟自然界土壤结构，采取“离子型双层喷附技术”（客土层＋有机质层）解决这个问题。具体说就是掺入离子型黏合剂，采用双层喷附模拟自然植被，其中材料营养成分也模拟自然环境，构建近自然环境的人工土壤结构。采用“离子型双层喷附技术”的原因有：①强风化花岗岩坡面几乎不含黏土成分，缺乏养分，如果不采取人工辅助措施全靠自然生态恢复会非常缓慢，植物生存、生长非常艰难。②在寒冷的北方，采用较薄的（如是单层）客土层，其下又是风化岩石层，建植的植被很难度过严寒的冬季和干旱的春季。防护方式不妥的工程案例见图5-32、图5-33。③避免了人工铺腐殖土植草护坡产生的春季层间冻融滑坍和干旱脱皮现象。④避免圬工体护坡影响路侧景观，构建与周边生态环境相融洽的植物护坡系统，这也是“吉延高速公路”建设“生态路、景观路”的需要。

图5-32　人工铺腐殖土植草护坡春季层间冻融滑坍

图5-33　不利于生态恢复的砌石挡墙

3）“离子型双层喷附技术”简介

（1）无机类离子型聚合物黏合剂的作用机理

离子型客土是指以使用水硬性无机类离子型聚合物为土壤黏合剂的客土。这种无机黏合剂由石灰、石膏、明矾等构成，其主要物质成分是钙，钙是正离子，一般情况下不与黏土（负离子）产生化学反应，当把无机类离子型聚合物和土体混合在一起时，在水的作用下钙与黏土发生灰化反应，随后与石膏相结合产生结晶效应生成钙矾石，钙矾石与二氧化碳接触发生氧化反应，使结晶效应进一步增强，最终将土体与坡面紧密结合在一起，在边坡表面形成了坚固的土层，可以抵御降雨侵蚀和水土流失。

无机类离子型聚合物与水和土壤的化学反应方程式如下：

①水和反应　　$CaO + H_2O \rightarrow Ca(OH)_2$

依靠水和反应和消石灰的吸水性使土壤的含水率降低，土粒膨胀压缩周围的土，使硬度上升。

②普查兰反应　　$Ca(OH)_2 + Al_2O_3 \rightarrow 3CaO \cdot Al_2O_3 \cdot 6H_2O$

土壤中的二氧化硅、氧化铝和石灰成分进行普查兰反应，生成硅酸钙、铝酸钙和水，固结在土粒子之间。

③结晶效应　$CaO + Al_2O_3 + 3CaSO_4 \rightarrow 3CaO \cdot Al_2O_3 \cdot 3CaSO_4 \cdot 326H_2O$

石灰粉 + 土中成分 + 石膏→针状结晶，针状结晶使土粒子之间更加固结，增强附着性。

④氧化反应　　$Ca(OH)_2 + CO_2 \rightarrow CaCO_3$

残留的石灰成分与土中的二氧化碳反应生成碳酸钙，使客土与岩石面紧密结合。

无机类离子型聚合物对土体和坡面的黏合作用是半永久性的，并且不会出现高分子黏合剂带来的土体收缩现象，由于在土体中均匀地分布着钙矾石等结晶物，增加了土壤空隙度，有利于水分下渗，对植物水分补充起到促进作用。这种土壤黏合剂不仅可以粘连土体，还可以粘连土、沙、砾石的混合物，有利于将更多的工程弃土、渣土用于道路绿化，对建设"资源节约型、环境友好型"公路起促进作用。

(2)双层喷附(客土层+有机质层)

双层喷附是指在岩质坡面构建客土层或人工土壤层时，改变以往的单纯喷附客土或单纯喷附有机质(厚层基质)的做法，将喷附客土与喷附有机质结合起来，既先喷附一层客土，然后在客土层上再喷射一层有机质(厚层基质)。

自然土壤在形成过程中因成土作用的不同从地表向下形成不同的土层，一般可分为枯枝落叶层(A0)、腐殖质层(A1)、淋溶层(A2)、淀积层(B)、母质层(C)和母岩层(D)[图5-34a)]，其中真正可称为土壤的是A层和B层，而植物的根系主要分布在A1~A2层。这种多层次的土壤结构，是与植物的生长发育紧密结合的，腐殖质层松软、养分含量高，适于植物发芽；淋溶层坚实、水分条件好，利于植物根系生长。但人工在坡面上喷射的客土或有机质(厚层基质)，最多只是相当于自然土壤剖面中的淋溶层或腐殖质层，对植物生长发育所能起到的作用是有限的。如果根据自然土壤的剖面特点，把客土和有机质结合起来在坡面构成有层次的人工土壤层[图5-34b)]，既可以增加人工土壤层的厚度，又可以同时发挥客土层(淋溶层)和有机质层(腐殖质层)对植物生长发育的促进作用。双层喷附就是对自然土壤层次结构特征的一种模拟。

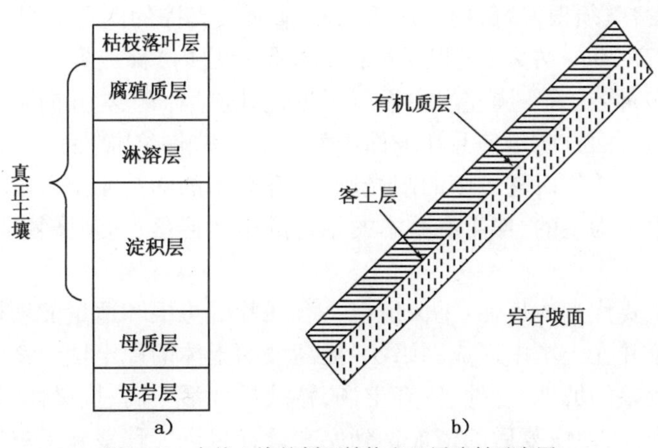

图5-34　自然土壤的剖面结构和双层喷射示意图

(3)保育块技术原理

目前应用于公路坡面快速生态恢复的机械喷播技术有：液压喷播、客土喷播、厚层基质喷播，这种种子直播技术虽然可以较快地在坡面建立以草本为主体的植物群落，但直播乔木、灌木种子时却很难达到预计的效果。其主要原因在于：乔灌木种子自身发芽较慢(短则1个月，长则半年以上)，很难在坡面快速形成绿色覆盖，达到保护坡面、防止水土流失的目的；与草本种子一起混播时，快速生长发育的草本群落与乔灌木争水争肥，即便乔灌木发芽，在周边浓密草丛的遮挡下，所受光照不足，不是枯萎就是发育不良，最终难以形成群落。

而传统的植物移栽技术，如容器苗移栽、土球移栽、扦插等都不可避免地对植物的主根造成损伤，或是将植物主根切断（土球移栽、扦插等），或是使根系发生盘结缠绕（容器苗）。这些方法所移栽的乔灌木，由于主根受损，只有须根发育，难以深入土壤，在立地条件不好的坡地上成活率低。

保育块植物移栽技术是一种以圆柱形、有一定硬度的土块为植物生长基，将在其内培育的乔木或灌木幼苗移栽到坡面上的新型植物移栽技术。所谓保育块是一种由专用材料制成的、有一定硬度的圆柱形土块，土块中间为空心，其间植入乔木或灌木种子（图5-35）。

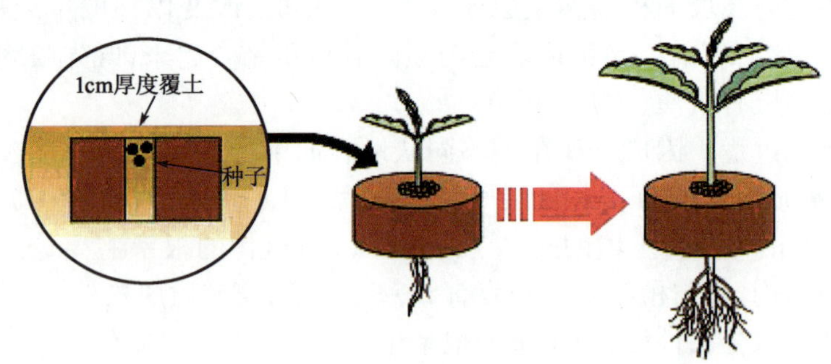

图5-35 保育块原理示意图

当种子发芽后，由于四周土壁硬度高，木本植物须根的侧向伸展受到保育块的束缚，而主根的发育受到促进，并在重力作用下向下方延伸，造成了主根粗壮发育、须根少但根系较粗的效果。这种强壮发育的主根，使木本植物能在更恶劣的立地条件下生存，避免了传统移栽、扦插所产生的主根不发育、须根发育，树木的重力全靠须根支撑的问题。另一方面，将已经育好苗的保育块（种苗株高20cm左右，主根系被控制在保育块内）移栽到坡面上，由于保育块内部植物根系未受到损伤，移栽后一周左右主根就可迅速扎进坡面土壤并向垂直方向伸展，比较粗壮的须根也能迅速向坡面方向延伸并在坡面土壤层中形成网络状，而一定的株高又可以使乔灌木幼苗避免周边草本植物对它更多的阳光遮挡，乔灌木的幼苗完全可以与草本植物竞争，并最终形成以乔木或灌木为主的、伴生有草本的稳定的植物群落，达到恢复植被、保护坡面、协调景观的多重目的。

保育块技术的主要优点体现在：①保证植物有强壮的主根和适量的须根发育，促进植物根系能更深入扎进土壤并在土壤中形成网络状，提高坡面土体的稳定性。②保育块乔木、灌木苗可移栽到立地条件较差的坡地、沙地、取弃土场，移栽后成活率高、抗旱性强。③可以实现坡面乔灌草群落的早期恢复，使恢复后的植被达到原来设计目标。移栽施工季节限制少，施工简单方便。

4）坡面生态防护设计方案

本次试验坡面生态恢复的主要目标：在岩石坡面上构建稳定的、有一定厚度、养分含量较高的人工土壤，选择适宜在当地生长的乔灌草物种构建人工植物群落，植被覆盖初期以草本植物为主，中后期以乔木和灌木为主。

（1）坡面生态恢复植被设计方案（表5-14）

遵循植被地带性和工程可操作性原则，确定本次试验所使用的植物物种为：

亚乔木：三角枫、刺槐、东北杏、榆树。

灌木：虎榛子、丁香、榆叶梅、红端木、山杏。

草本：老芒麦、早熟禾、羊草、紫花苜蓿、二色胡枝子、胡枝子。

坡面生态恢复设计物种及播种比例　　表5-14

播种比例	老芒麦	羊　草	草地早熟禾	二色胡枝子	胡枝子	紫花苜蓿
阴坡	20%	20%	20%	10%	30%	—
阳坡	20%	—	20%	10%	30%	20%

乔木和灌木采用保育块技术，采种育苗后再实行移栽；草本采用种子直播技术，按一定比例混合后采用液压喷附技术，直接喷附在坡面人工客土中，预期发芽数为2 500株/m^2，乔灌木苗移栽密度为1株/2m^2。

（2）人工土壤层设计方案

根据自然土壤的垂直剖面具有层状结构的特点，人工土壤设计为上下两层：下层为客土层，主要由施工当地的自然土壤构成；上层为有机质层，主要由草炭和秸秆堆肥构成。为了提高人工土壤的肥力、通透性和保水性，在客土层和有机质层中适量地添加有机肥、复合肥、保水剂、土壤改良剂。为了保证人工土壤与岩石坡面能较好地黏结在一起，还在人工土壤中添加了无机黏合剂。

为了比较不同厚度人工土壤与植被恢复效果之间的关系，设计了不同厚度的客土层和有机质层。客土层分为6cm、8cm、10cm三个厚度，有机质层分为3cm、5cm两个厚度，两者结合到一起，形成了六种不同客土层、有机质层厚度的人工土壤组合。具体坡面客土层设计方案见图5-36。

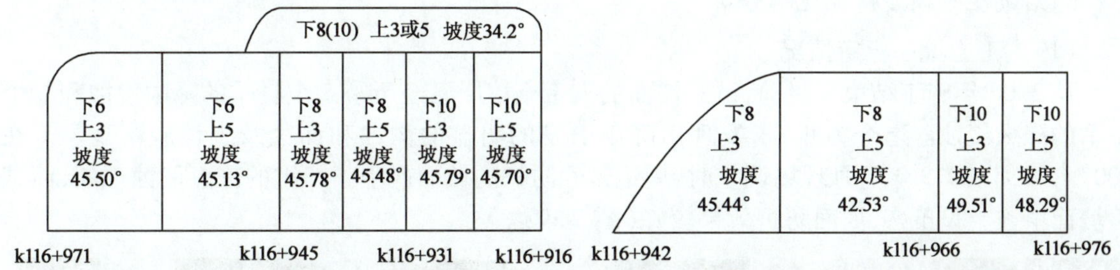

图5-36　K116试验坡面生态恢复坡面结构示意图（阴、阳坡）

5）施工实施

由于种种原因，生态恢复试验坡面施工在2006年8月26日至9月8日进行，完成施工面积1 000m^2，其中阳坡施工面积280m^2，阴坡施工面积744m^2（见图5-37、图5-38）。草本植物播种与人工土壤层构建同时施工。由于试验方案审批同意较晚，实际上试验边坡开始施工时已经进入秋季，这对于草本植物发芽生长和越冬产生不利，为了尽量减轻低温对草本植物成活和越冬的影响，施工后采取了草帘子覆盖等保温措施。施工工艺如下：

①首先要平整坡面，去掉浮石、碎石，用土填平坑穴。

②如坡度在1:1以上，岩质坡面需要先铺设金属网或土工网，并定设锚杆，锚杆密度不低于1.5个/m^2。

③机械设备:灰浆喷射机(或客土喷射机)、空气压缩机、发电机,空气压缩机等。播种方法:将植物种子与基质充分均匀混合后,利用液压喷附技术,将客土喷附在路堑边坡表面。使用无机离子型黏合剂,用量按土质不同进行调节。

图5-37　双层喷附施工(2006.9.4)

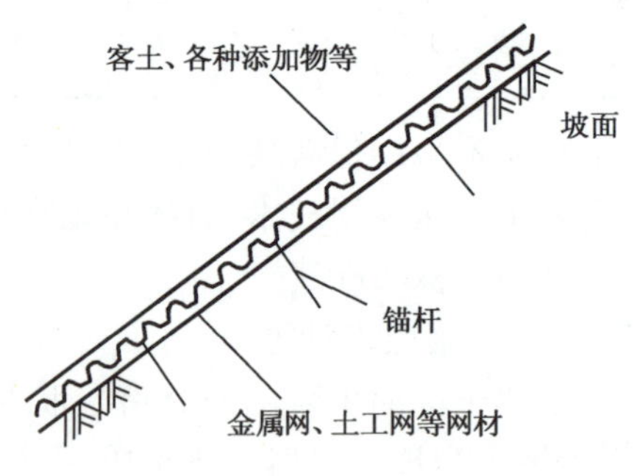

图5-38　双层喷附断面图

④机械喷播之前先将PVC管固定在铁网上,作为保育块预留安装孔。阴坡下层喷播厚度为3cm、6cm和8cm,上层喷播厚度为3cm和5cm,总厚度最厚处13cm,最薄处6cm。阳坡上层喷播厚度为3cm和5cm,下层喷播厚度为8cm和10cm,总厚度最厚处15cm,最薄处11cm。

⑤喷播过程中要保证基质层稳定不脱落,与坡面紧密结合,并要随时进行厚度检测。

⑥根据土壤水分、降雨、季节等实际情况,在施工结束后对坡面适时进行保墒和补水。

6)后期生态恢复情况观测分析

(1)人工土壤层稳定情况

从2006年施工结束至目前,试验坡面的人工土壤层已经历了5个夏季的降雨侵蚀和6个冬季的冻融侵蚀。迄今为止,未发现由降雨引发的明显的沟蚀和面蚀及土体脱落现象。在2007年4月、2012年6月现场调查时,周边未经防护的坡面产生了严重的冻融侵蚀现象,而试验坡面植被生长茂盛,坡面防护效果较好(图5-39)。

图5-39　不同时间人工土壤层稳定性、生态恢复效果(2006.9.20)、(2007.6.24)、(2008.7.13)

试验观测过程中,2007年试验坡面所在地发生了严重的春旱,截至6月初未发生有效降雨,干旱时间长达一个月,大田作物播种也受到了影响。尽管春旱严重,试验坡面的人工土壤层基本上未发生大范围干裂现象。阳坡地个别坡位的人工土壤虽然有裂纹,但宽度都在1cm以下,深度也不超过2cm,对土壤层的稳定性无影响,而阴坡基本上没有土壤干裂产生。

(2)人工土壤层硬度观测分析

2007年7月使用日本产山中式硬度计对试验坡面人工土壤层硬度进行了调查,其硬度值范围在12.8~17.4mm之间。2008年6月11日~16日又对坡面土壤硬度情况进行了测定,如图5-40所示,同一坡向不同坡位之间表现出相似规律,即坡上部和坡下部土壤硬度较高,且坡上部略低于坡下部,坡中部土壤硬度最低,土壤硬度总体表现出坡下部>坡上部>坡中部趋势。另一方面,同一坡位不同坡向相比较,阳坡土壤硬度要明显高于阴坡,尤其是坡上部和坡下部的边缘位置,不同坡向的土壤硬度差异较大。阴坡坡面平均土壤硬度为16.2mm,阳坡坡面平均土壤硬度为18.2mm,即阳坡总体土壤硬度要略高于阴坡,这主要是由于阳坡受太阳辐射时间多于阴坡,土壤水分蒸发较快,造成土壤表层板结硬度较高造成的。

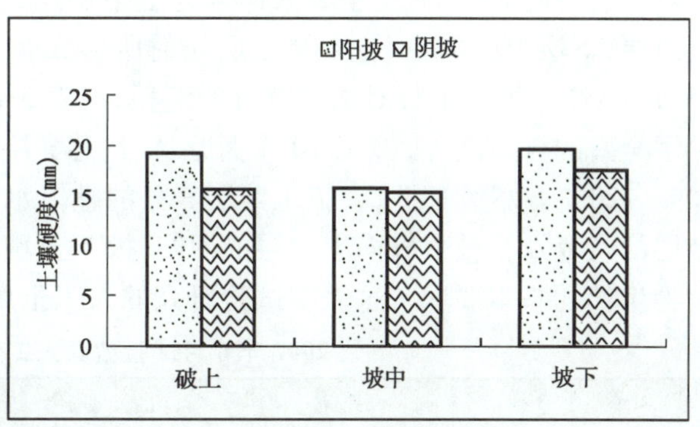

图5-40 山中式硬度计检测、不同坡向坡面土壤硬度变化图(2008年5月)

根据土壤硬度与植物生长发育的关系(罗晶等,1997),最适宜植物地上部和地下部生长发育的土壤硬度值为黏土:10~23mm、砂土:10~25mm,由此可知,由离子型双层喷附形成的人工土壤层的硬度后期适宜植物生长发育。

此外,项目组还对土壤开裂程度进行了测定。通过表面观察和实际测量,阴坡坡面基本无开裂现象,土壤联结完整,表面均一。开裂现象主要出现在阳坡,测定结果表明,阳坡土壤出现不均匀的土壤裂缝现象,裂缝的宽度范围一般为3~5mm,最大一处裂缝宽度为1cm;裂缝连续长度范围为10~20cm,最长一处连续裂缝长度为25cm;裂缝深度一般在1cm以内。通过现场观察,裂缝对坡面完整性和稳定性不构成影响,坡面土壤无大块脱落现象,这表明,离子型双层喷附技术表现出了良好的持久土壤黏结性和预防水土流失的作用。

(3)坡面人工土壤层养分变化情况

土壤是植物生活的基质。它提供了植物生活必需的营养和水分,是生态系统中物质与能量交换的重要场所。由于植物根系与土壤之间具有极大的接触面,在土壤和植物之间进行频繁的物质交换,彼此强烈影响,因而土壤是植物的一个重要生态因子。土壤水、肥、气、热对植物的满足程度是植物正常生长发育的基础。

①当年测定。施工1个月后(2006年10月)项目组对试验坡面的人工土壤层的养分含量进行了采样测定(表5-15)。从表5-15中可以看出,坡面人工土壤养分的各项指标均大大高于未进行生态恢复的裸露坡面(除pH值外),并总体优于自然林地坡面土壤,这为坡面植被的顺利恢复创造了必要的立地基础条件。随着坡面和周边植被的生长与凋零,植物的枯枝落叶经

过分解又可对坡面土壤起到养分补充作用,并与地表面植被一同演替,最终达到或接近自然坡面土壤养分构成,这也是生态恢复的最终目标。

试验坡面人工土壤与其他土壤的养分含量情况(2006/10)　　表 5-15

样　地	pH 值	有机质(%)	全氮(g/kg)	全磷(g/kg)	全钾(g/kg)
坡面人工土壤	5.76	11.27	4.935	0.813	17.244
自然林地土壤	5.31	6.40	3.416	1.643	14.877
裸露坡面土壤	6.84	0.04	0.126	0.443	14.075

②第二年测定。施工 10 个月后(2007 年 6 月)项目组又对边坡人工土壤层养分情况进行了调查、采样测定。人工土壤采样分为上下两层,上层 0 ~ 10cm 主要是双层喷射所形成的有机质层,下层 10 ~ 20cm 主要是双层喷射所形成客土层。各坡向不同土层的养分含量如表 5-16 所示,经过植物生长对土壤养分的消耗,与表 5-15 中人工土壤、林地土壤的养分含量相比,除了全磷的含量之外,施工 10 个月后人工土壤层的各养分含量均有所下降,下降幅度约有 10% ~20% 。尽管如此,人工土壤层养分的整体水平仍然是要高于自然林地土壤,随着人工植被层的恢复及枯枝落叶向土壤层的回归,人工土壤层的养分含量将会逐渐得到补充,能够满足植物生长的基本要求。这表明试验研究的人工土壤层,具有明显的保肥效果。

2007 年 6 月试验坡面人工土壤养分含量调查　　表 5-16

样　地	pH 值	有机质(%)	全氮(g/kg)	全磷(g/kg)	全钾(g/kg)
阳坡 0 ~ 10cm	6.47	9. 44	3.98	0.83	13.29
阳坡 10 ~ 20cm	6.32	5.87	2.53	1.08	13.52
阴坡 0 ~ 10cm	6.24	10.14	3.81	0.97	13.14
阴坡 10 ~ 20cm	6.26	5.36	2.55	0.85	13.11

③第三年测定。坡面建植后两年(2008 年 7 月)我们又进行了现场取样测定,结果显示:坡面人工土壤中各种指标发生了一定的变化,其中 pH 值变化较小,除阳坡 0 ~ 20cm 略有上升外,其他各层均较 2007 年略微有所下降,但基本还属于中性土壤范围(表 5-17)。另外,有机质含量也表现出全面下降趋势,无论是阴坡还是阳坡,10 ~ 20cm 土层中的有机质均要低于表层 0 ~ 10cm。人工土壤中变化较大的是全氮、全磷、全钾的含量。0 ~ 20cm 土层中的全氮、全磷、全钾均下降到 1g/kg 以下,除阳坡下层(10 ~ 20cm)土壤全钾外,其他各项指标也都表现出 10 ~ 20cm 层低于 0 ~ 10cm 层的规律。

2008 年 7 月试验坡面人工土壤养分含量调查　　表 5-17

样　地	pH 值	有机质(%)	全氮(g/kg)	全磷(g/kg)	全钾(g/kg)
阳坡 0 ~ 10cm	6.01	8.35	0.41	0.18	0.72
阳坡 10 ~ 20cm	6.59	5.43	0.27	0.16	0.72
阴坡 0 ~ 10cm	6.01	9.06	0.43	0.19	0.97
阴坡 10 ~ 20cm	5.83	4.65	0.23	0.13	0.77

将不同年份人工土壤层养分变化情况绘于图 5-41 中。

由图 5-41 分析得出:

①2006～2008 年间阴坡和阳坡试验坡面人工土壤的 pH 值均表现出先增加后减小的趋势，在生态恢复工程第一年(2007 年)达到最大值，pH 值阳坡为 6.47，阴坡为 6.24，但是总体来看变化趋于平缓，基本位于 6～6.5 之间，略高于初始人工设计土壤，并随着时间的延长与自然林地土壤相接近，表明人工恢复的土壤酸碱度完全适合当地植物生长所需的条件。

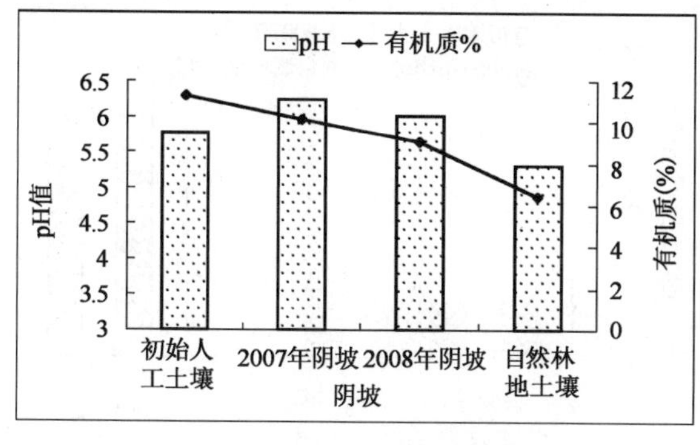

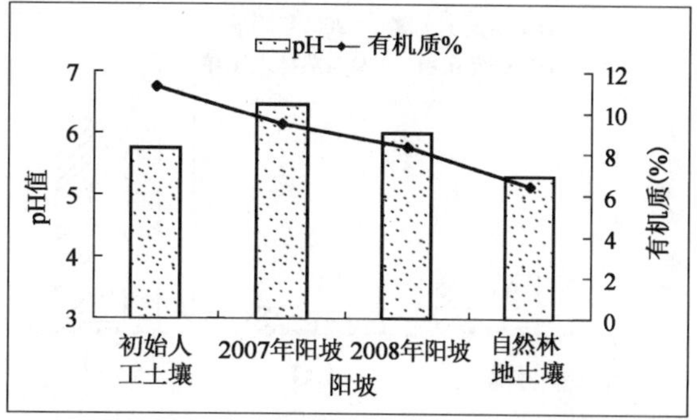

图 5-41　坡面人工土壤 pH 值、有机质含量年际变化图

②土壤有机质含量在坡面人工土壤建植后三年内(2006～2008 年)呈现出随人工土壤建植时间延长而逐渐降低的规律。第三年(2008 年)，阳坡有机质含量降为 8.35%，阴坡有机质含量降为 9.06%，但是仍高于周边自然林地土壤(6.4%)。说明人工土壤有机质含量正在逐渐向自然坡面过渡，并逐渐与自然坡面相一致。

土壤酸碱度是土壤最重要的化学性质，因为它是土壤各种化学性质的综合反映，它与土壤微生物的活动、有机质的合成和分解、各种营养元素的转化与释放及有效性、土壤保持养分的能力都有关系。同样，土壤有机质也是土壤的重要组成部分，它包括腐殖质和非腐殖质两大类。前者是土壤微生物在分解有机质时重新合成的多聚体化合物，约占土壤有机质的 85%～90%，对植物的营养有重要的作用。土壤有机质能改善土壤的物理和化学性质，有利于土壤团粒结构的形成，从而促进坡面植物的生长和养分的吸收。

③坡面人工恢复土壤中，阴坡、阳坡的全氮、全磷、全钾含量表现出相同的变化规律，即随着植被护坡人工土壤建植的时间延长，均表现出逐渐下降的趋势，尤其在人工土壤建植后的第二年(2008 年)下降尤为明显(图 5-42)。以阳坡为例，下降最快的是土壤的全钾含量，由最初的 17.24g/kg 降低到 0.72g/kg，下降了 96%；其次是土壤全氮含量，由建植之初的 4.94g/kg 降低到 0.41g/kg，下降了 92%；下降较为平缓的是土壤全磷，在建植当年(2006 年)和建植后第一年(2007 年)基本变化不大，含量总体维持在 0.8g/kg 以上，低于自然边坡的 1.64g/kg，而到了建植后第二年则降低到 0.18g/kg，较建植当年下降了 78%。

通过以上分析可以发现，对于土壤主要元素来说，由于生态恢复边坡的恢复植被在建植初期与自然植被有很大差异，而且边坡坡度远高于自然坡面，因此受流水冲刷和冰雪冻融侵蚀影响，人工土壤中的营养元素流失较快，随着时间的延长，人工土壤中的氮、磷、钾含量均表现出下降的过程，并将会低于周边自然坡面，这是一个必然的过程。另外，坡面恢复植被的旺盛生长也要从土壤中获取大量的营养元素用以自身需要，进而促进这一过程的产生。

由此可见，随着坡面植被向当地群落的演替，土壤成分也将逐渐改变，最终与当地土壤和植被融为一体。

(4)坡面植被覆盖度变化观测分析

2006～2008 年坡面植被覆盖度变化见图 5-43～图 5-47。施工当年(2006 年)尽管只有不到一个月的生长期,但草本植物发芽基本正常,阳坡植物密度为 400～600 株/m^2,植被覆盖度 15.7%;阴坡植物密度为 600～800 株/m^2,植被覆盖度 9.6%。

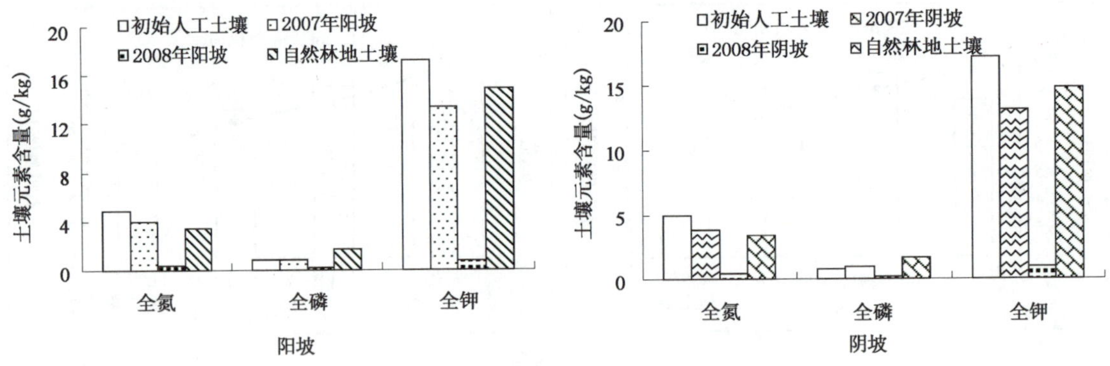

图 5-42 坡面人工土壤中全氮、全磷、全钾含量变化

建植后第一年(2007 年)5 月份生长季初期,阴坡、阳坡坡面植被开始缓慢生长,并逐步覆盖坡面。进入夏季后,护坡草本植物生长迅速、旺盛,植物群落优势物种为老芒麦和紫花苜蓿。2007 年 7 月试验坡面已经基本被草本植物覆盖,阳坡植被覆盖度 85%,阴坡植被覆盖度 90%(图 5-48)。草本植物对坡面的迅速覆盖可有效截留雨季降水,降低雨滴对坡面的直接渐蚀,同时削弱阳光对坡面土壤的直射,控制土壤水分蒸发和干旱开裂现象。

图 5-43 施工后 1 个月(2006/10)坡面生态恢复(阴坡)

图 5-44 坡面植被越冬情况(阳坡)

图 5-45 2007 年春季保育块移栽、夏季坡面植被覆盖情况

10 月份后,边坡草本植物进入枯萎期,草本植物叶片出现枯黄现象,并且随着种子的释放植物的地上部分逐渐倾斜倒伏,坡面覆盖度有所下降,此时,阳坡覆盖度在 60% 左右,阴坡覆盖度在 70% 左右,仍然可以起到良好的覆盖和防护作用。

图 5-46　2008 年 7 月 13 日试验坡面植物生态恢复状况

图 5-47　2009 年 5 月 10 日试验坡面植物生态恢复状况(阴、阳坡)

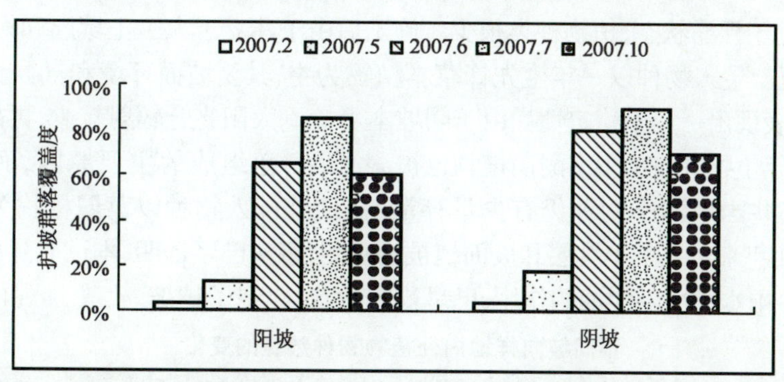

图 5-48　坡面生态恢复后第二年(2007 年)群落覆盖度变化规律

建植后第三年(2008 年)坡面生态恢复群落覆盖度变化规律基本与第一年一致。但是通过图 5-48 中可以看出,无论是建植后第一年还是建植后第二年,在植物生长季内,阴坡的群落覆盖度均略高于阳坡。另外,建植后第二年 5 月份时坡面的群落覆盖度高于建植后的第一年,而建植后第三年 7 月份的坡面群落覆盖度要低于建植后的第二年。这是因为在建植后的初期生长适应性较弱。经过一年的生长适应，到了建植后的第二年坡面植物已经对生境有了良好的适应性，并且植物根系也已经比较发达，因此坡面植物返青的时间出现了提前，坡面覆盖所需要的时间随即缩短。

阴、阳坡覆盖度的差异主要是由于坡向的坡面生境差异所引起（图5-49）。坡面本身立地条件就比较恶劣，土壤的养分、水分容易流失。而阳坡由于其自身的坡向所限，受太阳照射时间长，土壤表层升温较快，坡面水分蒸发量大，植物生长相对受到制约，而阴坡受太阳光照辐射强度较低，土壤中水分含量较多，对植物生长有利，因此通常情况下阴坡群落覆盖度会略高于阳坡。

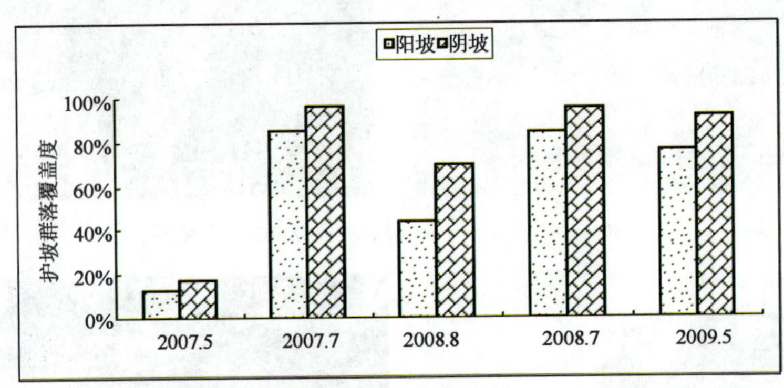

图5-49 植物生长季内阴阳坡群落覆盖度比较

（5）试验坡面植物生态演替

对于整个坡面植被群落的演替过程来说，人工建植植被的选取主要以满足工程设计需要为首，初始播种在坡面植被群落建植后的几年里一般会出现优势度降低、物种数目减少、生长退化等现象，而当地自然环境中存在的先锋物种的进入，无疑为增加坡面植被群落物种多样性、保持群落稳定和可持续性具有重要意义，并为最终演替为当地自然坡面群落建立良好的环境基础。

施工前坡面处于裸露状态，植物种类很少。施工后由于建立了人工土壤层和人工植物群落，植物多样性开始恢复。侵入物种以一年生先锋草本植物为主，其受坡面环境和气候变化的影响较为敏感，种类组成会表现出一定不稳定性。由于阴坡本身接受太阳光合辐射较少，再加上老芒麦的优势覆盖，是很多一年生物种包括很多耐荫植物也被淘汰出群落组成的主要原因，而阳坡由于相对光照充足，因此某些当地本土物种仍有少量存活，样地外侵入物种以蒿属植物为主（表5-18）。

通过施工后几年来对人工土壤层和坡面植被的观测，事实已经证明，本试验建植的植物生态坡面经受了多年外界雨水和冻融侵蚀的作用，已呈稳定状态，达到了护坡、生态景观恢复的目标。

不同坡向样地内外植物物种数量的变化

表5-18

坡向	物种来源	2006年	2007年			2008年	
		10月	6月	7月	10月	5月	7月
阴坡	初始播种物种数	3	3	3	3	2	3
	样地外侵入物种数	2	4	5	7	3	3
	总物种数	5	7	8	10	5	6

续上表

坡向	物种来源	2006 年	2007 年			2008 年	
		10 月	6 月	7 月	10 月	5 月	7 月
阳坡	初始播种物种数	4	3	3	3	2	3
	样地外侵入物种数	5	6	6	9	6	6
	总物种数	9	9	9	12	9	9

注:调查样方内原有植物为保育块移栽植物(详见表 5-20),样地外侵入植物分别为:大籽蒿 Artemisia sieversiana、黄蒿 Artemisia scoparia、东北蒲公英 Taraxacum ohwianum、大蓟 Cirsium japonicum、苣荬菜 Sonchus brachyotus、灰绿藜 Chenopodium glaucum、车前 Plantago asiatica、狗尾草 Setaria viridis。

(6)保育块——乔灌木生长情况

①保育块苗与营养钵苗成活率比较

为检验保育块育苗的生物特性,试验中采用了保育块苗与营养钵苗对比试验。从表 5-19 中可以看出,阴、阳两面边坡的保育块移栽苗成活率在 80% 左右,阴坡一级边坡保育块移栽苗成活率与营养钵移栽苗基本相同,阳坡保育块移栽苗成活率(80%)略低于阴坡整体(82.14%)。阳坡营养钵移栽苗的成活率较低,仅为 59.52%;阴坡一级边坡的营养钵移栽苗成活率最高,达到 81.6%。

阴、阳坡保育块苗与营养钵苗成活率比较　　表 5-19

坡向	移栽方式	总调查数	死亡数	成活率
阳坡	保育块	25	5	80.0%
	营养钵	42	17	59.5%
阴坡一级边坡	保育块	42	8	81.0%
	营养钵	38	7	81.6 %
阴坡二级边坡	保育块	12	2	83.3%
	营养钵	7	2	71.4%

注:2007 年 10 月生长季末调查。

保育块与营养钵移栽苗的成活率的差异说明了其对不同生境的生长适应性不同。从调查数据来看,保育块移栽苗对于阴阳坡的成活率及适应性基本相同,成活率较高。另外,保育块与营养钵两种载体对于植物根系生长的影响有较大差异,保育块能够对植物根系起到一定的保护及水分缓解作用,使移栽后短期内坡面土壤环境对移栽苗的影响降到最低,而营养钵苗由于移栽后根部失水较快,适应异质环境能力较差,尤其在相对干旱的阳坡坡面,营养钵的成活率较低。所以,在没有长期浇水养护的条件下,从成活率角度讲,保育块移栽苗适合阴、阳坡面,而营养钵移栽苗不适合在阳坡坡面种植。

②不同物种乔灌木移栽苗成活率差异

试验中共采用 11 种乔灌木用于坡面移栽对比试验,各物种成活情况在坡面建植后第一年生长季末表现出较大差异(表 5-20)。红瑞木、榛子的保育块和营养钵苗以及红松移栽苗全部死亡。三角枫、刺槐、稠李、紫丁香成活率较低,仅为 20% ~40%。其中,榛子、三角枫、稠李、紫丁香由于物种特性导致在播种当年生长缓慢,移栽至坡面后在生长季被草本植物完全覆盖,

导致无法接收光照,移栽后大部分植株逐步死亡;红松苗在从当地林场培育的大田苗,不具备抗旱、耐贫瘠的特点,根系也不发达,移栽后无法适应坡面生境而死亡。刺槐属于喜阳、耐旱、耐贫瘠物种,不适于阴坡坡面生长,仅在阳坡有部分成功存活;红瑞木属于喜光喜湿润肥沃疏松土壤植物,不适于在坡面严酷的土壤立地条件下生长。山杏、东北杏、榆叶梅、榆树和阳坡的刺槐等物种在坡面生长速度较快,耐旱、耐贫瘠性能良好,成活率均在75%以上,是适于坡面移栽和生长的优良植物。

不同树种幼苗移栽后成活率检查结果 表5-20

坡向	三角枫	刺槐	东北杏	稠李	山杏	紫丁香	红瑞木	榛子	榆叶梅	红松	榆树
阴坡	31%	8%	85%	20%	85%	32%	0%	0%	70%	0%	85%
阳坡	15%	53%	75%	0%	75%	21%	0%	0%	85%	—	90%

注:榆树为2007年10月生长季末调查;其他物种为2007年7月榆树移栽前调查。

③保育块移栽苗生长参数变化

项目组对保育块移栽苗生长参数进行了定期观测,其变化情况见表5-21(阳坡)、表5-22(阴坡)。

阳坡保育块移栽苗生长参数随时间变化 表5-21

物种	高度(cm)					基径(cm)				冠幅直径(cm)		
	初始移栽高度	2007.6	2007.7	2008.5	2008.7	2007.6	2007.7	2008.5	2008.7	2007.6	2007.7	2008.5
刺槐	7.3	10.5	13.0	27	33	0.179	0.194	0.289	0.355	6.5	10.5	12.0
东北杏	20.3	26.0	28.0	44.4	46.5	0.288	0.300	0.435	0.460	13.5	14.0	11.0
山杏	13.8	25.0	27.5	42.0	43.0	0.287	0.301	0.430	0.450	8.0	10.0	6.6
榆叶梅	11.9	22.5	26.0	36.8	37.3	0.249	0.270	0.320	0.340	8.0	11.0	9.7
三角枫	3.0	8.5	9.0	—	—	0.152	0.156	—	—	5.5	8.0	—
稠李	5.7	12.0	—	—	—	0.174	—	—	—	11.5	—	—
紫丁香	1.5	4.0	6.0	11.5	16.0	0.138	0.141	0.240	0.260	4.5	5.0	2.8
榆树	20.0	*	*	29.0	29.5	*	*	0.320	0.370	*	*	4.6
红瑞木	2.0	4.5	—	—	—	0.568	—	—	—	4.0	—	—
榛子	7.3	9.0	24.0	—	—	0.159	0.270	—	—	7.5	8.0	—

注:“*”表示榆树尚未移栽,“—”已经死亡。

阴坡保育块移栽苗生长参数随时间变化　表 5-22

物　种	高度(cm)				基径(cm)			冠幅直径(cm)		
	初始移栽高度	2007.6	2007.7	2008.5	2007.6	2007.7	2008.5	2007.6	2007.7	2008.5
刺槐	7.8	12.0	9.0	—	0.164	0.264	—	11.8	4.8	—
东北杏	22.0	29.0	34.5	26.0	0.360	0.365	0.455	14.8	15.8	12.5
山杏	21.0	27.5	32.0	23.7	0.357	0.362	0.445	12.5	18.8	10.3
榆叶梅	14.3	19.0	22.7	14.7	0.197	0.274	0.330	13.3	14.5	15.5
三角枫	4.0	6.7	8.5	17.3	0.151	0.172	0.175	8.0	8.8	5.2
稠李	7.8	10.0	8.0	—	0.200	0.231	—	13.3	7.0	—
紫丁香	2.5	3.0	3.0	4.5	0.105	0.130	0.172	4.5	5.3	2.9
榆树	20.0	*	*	27.1	—	—	—	—	—	—
红瑞木	2.0	5.0	6.0	10.3	0.110	0.170	0.195	5.0	2.5	
榛子	7.5	9.0	—	—	0.160	—	—	6.8	—	—

注:“*”表示榆树尚未移栽,“—”表示已经死亡。

后期观测表明:

阳坡保育块苗木成活的物种数为6种,分别为东北杏、山杏、榆叶梅、刺槐、榆树、紫丁香,其中东北杏、山杏、榆叶梅、榆树、刺槐在2007年生长季内高度生长迅速,东北杏高度比初始移栽高度增加了1.38倍,山杏高度增加了1.99倍,榆叶梅高度增加了2.18倍,刺槐高度增加了1.78倍;紫丁香生长缓慢,被草本植物层覆盖遮荫,仅有少量存活。红松、三角枫、稠李、红瑞木经历生长季草本植物竞争和坡面严酷生境筛选后,被淘汰出坡面群落物种组成,其中稠李和红瑞木两个物种抗逆性较差,最先被竞争出局,红松不适合此移栽坡面,全部死亡。榆树保育块苗移栽后生长良好,从7月至10月约三个月的时间内高度增长了近9cm。东北杏、山杏、榆叶梅的基径和冠幅直径也是随时间延长逐渐增加的,说明它们移栽至坡面后已经适应坡面生境并开始生长。

阴坡保育块移栽苗成活的物种数为7种。其中东北杏、山杏、榆叶梅仍然为坡面长势良好的物种,其高生长速率较快,并能迅速适应阴坡生境。紫丁香、稠李和三角枫生长十分缓慢,仅有部分成活。从表5-22中可以看出,部分移栽乔灌木在生长季草本植物生长旺盛的时期被淘汰出群落物种组成,且高度逐渐变低,基径和冠幅直径下降,说明这类乔灌木由于其自身生长缓慢或草本植物竞争,其枝叶首先出现枯萎凋落现象,叶片脱落后由于无法进行光合作用,茎干也开始萎缩,直至死亡。分析原因,主要是由于草本植物优势现象太明显,由于他们的遮荫挡光,使得木本植物进行不了很好的光合作用,逐渐枯萎。

因此,在选择乔灌木移栽苗物种时,除了考虑物种是否耐旱、耐贫瘠等基本要素,还要考虑与草本植物的竞争关系问题,选取移栽当年生长速度较快、具有较好耐荫性的乔灌木物种是非常重要的。同时,控制草本植物的密度和生长速度也是形成、促进木本植物的生长的关键。图5-50~图5-53为保育块灌木2007~2009年的生长情况。

④保育块苗与营养钵苗的根系形态差异分析

保育块苗与营养钵苗根系的发育形态有较大差异(图5-54、图5-55),普通的营养钵育苗由于幼苗根系生长无束缚,因此生长速度较快,过长的根系并在营养钵内很难充分伸展,容易产生盘根、缠绕的现象。移栽至坡面后,由于其根系基本形态已被固定,因此在坡面仍然保持根系螺旋状生长的状态,这对于乔灌木自身在边坡上的稳定及整个坡体的稳定性都产生了不利的影响。而用保育块培育的木本植物幼苗根系因为受到保育块周边硬壁的隔离作用,其根系只能垂直向下生长,并且由于侧根和须根的发育受到抑制而使主根的生长得到了加强。保育块幼苗根系的特征是主根粗壮、弯曲少、垂直延展能力强,侧根及须根数量较少,这对于木本植物根系在移栽后顺利进入坡面岩体缝隙、保持自身稳定和加固边坡都有着极为重要的作用。

图 5-50　2007 年 7 月观测的保育块苗木生长情况(山杏、三角枫)

图 5-51　2007 年 7 月观测的保育块苗木生长情况(榛子、榆树和松树)

图 5-52　2008 年 8 月观测保育块苗木生长情况(山杏、榆树)

(7)试验坡面土壤动物恢复情况

土壤动物指长期或一生中大部分时间生活在土壤或地表凋落物层中的动物。它们直接或间接地参与土壤中物质和能量的转化,是土壤生态系统中不可分割的组成部分,也是生态系统的分解者。土壤动物活动使土壤的物理性质(通气状况)、化学性质(养分循环)以及生物化学性质(微生物活动)均发生变化,对土壤形成及土壤肥力发展起着重要作用。土壤动物的存在与否是土壤系统健康状况的重要标志。2007 年 7 月和 2008 年两次进行了土壤动物调查,结果表明:

图 5-53 2009 年 5 月观测保育块苗木生长情况(阳坡榆树生长较好)

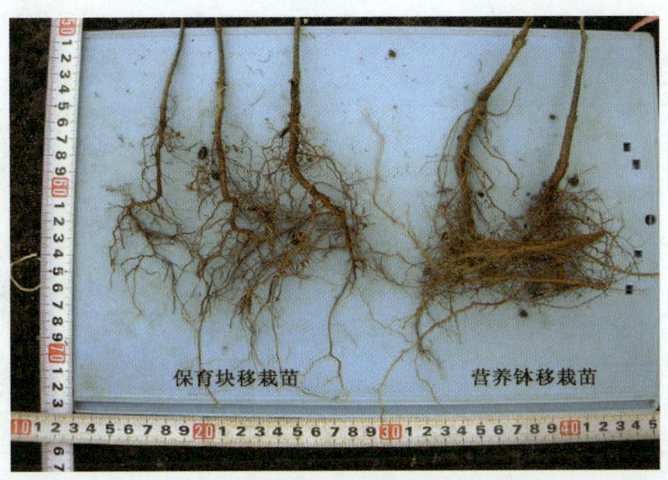

图 5-54 保育块苗与营养钵苗根系发育形态差异(2007.10)

图 5-55 2007 年 10 月保育块移栽苗根系生长情况

周边未破坏的自然土壤中(红松阔叶混交林):获得的土壤动物隶属于 2 门(线虫动物门、节肢动物门),4 纲(蛛形纲、唇足纲、综合纲、昆虫纲和线虫纲),10 目(蜘蛛目、甲螨亚目、革螨亚目、辐螨亚目、石蜈蚣目、综合目、弹尾目、缨翅目、鞘翅目、双翅目)。

阳坡:获得的土壤动物隶属于2门(线虫动物门、节肢动物门),4纲(蛛形纲、综合纲、昆虫纲和线虫纲),8目(蜘蛛目、甲螨亚目、革螨亚目、综合目、弹尾目、同翅目、鞘翅目、双翅目)。

阴坡:获得的土壤动物隶属于2门(线虫动物门、节肢动物门),4纲(蛛形纲、综合纲、昆虫纲和线虫纲),8目(蜘蛛目、甲螨亚目、革螨亚目、综合目、弹尾目、缨翅目、鞘翅目、双翅目)。

这表明,试验坡面人工土壤内的土壤动物种类数量,已经接近自然土壤,土壤动物的恢复,将有利于试验坡面生态系统进一步向良性循环方向发展。

5.3.5 生态边沟关键技术

生态边沟的形式多种多样,体现与边坡自然衔接、与周边生态环境和谐统一,有助于行车安全、排水顺畅的功能。根据情况可以选择三角形、浅碟形、U形等不同形式。

(1)依托工程试验应用

在吉延高速公路的很多路段采用了生态边沟技术,既自然美观、又增加了行车的安全系数。建设初期选择江黄段K49+200~700路侧边沟作为试验段。该段边沟原设计为浆砌片石边沟,边坡为高度约3m的土石质边坡,经研究变更设计为浅碟式生态边沟。生态边沟植草采用普通喷播方式,于2007年7月26日施工,草种包括:紫羊茅、雀麦、早熟禾、冰草、苜蓿等,见图5-56。自2007年8月以后陆续在全线推广生态植草边沟上百公里,其后期效果见图5-57。

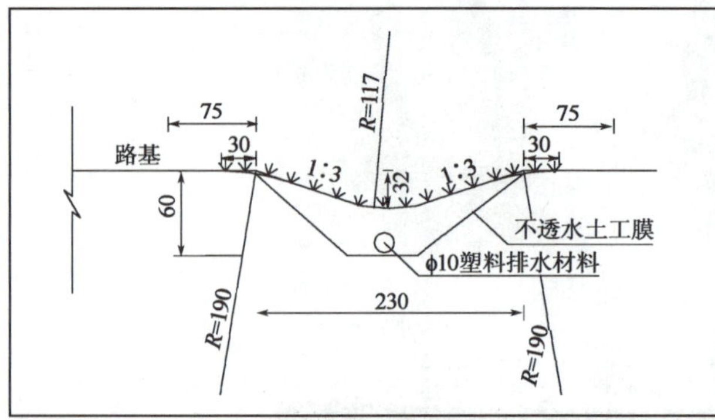

图5-56 生态型浅碟式边沟断面图与施工现场(尺寸单位:cm)

图5-57 生态型浅碟式边沟后期生态恢复效果(与周边植被融为一体,环保、安全)

(2)生态型边沟关键技术

①根据所需排泄的设计流水量,合理确定采用生态型边沟的尺寸形式,一般包括:三角形、浅碟形、U形等形式。

②一般在竖曲线底部、较大挖方路堑的范围增大边沟尺寸,避免水流涌入路面范围。

③挖方边坡内部有地下水的路段要在生态边沟的下部设置暗排水盲沟(管),防止路基冻胀破坏。

④在沟底纵坡大于3%的路段可以适当在生态水沟底部铺设碎、卵石,防止冲刷边沟。

⑤边沟表面绿化可以铺表土自然恢复,也可以采用人工草皮或普通喷播的方式进行快速生态景观恢复。

图5-58　吉延高速公路安图连接线生态型截水沟试验

(3)路侧截水沟生态化对策

传统公路建设的截水沟往往是采用浆砌片石的方式,但是其端头部分的圬工体外观将会在长时间内成为影响视觉景观主要的因素之一。因此,截水沟的端头部分应重点处理,注意和周围景观的协调,尽量采用浅碟式土沟、三维网植草、干砌片石等易于进行生态恢复的方式。图5-58是吉延高速公路安图连接线一处生态化处理的截水沟试验,2005年7月进行了三维网植草生态截水沟的试验,经过3年时间的观测,取得了较好的后期使用效果。

5.3.6　互通立交区、服务区等景观建造关键技术(天岗、蛟河、黄泥河互通)

1)互通立交区生态景观试验示范

互通立交区景观是高等级公路整体结构中的节点,也是景观构成的重要区域,直接影响道路景观的总体印象。"吉延高速公路"全线共有十座互通立交,分别处于不同的景观段中,立交区在规划设计时充分考虑到所处的景观段,首先在满足交通安全的功能前提下,通过选用当地的植物材料,进行合理的搭配,并在适当的地方设置硬质景观,传递文化信息等手段达到自然和谐、承载文化的目的。

根据各立交区所处的自然地貌和工程进展的实际情况,课题组选择了黄泥河互通立交区(黄敦段K159)作为景观建造试验区,天岗、新站、蛟河互通立交区作为推广示范区,具体试验、示范关键技术和后期效果如下。

(1)黄泥河互通立交景观试验区(黄敦段—K159)

黄泥河互通试验区于2007年8月至10月实施。该试验区右侧为落叶松林、地被分布大面积红毛公,左侧地势低,远处为黄泥河镇。该互通所在的黄敦段刚开始施工,在规划设计时通过改善互通内的地形,形成缓坡,采取植草排水路线排水,改变浆砌排水沟的形式,立交区内侧少设防护栏,立交区绿化以植草为主,坡顶点缀白桦林,营造全新的立交区景观,形成互通立交景观设计的亮点(图5-59、图5-60)。

(2)天岗、新站、蛟河互通立交推广示范区景观建造

①天岗互通立交(江黄段 K41 +600)

天岗互通处于老爷岭景观段,是通往著名石材重镇天岗镇和旅游区蛟河红叶谷的重要互通。本互通以"石"为主题,通过大孤石、石组等造景手法充分体现"石"文化。在植物造景方面要适当配置大乔木、亚乔木、大灌木、小灌木等种类,以充分体现植物层次,呈现秋天的红、黄叶景观,烘托老爷岭山林气氛。

图 5-59 互通区原地貌

图 5-60 黄泥河互通区景观设计效果图

黄泥河互通景观试验区后期恢复效果见图 5-61。

图 5-61 黄泥河互通区景观设计将匝道线性与植物种类、地形起伏与周边环境融合协调(2008.10.10)

②新站互通立交(江黄段 K78 +700)

新站互通处于拉法山景观段,可远观拉法山。景观设计主要采用借景手法,弱化互通内的人工痕迹,植物种植时不要遮挡观赏拉法山的视线,并尽量通过植物的栽植,引导驾乘人员观看拉法山(图 5-62)。

③蛟河互通立交(江黄段 K92)

蛟河互通也处于拉法山景观段,距离拉法山较近,能很好地观看拉法山,周围景观为微丘和农田。该互通环内地形高于公路路面,但坡度过渡生硬,为和周围景观协调,将环内的地形修成和周围农田相似的缓坡地形,植物造景为疏林草地景观,以与周围植被类型相协调。景观恢复前后对比情况见图 5-63。

在实地勘察时发现大环中间现状为低洼地，故在景观恢复设计时结合地形为景观水池，周围种植水生植物，整个景观示范区融于周边自然环境之中。

图5-62　新站互通立交原貌与景观恢复后对比（考虑到借景拉法山2008.9）

图5-63　蛟河互通立交原貌与景观恢复后对比（借景拉法山2008.9）

④黄松甸互通立交（江黄段—K127）

黄松甸互通处于红叶谷景观段，主要体现秋季色叶景观。该互通右侧地势高，为农田景观，左侧为黄松甸镇，人工气息浓厚。设计时充分考虑到与周边地域景观的协调，右侧设计为疏林草地，主要种植落叶松和地环，左侧保持遮挡视线，采用色带形式绿化和美化（图5-64）。

图5-64　黄松甸互通鸟瞰效果（2008.9）

2）服务区生态景观建造技术

在传统的服务区规划建设中，服务区定位就是供旅客加油、临时休息的场所，因而环境都比较差，人们都不愿长时间停留。长白山区公路服务区应对周围的场地进行较好的绿化设计，将乔、灌、花、草有机的结合在一起，构成丰富多彩的四季景观，使之成为公路的一个亮点。绿地内可设计步行道或小型休息广场，供人休息观景，休憩场所周围设计沿途景观介绍牌，丰富行人旅游知识，体现特色。

吉延高速公路全线有江密峰服务区、蛟河服务区、黄泥河服务区、敦化服务区、东明服务区、延吉服务区六个服务区，六个服务区分处起始重点段、拉法山景观段、白桦林景观段、山林景观段、民族风情景观段等不同景观段(图5-65)，其具体的景观建造方案充分融合了所处的景观段落的特点，反映地域文化，融于周边环境，给人一种郊外山林风光休闲放松的感觉。尤其是蛟河服务区引入了活鱼村、延吉服务区营建了民族风情园，这种因地制宜的做法开启了长白山区高速公路服务区建设的新思路。

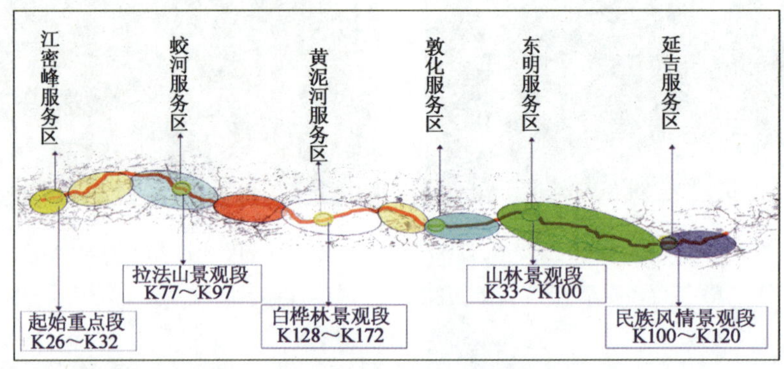

图5-65　吉延高速公路服务区所处景观段示意图

江密峰、蛟河、延吉服务区试验示范区景观建造如下：

①江密峰服务区(起始段)：江密峰服务区处于吉林至延吉高速公路的起始段，在进行景观恢复和再造时，充分考虑了地理位置的重要性，结合周边地形地貌，体现了地方特色文化的特色。该服务区的右侧为缓势山坡，左侧为农田，整个周围环境元素为农田、树林和村落，色调随四季有明显的变化，所以服务区的定位为田园风格。景观特色：田园风格、植物色彩多采用代表丰收的金黄色。由于天岗镇是吉林省闻名遐迩的石材城，因此，在服务区楼前摆放几组天岗产的景观石，结合地域文化进行石刻，以反映工程建设过程和地域文化特征，取得了较好的成效(图5-66、图5-67)。

图5-66　江密峰服务区的建筑风格

图5-67　江密峰服务区景观文化石

②蛟河服务区——体现地方饮食文化和旅游特色：蛟河服务区(图5-68)处于拉法山景观段，该服务区的右侧为拉法河，左侧为拉法山，服务区沿着地形有傍山倚水之地利优势，所以服务区建筑的定位为山地建筑，并且要充分利用景观资源，借景拉法山，使建筑融入其中，成为环境中的亮点；另外在服务区内的绿地内设计步行道和小休息广场，供游人休憩、观景；在休憩广

场周围设计介绍拉法山的指示牌，以丰富行人的旅游知识，并体现旅游特色。

图 5-68　蛟河服务区"庆岭活鱼村"——体现地方饮食文化

③延吉服务区——体现民族风情

延吉服务区处于民族风情景观段，接近延边朝鲜族自治州首府延吉市，所以服务区定位为现代朝鲜文化特色。周围林木茂盛，建筑设计充分结合和利用周围地形和植物，在充分考虑行车、停车等功能的前提下，形成不同层的台地，建筑高低错落，充分结合山地环境并融合朝鲜族建筑风格。在植物种植方面多采用开白花的植物和延吉州花——金达莱，并在服务楼和特色餐厅前摆放两组朝鲜族特色的坛子，以体现当地文化特色（图 5-69、图 5-70）。

图 5-69　延吉服务区依山而建的延边民俗村

图 5-70　民俗村中的朝鲜族歌舞表演

5.3.7　砌石挡墙等圬工体景观再造关键技术——沿线生态恢复难点

由于"吉延高速公路"开工建设较早，本项目研究介入时很多圬工防护体已经建设过半，这就面临着如何进行圬工体表面柔化，如何进行景观再造的生态恢复难题，课题组针对工地进展的实际情况，对窗式砌石挡墙、隧道入口圬工防护、桥梁砌石锥坡等进行了植物柔化景观再造试验应用，进一步美化公路沿线景观。

（1）砌石圬工防护体表面柔化景观美化

为最大限度美化圬工体，在景观设计时采用了两种措施：①挡墙窗内填土，表面覆盖植生袋恢复生态景观（图 5-71）。②挡墙窗内填满土，种植景天类抗旱植物和爬藤植物地锦（景观效果要待 1 ~ 2 年后），柔化坡面（图 5-72）。

(2)隧道口防护体生态景观恢复

隧道洞口对山体植被的破坏较大,因此在设计时一般是遵循早进洞、晚出洞的原则,尽量减少对洞口原有植被的破坏。吉延高速公路全线有5座隧道,由于开挖、加固洞口山体的原因,使得附近原有植被不同程度地受到了破坏,有的坡面采用砌石或混凝土喷锚防护,对山体生态系统恢复和行车视觉均产生不良影响。

图5-71 为防止滑坡修建的窗式护面墙

图5-72 采用植生袋进行景观柔化措施

通过对现场的实地调查、分析,项目组提出了以植被生态为主的生态景观恢复措施,使之与周边山林环境融为一体,提供一个优美宜人、舒适和谐的行车环境。在隧道口进出口两侧种植常绿乔木,增加驾乘人员对光线明暗变化的适应;种植攀援植物(如地锦)对裸露岩壁进行遮挡;植物的选择要考虑叶相的季节变化,体现秋季黄、红叶色彩。对于洞口的圬工体防护尽量采用植物进行遮盖柔化,对于山体混凝土喷锚护坡,首先评价其护坡稳定状况,根据情况采用打孔移栽灌木、喷附厚层客土恢复生态环境,具体试验示范点情况如下(图5-73~图5-77)。

图5-73 于木匠沟隧道入口生态恢复前

图5-74 植被恢复1年后的状况(2008.9)

5.3.8 沿线山野花和彩叶植物打造特色景观技术

"吉延高速公路"路线逐渐深入长白山区腹地,沿线自然风光优美宜人,尤其是春、夏季漫山遍野盛开的山野花和五颜六色的秋季景观美不胜收。因此,在沿线生态景观恢复再造时可以适当引入山野花和彩叶树植物,进一步丰富和突出地域自然景观特色。

野花和彩叶树主要应用于公路路堑边坡、路侧空地、立交区、服务区等部位，山野花种子可人工采集或人工驯化苗圃采种技术，采用人工播种、普通喷播、客土喷播、植生袋、移栽等技术，彩叶树一般采用移栽、客土机械播种等方式建植。沿线山野花品种可主要采用：波斯菊、黑心菊、多茎野豌豆、蒲公英、月见草、胡枝子、紫菀等，彩叶树主要品种有：茶条槭、花楷槭、拧筋槭、白桦、稠李、黄檗等。沿线具体试验示范点如图 5-78 所示。

图 5-75　老爷岭隧道出口生态恢复前

图 5-76　植被恢复 1 年后状况(2008.9)

图 5-77　老爷岭隧道出口乔灌木美化和景观置石反映人文特色

图 5-78　沿线坡面再造山野花景观、彩叶树景观资源

5.3.9　植物软防护技术

根据沿线的自然条件和筑路材料情况，因地制宜地采取切实可行的生态防护措施，设置了

植物软防护,即柳条防护(图5-79),具体步骤如下:

(1)定点放线:利用平板仪或网格法,根据图纸内容,定出打木桩位置,并用白灰标记。

(2)打桩:木桩直径为6~8cm,长1.3~1.5m,应选用松树、柞木等硬木。根据定点放线的位置将木桩垂直于坡面打入边坡中,木桩打入深度在1.2m以上,木桩露出坡面5~8cm。木桩围成边长180cm的菱形,再把具有再生能力的长约1.5m的柳条编到木桩上,中间空心部分回填15cm腐殖土,让植被自然生长。由细木桩、柳条围成的骨架结构只是在边坡植被恢复前起到固土防冲刷的作用。该软防护适用于填土高度大于3m的填方边坡及土质挖方深度大于3m的路堑边坡。

(3)柳条采摘:选用旱柳、河柳等枝条。

(4)运输:尽量缩短柳条采摘至绑扎完成后覆土的时间,在运输过程中应注意对柳条进行保湿处理,可采用将柳条裹入稻草帘中浇水保湿的方法。

(5)柳条绑扎:柳条运至施工坡面卸车后,需马上进行绑扎。

(6)覆土:柳条绑扎后立即覆种植土,覆土厚度为10cm。

(7)植草恢复:覆土后进行植草恢复。

柳条防护生长迅速,能快速覆盖坡面形成较高覆盖度(图5-80),减少了雨水对破坏冲刷造成的水土流失,取得了较好的生态效益。

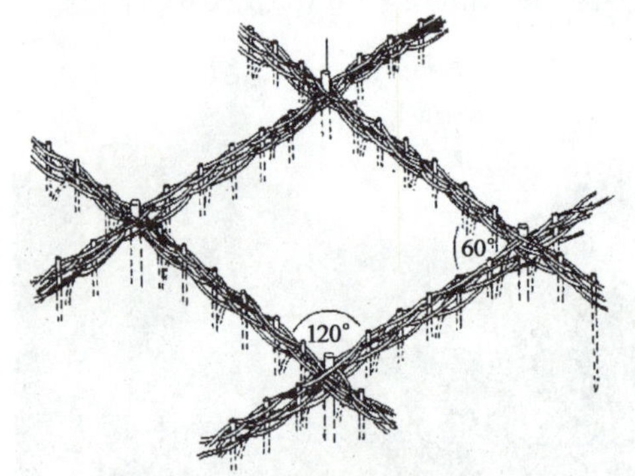

图5-79 柳条防护设计图

图5-80 环长白山旅游公路柳条防护施工后实景图

5.3.10 倒木防护技术

充分利用林区树木,错落地放置在填土高度大于3m的填方边坡上,倒木间回填15cm腐殖土,让植被自然生长,使防护坡面更接近自然(图5-81)。

图5-81 倒木防护效果

5.4 组合式柔性排水边沟的开发和试验应用

随着公路建设和相关技术、理念的不断更新发展，传统浆砌石边沟表现出的环境亲和力较差、冻融破坏严重的问题日渐突出，这些都给后期使用、养护带来诸多的问题，亟须研究改进。课题组采用聚乙烯(PE)塑料为原材料经一定工艺加工成排水边沟形式，一定程度上可以作为浆砌石边沟的替代品。

5.4.1 组合式柔性排水边沟技术特点

(1)浆砌片石边沟存在的问题

在东北地区冻融现象对浆砌边沟破坏严重(图5-82)。主要表现为：①浆砌边沟和混凝土预制块边沟属刚性结构，抗变型能力差。②开山取石砌筑排水边沟对自然环境资源造成破坏，特别是对于地域条件不具备时极大影响工程进展和造价。③路基边沟维护时需要一定成本，必然完全由人工现场完成，同时产生的建筑垃圾对环境造成二次破坏。④路基边沟铺设效率低、质量参差不齐，难以保证。⑤从安全性考虑，现有的浆砌边沟对交通意外发生时，它的高强度往往带来极大的负面作用。

图5-82 寒冷地区高速公路建成3年后边沟冻融破坏现象

(2)组合式柔性排水边沟原材料的选择

根据组合式柔性边沟的应用范围和使用条件，考虑边沟产品外形尺寸较大、产品结构为异型体的特点，结合塑料本身具有的特性，选择具有一定强度和耐久性的聚乙烯(PE)塑料作为主要原料，这种材料具有整体柔韧性好、抵抗外力破坏能力较强的优点：①经久耐用、韧性强，公路路基边沟主要功能是将公路及路边的雨水、地表水排除，组合式柔性边沟具有很强的韧性，不易破坏。②铺设简单、效率高，组合式柔性边沟是预制成型，铺设工艺简单，速度快。③经济实惠、易维修，在公路建设阶段，与石砌边沟平均建筑成本基本持平。在公路使用阶段，组合式柔性边沟与传统石砌边沟相比节省了大量的人力、财力和时间。④绿色环保，无污染。

5.4.2 组合式柔性排水边沟技术的开发

1）结构设计及工作原理

基本结构为：一端设有连接槽口，另一端设有连接沿，在渠体内壁设有凸起的若干加强筋和若干通气孔，渠片通过连接沿与连接槽咬合形成连续渠体，并用自紧锚钉（PE 材料）紧固，最后渠体两侧增加固定沿，详见结构设计图 5-83。

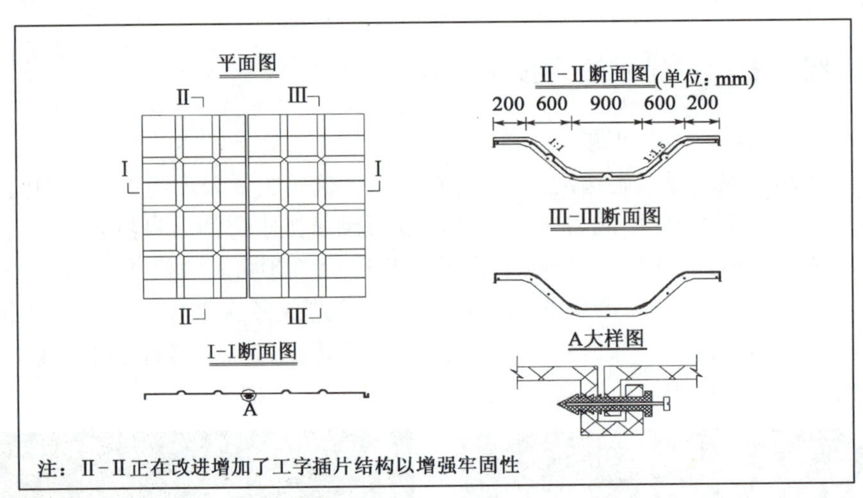

图 5-83 组合式柔性排水边沟结构设计图

设计原则如下：

（1）连接沿与连接槽：①有较好的封闭效果，尤其经长时间的灰土沉积后封闭效果更好；②向下翻边嵌入土内，防止边沟纵向移动。

（2）空心加强筋：①有利于抵抗应力变形；②为热胀冷缩提供了充足的变形空间；③节约原料，降低造价。

（3）产品初步设计为黑色系：①原料成本低；②染色料中无有害物质；③减少光反射。

（4）通孔，使边沟能够生长植被，在达到绿化作用的同时，使边沟与路基土紧密结合。

2）成型工艺选择

课题组对主流生产工艺滚塑生产和挤塑生产进行了分析比较，最终决定采用滚塑工艺成型（图 5-84），主要原因：①滚塑工艺能够使大件产品、异形产品一次成形，符合边沟外形特征要求；②滚塑工艺生产初期投入少，设备简单，能够快速做出产品，适合小批量样件生产；③模具简单，易改型，适应产品定型前模具需要反复修改的特点。

图 5-84 滚塑成型产品

3)组合式柔性排水边沟材料技术性能检验(表5-23、图5-85、图5-86)

技术指标试验检测结果　　表5-23

试验项目	检测结果	备注说明	检测依据
拉伸强度	纵向17.2MPa;横向16.7MPa	产品在21×10^3千克力纵向应力作用下不会断裂	《塑料拉伸性能实验方法》(GB/T 1040—1992)
断裂伸长率	纵向199%;横向178%		
紫外线老化	500h后:拉伸强度保有率纵向102%;横向106%	实验时间为最高限500 h。产品强度保留率为102%,明显高于标准要求的50%	ISO4892.2006最新国际标准;《塑料拉伸性能实验方法》(GB/T 1040—1992)
低温性能	-40℃拉伸强度保有率纵向138%,横向143%	该产品在-40℃时应用有足够的耐候性,不会发生断裂	《塑料拉伸性能实验方法》(GB/T 1040—1992)

4)组合式柔性排水边沟的技术标准

在研究和试验应用的基础上,总结提出了产品的技术标准,为该项技术的推广应用打下了坚实的基础。技术标准主要内容如下:

(1)适用范围:规定了滚塑工艺生产"预制组合式排水边沟"产品生产及检验的技术要求。

(2)原料:参照国家标准《聚乙烯(PE)树脂》(GB/T 11115—2009)的技术指标。

(3)生产控制标准:规定了产品生产的材料控制指标及生产工艺要求。

(4)产品检验标准:规定了产品目测和仪器检验方法和标准。

图5-85　组合式排水边沟

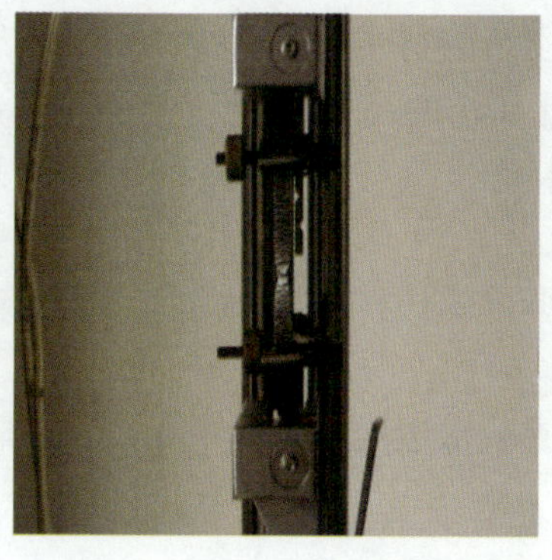

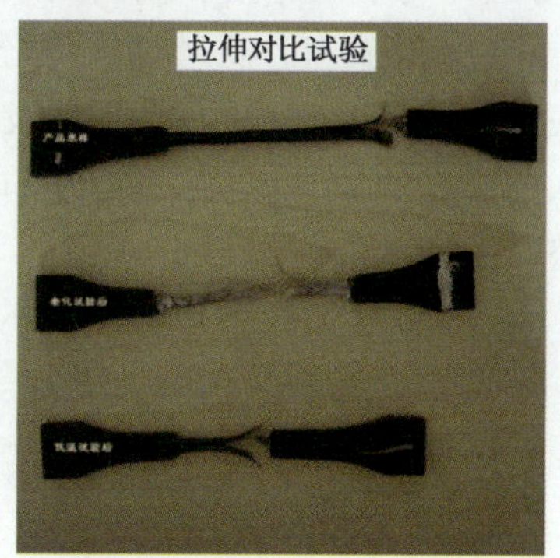

图5-86　拉伸强度检测图片

5.4.3 试验应用及施工工艺

1)现场试验

2005年11月,课题组在吉延高速公路江黄段03标段(K77+560~K77+610段)进行了挖方路基边沟组合式柔性排水边沟现场试验,具体施工工艺如图5-87所示。

图5-87 试验边沟施工放样、边沟开挖、组装成型

2)施工工艺

(1)施工放样。按照边沟设计尺寸打桩挂线,确定边沟深度、底宽、上沿边线位置,根据土质软硬不同预留4~8cm的尺寸。

(2)开挖边沟。按照放样尺寸挖掘边沟,防止超挖回填,达到预留尺寸后开始对边沟表面夯拍,达到表面土质密实为止,并填补土质保证边沟外形尺寸满足设计要求,如有条件可在表面铺撒一层植土层(1.5~3cm);在边沟连接沿处预留宽0.03m,深0.03m横向沟槽。

(3)沟底高程检测。分段对挖成的边沟沟底进行高程检测。

(4)组装边沟。先在边沟外分段(一般可以10m一段)组装柔性塑料边沟,包括片间螺栓连接、片间卡槽连接和侧面挡水板连接,并保证每片连接平整。

(5)安放组合式边沟。将分段组装好的边沟整体抬至挖整好的边沟内,并调整边沟纵向底部土层薄厚,保证边沟到达设计要求的高程;按照以上程序将其余几段组装好的边沟一一放入挖整好的边沟内,并将相互的卡槽连接好,建议每隔50m用地锚固定3~5处,更好地起到整体固定作用。

(6)锚杆固定。对铺装好的组合式边沟进行锚固,并人工夯拍压实,保证沟底设计高程,并调整锚杆间距达到整体稳定。

(7)植被恢复。如果是填方或截水边沟,可以在其上少量播撒适宜草种,使草在预留孔内生长。

5.4.4 后期观测分析

组合式试验边沟于2005年11月3日安装完毕,通过后期跟踪调查和取样试验,发现该种材料具备多项优点，跟踪观测如图 5-88、图 5-89 所示。

图 5-88　2005～2008 年冬季观测使用情况（－22℃边沟保持足够强度，未发生脆性破坏）

（1）质地柔韧、抗变形能力强，在使用过程中，没有出现变形、冻裂、冻胀、脱皮等现象（如 2006 年 5 月的一次偶然施工车辆冲入，将部分试验边沟破坏变形，但经施工人员修复，组合式边沟又完好如初，证明其抗破坏和变形后的恢复能力较强）。

（2）抗冲刷能力强，由于聚乙烯材料的自润滑性特点，抗砂石水流冲刷能力极强。

（3）抗老化能力强，经过 3 年多的应用，实践证明此种材料抗太阳紫外线、抗热老化、抗低温能力很好，目前没有发现任何问题，也可以从室内试验和聚乙烯材料理论上推论，在公路使用期内不会发生老化破坏。

图 5-89　2006～2007 年春季、夏季使用情况（夏季时打孔处已自然长出植物）

5.5　长白山区公路施工期间生态环保技术要求

由于长白山区特殊的生态位置，其中的公路建设更要严格执行环境保护的有关法律法规，建设与自然和谐相融的公路工程。

5.5.1 注意对沿线植被生态系统的保护

长白山保存有欧亚大陆北半部十分完整的森林生态系统，是世界少有的“物种基因库”，也是中国生态环境最原始、最自然的地区之一。整个长白山区具有调节内地气候环境的作用，是东北地区天然的生态屏障。因此，长白山区公路建设应最大限度地保护植物资源、动物资源、水资源、土地资源，对维护区域生态系统平衡作用重大。

1）严格控制施工期的水土流失现象

从目前的施工状况上看，由于交工后的工程均采用了较完善的生态恢复措施，对水土流失进行了一定的控制，因此，要十分重视施工期间造成的水土流失现象，在加强对施工单位的环保知识的培训的同时，要完善施工期间防治水土流失的临时设计，合理安排路基绿化防护的工期，减少施工期间的水土流失现象。

（1）补充足够的新填筑路基和新开挖路堑的临时排水设施预算，一般采用编织袋装土码砌成排水槽，设置临时挡水带，重要地点增设土工布、塑料布覆盖。

（2）建议适当提前路基坡面绿化防护工期，最好在坡面成型后马上进行简易喷播植草防护，尤其在敏感水体、饮用水源地区更应及时进行绿化覆盖，防止水土流失加剧、污染地面水源。

2）施工时严格控制“环保绿线”保护原有植被

施工时树木砍伐要分三步走，即核查、确定、砍伐。充分体现“不破坏就是最大的保护”的建设理念。

（1）核查树木的种类，划分“征地界限”和“环保绿线”（挖方边坡的坡顶线、填方边坡的坡脚线、零填零挖段的路面线）（图5-90）；严格将施工红线控制在“环保绿线”范围内，不破坏“环保绿线”外的一草一木，对“环保绿线”和“征地界限”区域内的原生植被只计列赔偿数量并支付赔偿费，但不对其进行砍伐、清表，将原生植被进行强制性保护，并对强制保留的树木（特别是国家保护树种、珍稀树种、景观好的大树）进行标识、编号登记造册；高架桥下桥桩施工范围之外的原生树木也尽量保留。“环保绿线”和“征地界限”之间的区域是公路建设中植被重点保护的区域，这一范围在传统公路建设中都是清表范围。

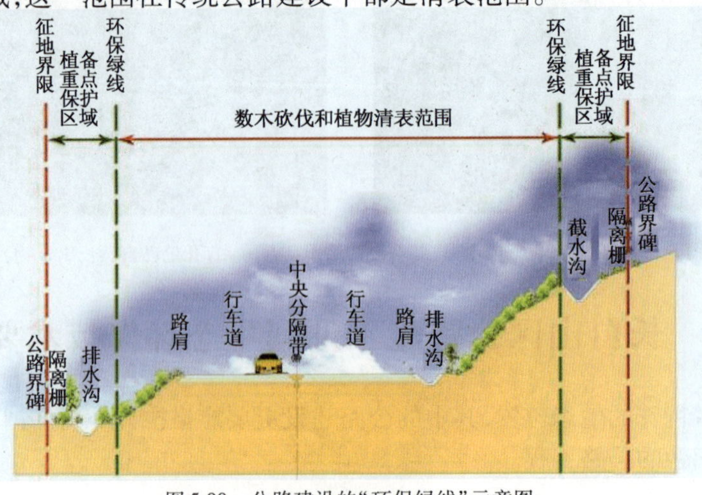

图5-90 公路建设的“环保绿线”示意图

(2)对“环保绿线”内的林木砍伐前要认真挑选,对需要保护的和有景观价值的树种(黄波萝、水曲柳等)全部移植,对规格合适的珍稀树种尽可能择地进行假植移栽,以备今后互通区、服务区等工程绿化用(图 5-91、图 5-92)。

图 5-91 吉延高速公路红松景观

(3)一切准备就绪后,方可砍伐环保绿线内的树木。

图 5-91 就是吉延高速公路在“环保绿线”理念指导下,保留的坡顶与占地界之间的红松,这不但保护了植物资源,而且增强了公路的景观效果,保留下的红松使公路与周围环境更好地融合在一起。

图 5-92 保留桥下除桥桩施工范围外的原生树林环境

(4)“环保绿线”范围内地表植被的清理(清表):要十分珍惜清表土,这是大自然千百年来的演化的“成果”,富含植物生长的营养,是天然植物的种子库。普通段落要将清表土集中堆放,以备路基生态绿化防护时使用;对于大面积野生花卉等特殊类型地表,要采用园林专业移植技术手段给予保留,以备路侧或互通区等有景观要求的地点使用,最大限度地恢复长白山区自然景观(图 5-93)。

图 5-93 长白林海中的山野花地

长白山区林间空地经常会有成片的山野花卉,其地表土壤层中富含植物的种子,清表土时应该收集起来,采用移植草坪技术,充分利用,构建自然生态景观。

3)施工时贯彻“动态设计”保护生态环境

长白山区地质情况比较复杂,施工时要因地制宜,实事求是,灵活变化,要贯彻“动态设计”

的理念。如:当边坡为岩性完整、坚硬的岩石,可将设计的坡率改成更陡,从而减少占地,保护原有植被;在岩石边坡开挖的过程中严格控制爆破作业,采用预裂爆破技术,并尽量使边坡呈现自然的凹凸不平,为植被自然恢复和植物生长创造有利条件;当边坡开挖时,出现坚硬的孤石时,在保证安全的前提下,可将孤石保留,作为一种自然景观,使公路更好地融入到自然中。

同时,为更好地保护路侧原生植被林木,施工时还应结合实际灵活掌握文件中的排水设计,施工单位可根据植被和地势等实际情况,在保证排水顺畅的前提下,适当调整浅碟排水沟或截水沟的位置及走向,合理避让植被林木,避免对原生树木的破坏。

5.5.2 减少对沿线动、植物生存环境的影响

长白山区蕴藏着多种多样宝贵的动、植物资源,在这一地区进行公路施工时要十分注意对施工机械噪声的控制,尽量降低噪声污染。

(1)在噪声敏感地区,要合理安排施工作业时间,在学校、医院、敬老院和居民较为集中的地区,一般要避开人们休息的时间施工;在林区珍稀动物或鱼鸟栖息地,要学习国外的环保做法,避免孵化、交配、产卵和迁徙的时期进行施工,并设置明显提示牌,减少机械噪声和鸣笛对野生动物的侵扰(图5-94)。为降低沿线行车噪声的影响,路线通过居住区时在坡面栽植枝叶繁茂的乔木,起到隔音防噪、美化环境的作用。

(2)临时道路应尽可能避开居民区,而且要经常洒水降尘,对运输的材料进行覆盖,防止施工粉尘对周边植物和农作物的污染。

图5-94 国外公路建设对沿线鱼类资源的保护

(3)水泥混凝土的拌和应采用集中拌和方式,拌和站点应远离居民区和敏感点至少250m,并且配备除尘设备。沥青混合料的拌和场地应选择在距离居民区500m以外,并采取有效的消烟除尘措施,减少有害气体的排放量,尽量不在夜间施工,尽量缩短工期,减轻噪声对居民生活环境的影响。

(4)采用石灰、水泥等拌和稳定土施工时,为防止飞灰、扬尘污染,采用掺和外加剂或喷洒润滑剂使材料稳定及随时洒水等措施。

5.5.3 防止对水环境的污染

长白山主峰是图们江、松花江、鸭绿江三大水系的发源地,长白山区内河网密布,水库众

多，很多是居民饮用水来源。因此，在施工期间要十分注意对水环境的保护。

(1)工程污水禁止随意排放，应及时集中处理，达标排放，或引排至附近排污渠道中；施工过程中注意检查施工机具，杜绝滴、漏油污，减少对沿线土地及水源的污染；施工结束后，及时清理所有废弃物、垃圾，集中处理。

(2)施工材料(如沥青、油料、化学品等)应远离地面水，并修筑环形排水沟和渗水沟防止意外事故。现场施工人员的生活污水建立临时化粪池进行集中处理，严禁直接排入水体。

5.5.4　建立健全工程环境监理制度

根据交通运输部有关制度要求，公路工程建设要进行环境监理监测与施工期环境监测，判断施工过程中产生的噪声、废气、污水是否达到国家规定的排放标准，环境监理工程师需要进行的监测要素主要有声环境、水环境、大气环境及水土保持等。按照规定的检测项目、监测频次和时间要求进行监督监测，对照项目环境影响报告书和水土保持报告书中所确定的标准，判断施工过程产生的环境影响是否满足有关标准的要求，对超出的应提出整改措施指令，并监督执行。

第6章　客土喷播生态恢复工程效果评估及质量验收评价标准

6.1　工程验收时段的划分

公路建设生态恢复工程不同于一般的土木工程。其主要特征是在施工结束后不能立刻实现工程目标，而是逐渐趋近预期的植物群落目标。因而，对生态景观恢复工程的评估和验收要根据实际情况，依据植物种类、工程方法、施工期等不同进行分析评价。

针对长白山区的气候和植物生长特点，针对客土喷播，草本植物一般需要2年形成目标群落(第2年生长期末)，木本植物一般则需要3~5年的时间才能形成目标灌木群落。因此，在施工前应分批对植物材料和绿化辅助材料的质量和规格进行检验与控制，在施工完成当年的2~3个月后对绿化工程进行初步检查验收，目的是计量实际工程量支付部分工程款，发现问题及时补种(补栽)，到第2年植物经过一个生长周期期满后再进行分项工程交工验收。

交工验收前要做好生态恢复工程的养护工作，同时主体工程竣工前均为生态恢复工程缺陷责任期范围，对存在的问题采取相应措施，直至工程竣工验收完成。

6.2　生态景观恢复工程检验与评估

本研究以机械客土喷播为例，对其形成的生态恢复工程进行后期检验与评估。对于常规施工方法建植的草本、木本植物生态恢复工程的检验评定标准可以按照《公路工程质量检验评定标准》(JTG F80/1—2004)执行。

6.2.1　生态景观恢复工程的设计目标

任何生态景观恢复工程在设计之初都有它的期望目标，这也是后期检验评估的依据。长白山区公路工程坡面的生态恢复期望目标应该是：①促使破坏的生态系统尽快恢复，防止水土流失加剧；②创造优美和谐的自然、人文景观环境。为此，在确定生态恢复目标时必须考虑坡面的立地条件，形成具有优良防灾功能、后期维护管理工作量少、与周围景观环境协调一致的生态植物群落，而且建植的群落具有向自然生态演替的良好趋势。

总体上看，根据坡面形态、周围环境条件，长白山区公路生态景观恢复目标可以划分为四种类型，见表6-1。

坡面生态景观恢复目标类型　　表6-1

恢复目标类型	生态恢复植物群落	适用段落
乔、灌木林型 Tree /Bush-type	以乔木、亚乔木、灌木为主体的木本植物群落。如杨树、桦树、榆树、槭树、刺槐、胡枝子等	·森林段 ·较平缓的坡面 ·土质的坡面
灌木林型 Bush-type	以灌木、亚乔木为主体的木本植物群落。如榆树、胡枝子、槭树、紫穗槐、沙棘、女贞等	·杂木林段、农田段 ·较陡坡面 ·土石坡面 ·风化石客土喷播坡面
灌、草型 Bush /Grass-type	以植草为背景，点缀灌木的草木植物群落	·山间谷地、高岗开阔地 ·农田段、城镇近郊 ·景区段落 ·防冲刷坡面
特殊型 Special-type	人工特殊群落：常绿树种、草花结合、花灌木、果树栽植等	·城镇近郊 ·景区段落 ·互通立交、服务区等

6.2.2 生态景观恢复工程效果评估

通过对有关资料和长白山区的气象特点的分析，结合项目组对长白山区的调查和试验工程的具体经验，我们认为以下5项评价指标可以用来定性或定量地评估该地区的公路坡面客土喷播生态景观恢复工程的后期效果，由于可比对的资料有限，而且观测时间较短，因此，评价指标的可行性和评价标准的准确性还有待进一步完善。

(1)人工土壤层检验与评估

人工土壤层是植物生态恢复的立地基础条件，尤其在初期对该项目的检测评估十分重要，主要包括：人工土壤层稳定性、硬度、植物生长所需的养分含量、土壤动物恢复等情况。

①人工土壤层稳定性：主要包括对该层的后期开裂、冲刷和冻融脱落情况进行检验和评估。这方面的性能反应的是人工土壤层的综合稳定性能，是对建造的各层土壤材料组成的优良性的评价依据。坡面开裂情况是反应使用黏合剂种类的耐久性能、土壤层的保水性能、抗旱性能；坡面冲刷情况是反应人工土壤层内组成材料配合比的合理性、纤维材料的加固性能；坡面冻融脱落情况是反应人工土壤层整体结构稳定性，反应基础铁丝网的牢固情况。在初期和交工验收过程中要对人工土壤层的稳定性进行检验和评估。

②人工土壤的硬度：土壤的硬度关系到植物根系的生长，是反应植物生态恢复的基础条件之一，太大和太小的土壤硬度均不利于植物的生长。采用山中式硬度计的测量标准，植物根系伸入土壤的界限为25mm。对于养分含量极少的岩石碎屑坡地和风化岩质坡面，由于植物无法生长，要恢复山林景观就必须对坡面进行客土土壤处理。土壤硬度与植物生长发育之间的关系见表6-2。

③植物生长所需的养分含量：土壤是植物生活的基质，它提供了植物生活必需的营养，是生态系统中物质与能量交换的重要场所。长白山区自然界中的土壤一般经过了千百年来林下自然腐殖质累积、弱酸性淋溶和弱度黏化等过程，山林下土壤一般呈弱酸至中性，养分含量也

非常适合林木植物的生长,因此建造人工土壤的养分含量和酸碱度指标对植物生长十分重要。

不同土壤硬度与植物生长发育的关系　　表 6-2

土 壤 硬 度	植物生长发育状况
<10mm	由于土壤干旱,植物往往不能正常发芽; 植物定居后,生长发育良好
黏土 10 ~ 23mm 砂土 10 ~ 25mm	植物地上、地下部分均生长良好; 适宜于林木栽植
黏土 23 ~ 30mm 砂土 25 ~ 30mm	一般有碍于植物根系发育(不适宜林木栽植)
30mm 以上	植物根系不能正常发育(通过整地等措施,建造根系延伸空间)
软岩或硬岩	植物根系不能延伸(有必要人工建造植物生长发育基础,木本植物根系可延伸入岩石节理内)

本研究重点对人工土壤层的氮、磷、钾含量和 pH 值大小进行后期检测和评估。通过对"吉延高速公路"试验段连续 3 年的观测分析,可以看出,建造当年人工土壤层的各项指标除 pH 值外均大大高于施工后未恢复的裸露坡面土壤,并总体优于自然林地坡面土壤,这为生态恢复创造了必要的基础条件。在随后的几年中坡面人工土壤中的全氮、全磷、全钾含量和 pH 值随着时间的延长,均表现出逐渐下降的趋势,逐渐趋近自然山林环境的土壤,最终发生良性的自然生态演替现象。

总结以往研究成果,为建立以乔灌木为主的坡面植物群落,抑制初期草本植物的快速生长,在人工土壤中采用低氮含量、高磷含量的缓效性肥料可以达到较好效果,养分含量一般为(氮: 磷: 钾 =6: 36: 6 效果较好。

④土壤内盐分含量:季冻区由于冬季撒盐(或含盐的除雪剂)防冰除雪,使得路肩、中分带、边沟和边坡下部等位置的土壤内含盐量超标,对春季植物成活率的影响极大,因此应加强对人工土壤层内盐分含量的测定和评估。不同植物对土壤中盐含量的耐受程度不同,适宜植物生长的土壤中盐含量一般要低于 1.5% 。

⑤土壤动物恢复情况:土壤动物活动使土壤的物理性质(通气状况)、化学性质(养分循环)以及生物化学性质(微生物活动)均发生变化,对土壤形成及土壤肥力发展起着重要作用。因此,土壤动物的存在与否是土壤系统健康状况的重要标志。此项指标的检测一般适宜科研人员对特定生态环境恢复的评价分析,工程竣工验收时不方便采用。

(2)坡面植物覆盖情况检验与评估

①草本植物覆盖度:坡面植物的覆盖度是防止水土流失的保证,应是验收评估的主要指标。工程验收时的坡面植物覆盖度通常指草本植物的覆盖度(%),因为这时的乔灌木正处于生长阶段,覆盖度还未达到最后目标,主要应满足成活率和密度要求即可。试验表明,当坡面建植目标为乔灌草混合群落时,草本植物覆盖度约为 30% 时,乔灌木成活数目最多,草本植物覆盖度最大不应该超过 65%,超过此范围灌木成活率急剧降低。

②坡面植物密度:坡面作为一种特殊的自然生境,土壤含水率和光照强度与平地具有较大差异。对于乔灌草混合群落的建植来说,草本植物密度越高,对灌木高生长的抑制作用产生的越早、越大。试验表明,在 20° 的阳坡上,当草本植物密度在 100 ~ 700 株/m^2 时,

草本对灌木高生长起到促进作用，当草本植物密度为300株/m^2时，灌木高生长速率最大；阴坡的草本植物密度不宜大于500株/m^2，草本植物密度为100株/m^2时灌木高度最大。随着边坡坡度的增大，应根据实际情况适当减少草本植物播种密度，以保证乔灌木顺利生长成活。

在标准制订时，由于地带类型不同、公路各个部位要求不同，有时为造景要求，在山林段路侧空地建植草地景观，在农田段建植乔灌丛景观等。因此不能采用统一植物密度检测的标准，一般要根据具体情况按当时设计给定的要求执行。

③豆科与禾本科植物比例：豆科植物的固氮功效具有改善土壤营养状况的功能，同时也具有深根性质，因此对增加土层稳定也具有重要作用。在建植草灌型目标群落时，豆科植物与禾本科植物混合播种已经成为最为常见而有效的组合。混播所形成的植物株数，豆科植物种宜占25%～30%，禾本科及其他科占70%～75%。

(3)乔灌木生长情况检验与评估

机械喷播形成的植被护坡中的乔、灌木分为种子生、人工移栽（保育块技术）两种情况，对于种子生的乔灌木在3个月初验时要检验发芽率和喷播面积，为今后恢复打下基础；重点对人工移栽的苗木1个生长期后的生长状况进行评估验收。

①苗木越冬成活率：移栽苗木成活率一般指施工后1个生长期的第2年检验结果。对于立地条件恶劣的边坡防护的保育块移栽苗木越冬成活率要达到80%以上；对于生存条件恶劣的中央分隔带内移栽的灌木，因其对行车安全作用重大，因此其越冬成活率要求达到90%以上；对于互通立交区、服务区等立地条件相对较好的环境，移栽苗木越冬成活率要达到95%以上，造景构图作用的乔木的越冬成活率基本上要达到100%保活。

由于季冻区冬季路面撒盐类除雪剂除雪的影响，使得土壤中含有高浓度的Cl^-，它能抑制植物根系对NO_3^-等阴离子养分的吸收，在高pH值的盐土中HCO_3^-的浓度很高，会抑制根系的生长及其对养分的吸收，对苗木成活率产生很大的影响。首先是不推荐使用撒盐类除雪剂除雪，而且避免使清理出的含盐积雪堆放在绿化带内。当确实受到影响时可以协商解决，适当降低成活率标准，并补齐受害的苗木，使之恢复要求的成活率。

②苗木株高、冠幅要求：苗木株高包括移栽前高度和1年后高度。为保证坡面保育块移栽苗木进行充分的光合作用，移栽前苗木的株高要求达到20cm以上，冠幅直径达到15cm左右；其他区域的移栽苗木株高根据绿化景观设计文件的要求执行，一般要达到2年生的植株要求。

③其他质量指标：树干挺直，树冠丰满，根系发达，生长茁壮，无病虫害现象，灌丛均匀，枝条分布合理，丛生灌木枝条至少在4～5根以上，灌木主干应明显。

(4)坡面植物自然生态演替情况评估（植物丰富度）

人工土壤建植的植物群落从功能上加速了自然植被演替的进程，在所采用的人工设计物种中，应尽量选取本地树种，检验时可以与周边环境中每平方米内的植物种类和数量进行对比，评定自建植物群落的演替程度。样方内当地先锋植物侵入数目应列为植被恢复效果的评价指标，侵入数目越多，说明当地先锋植物种开始适应并占据坡面生存环境，人工建植的生境逐渐向周边自然植物群落过渡，最终与周边自然群落完全融合。

由于初期检验主要对执行设计目标的完成情况的评定，而植物生态恢复是一个漫长的过程，因此植物丰富度（植物多样性）更适用于2～3年以后对坡面整体生态恢复效果的评估，当

然初期坡面就存在周边植物入侵情况，说明人工建植的土壤环境更优良，更有利于生态环境的恢复。

(5)景观协调性评估

依据现代公路景观设计理念，人工辅助下的生态恢复要尽量与周边自然景观协调一致，尽量弱化人工防护痕迹、人为干预迹象，具体到一个坡面生态恢复的景观协调性就是评估它与原设计目标生态群落的差异性，与周边景观的视觉协调度，这方面的评价因人而异，因此需要专业人员从空间与色彩搭配的角度上进行标准化评估。景观协调性评估属专家定性评价范畴。

6.3 公路坡面客土喷播生态景观恢复工程验收评定标准

通过以上对客土喷播形成的生态工程恢复效果评估指标的具体分析，结合依托工程现场调查观测试验结果(第5章内容)，初步提出以下工程验收控制性评价标准(表6-3～表6-6)，生态景观恢复工程检验评定按合格、不合格划分。根据这一地区生态恢复工程的特点，可以将工程验收分成初步验收和交工验收。

坡面人工土壤层初步验收标准　　表6-3

序号	检查项目	规定值或允许偏差	检查方法和频率
1	土层厚度	符合设计	钢尺测量，每千平方米测5处，取平均值
2	开裂状况	宽度≤1cm，连续长度≤30cm	钢尺测量，每千平方米测3处，取平均值
3	土壤硬度	≤25cm，有条件时检测	每千平方米测5处，取平均值(山中式硬度计测量)
4	有机成分含量(N、P、K总含量)	≥6%，有条件时检测	每千平方米测3处，取平均值(参照GB 9834—88(NY/T 85—1988)土壤有机质测定法测定)
5	pH值	4.5～6.0，有条件时检测	每千平方米测3处，取平均值(电位测定法即酸度计法)

坡面植物覆盖情况初步验收标准　　表6-4

序号	检查项目	规定值或允许偏差	检查方法和频率
1	乔、灌木发芽率	≥60%	取代表性样方测量(1m×1m)，每千平方米测3个样方，取平均值
2	草本植物发芽率	≥90%	
3	乔、灌木密度	按设计要求	
4	草本植物密度	按设计要求	
5	坡面植物覆盖率	≥85%	
6	保育块移栽成活率	≥80%	5%抽样检查
7	保育块乔灌木株高	≥20cm	5%抽样检查

坡面人工土壤层交工验收标准 表6-5

序号	检查项目	规定值或允许偏差	检查方法和频率
1	开裂状况	宽度≤1cm,连续长度≤60cm	钢尺测量,每千平方米测3处,取平均值
2	冲刷状况	根据坡率和人工土层的厚度不同区别对待。一般情况按以下要求: 最大冲沟深度≤3cm 间距密度≥800cm	钢尺测量,每千平方米测3处,取平均值
3	冻融破坏状况	无表层土壤脱落严重现象	目测,20%抽样检查

坡面植物覆盖情况交工验收标准 表6-6

序号	检查项目	规定值或允许偏差	检查方法和频率
1	坡面植物覆盖率	≥75%	取代表性样方测量(1m×1m),每千平方米测3个样方,取平均值。
2	乔、灌木密度	按设计要求	
3	乔灌木株高	≥25cm	5%抽样检查
4	景观协调性	侵入物种≥5种	取代表性样方测量(1m×1m),每千平方米测3个样方,取平均值

6.3.1 初步验收标准

(1)原材料质量和坡面挂网工程检查、验收

在绿化施工前,选择适当时间按设计要求对进场的移栽苗木规格、喷播原材料、护坡用金属网等材料进行检验。同时对坡面清理情况进行检查验收,松动碎落的石块要清理干净,喷播前坡面应该稳定安全,坡面基本平整,较大的凹陷可以用草袋装土填平。在厚层客土喷播(大于5cm)的镀锌铁丝网施工后、喷播施工前,监理工程师要到场检查金属网是否按设计要求安装完成,锚杆是否稳定可靠,锚杆间距是否符合设计要求。

喷播施工后2~3个月按设计要求对绿化坡面的位置里程、面积规模、植物数量等进行工程量计量验收。

(2)人工土壤层验收标准

当以机械客土喷播形式恢复坡面生态系统时,人工土壤层是生态恢复的基础,为了保证基础工程安全过冬、防止冲刷脱落,对其建造的人工模拟土层的稳定性能等方面进行初期验收。当客土层厚度大于5cm时,金属网不能露出人工土壤层表面。

(3)植物覆盖情况验收标准

由于发芽率仅在初步验收时检验,而且又是第二年植被覆盖率的保证,因此对发芽率的要求较高。对初步验收不满足标准要求的要在交工验收前进行返工补种,直到满足要求为止。

6.3.2 交工验收标准

为进一步检验生态恢复工程的耐久性,建议再延长一个冬季,在下一年春夏之交的时间进

行交工验收更好，同时还应参考主体工程交工验收时间综合确定。本研究暂定生态恢复工程交工验收时间为第二年的秋季。以下仅列出交工验收的定量评价指标的标准，对于工程的定性评价指标应参考6.2.2节的生态景观恢复工程效果五项评价指标进行。

（1）人工土壤层交工验收标准

人工土壤层经过一个生长期（夏、秋、冬、春季）的冻融循环作用，特殊情况下也可以等到第二生长周期后再进行交工验收，交工验收的各项指标检验如表6-5所示。

（2）植物覆盖情况交工验收标准

坡面植被建植后第二年的交工验收重点是原设计植物越冬成活率、坡面植物覆盖度等指标，见表6-6。

交工验收不满足标准要求的要在竣工验收前进行返工补种，直到满足要求为止。

6.4 实体试验工程效果评价

为了检验与评价客土喷播和离子型双层喷附试验工程的生态恢复效果，结合2007年、2008年和2009年现场观测结果，进一步验证提出的机械客土喷播生态恢复工程质量验收标准的合理性，现场检验结果见表6-7、表6-8。

试验工程坡面人工土壤层检测结果 表6-7

序 号	检 查 项 目	厚层客土喷播4~8cm（于木匠沟隧道开挖坡面）		离子型双层喷附9~15cm（江黄段K116）	
		2008年9月	2009年5月	2007年6月	2008年6月
1	土层厚度	5、8	4、6	10、12、18	9、13、17
2	开裂状况	满足要求	满足要求	满足要求	满足要求
3	土壤硬度	满足要求	满足要求	满足要求	满足要求
4	有机成分含量	—	—	平均7.7	平均6.9
5	N、P、K总含量	—	—	满足要求	满足要求
6	pH值	平均6.2	平均5.8	平均6.3	平均6.1
7	冲刷状况	局部冲刷	局部冲刷	无明显痕迹	无明显痕迹
8	冻融破坏状况	无	无	无	无

实体试验工程坡面植物覆盖情况检测结果 表6-8

序 号	检 查 项 目	厚层客土喷播4~8cm（于木匠隧道坡面）		离子型双层喷附9~15cm（江黄段K116）		普通喷播（江密峰附近K50）
		08.9	09.5	07.6	08.6	09.5
1	乔、灌木发芽率（%）	40	—	—	—	—
2	草本植物发芽率（%）	90	—	—	—	—
3	草本植物密度（株/m²）	2 100	1 800	2 300	2 000	2 000
4	坡面植物覆盖率（%）	97	95	95	94	85
5	景观协调性（入侵）	—	≥5	≥4	≥6	≥4
6	乔灌木株高（cm）	≥20	≥25	≥20	≥25	≥20

以上为定量评价指标的检测结果，通过对依托工程三个试验段的现场检测还发现，人工建植的植物生态坡面草本植物生长状况较好，形成的人工土壤层的开裂和抗冲刷、防冻融能力，坡面植物覆盖度和景观协调性等指标均满足制订的验收标准要求，达到了预期的目标。存在的主要问题是播种和保育块的乔灌木的成活率不高，分析原因，主要与种子发芽率不高、保育块经过长途运输和存放影响了乔灌木的成活率。在以后的工程中尽量就近设置保育块的繁育基地，并注意加强完工初期的养护措施，保证坡面形成与环境协调的、丛林型的植物系统。

从依托工程全线生态恢复试验工程的现场观察和定量检测的结果来，本研究所确定的客土喷播生态恢复工程效果评估及质量验收评价指标和标准基本适宜，可以作为长白山区类似工程验收评估的依据，也希望随着工程运营期的延长不断修改和完善评价指标和标准。

第7章　长白山区公路建设景观设计及生态景观恢复模式

7.1　长白山区公路建设景观设计理论

通过前面章节对长白山区自然地理、土壤地貌、人文历史景观的综合分析论证，结合依托工程实践经验总结，我们提出长白山区公路景观设计理念以“生态保护”为主线，以自然景观为主体，人文历史为衬托，体现“长白山水风光大气之美”。即在坚持“以人为本”的前提下，始终追求人与自然和谐发展，原生态的长白山自然环境必须得到保护的设计理念（图7-1），努力使公路建设能“精于保护，存长白风貌；巧于因借，纳四时烂漫；工于协调，融苍莽林海”，以体现长白山之大美。

图7-1　长白山区公路景观设计理念的图解示意

注：“公路建设”与“生态保护”如同太极中的一阴一阳。虽然相互对立、相互矛盾，但只要我们“在公路建设中保护生态，在生态保护中建设公路”，就可以把两者有机地统一起来，做到“路”与“自然”协调统一。

（1）尊重自然，保护优先

长白山区森林覆盖率高，是中国生态环境最原始、自然景观最丰富的地区之一；其核心地长白山自然保护区又是世界自然保留地，世界A级保护区，国家级自然保护区，其生态保护价值巨大。因此，在该区域的公路建设应最大限度地保护动植物资源、水资源、景观资源，最大限度地保护生态自然环境。高度重视自然景观生态环境、水环境、声环境等的保护工作，努力做到前期“最大限度地保护”，后期“最大限度地恢复”，避免传统公路建设中“先破坏，后恢复”的现象。

（2）借景为主，优化景观

长白山区地形地貌独特、植被类型丰富、河流水系发达、四季变化明显，这些特点都为公路建设提供了很好的自然景观条件。

主要体现在：山形高大圆润、景观视野开阔，给人一种群山连绵起伏、望穿千里的感觉；长白山区植物种类古老、丰富，垂直分布景观明显，高山冻原、亚高山长白落叶松与岳桦林带、针叶林带、针阔混交林带，逐渐向次生阔叶杂木林带过渡；多条河流的发源地，河网交错，溪流湖泊景观星罗棋布；地处季节性冰冻地区，四季物相变化明显，绿叶、红花、彩叶、白雪交相辉映，演奏四季交响乐章。

因此，长白山区公路建设应合理、巧妙地利用这些自然景观，在公路选线、线形设计、景观设计等方面反复推敲优选，借景抒情，将优美的自然景观为我所用，以自然风光为背景，“利用地形，巧于结合外因，冶内外于一炉，纳千里于咫尺”，即借山之雄壮、水之旷美以形成山水相依的沿途景观，从而达到“近水远山虽非我有而若为我备”的境地。

(3)节约资源，综合利用

巧妙利用公路占地内的土地、水、植物等资源，合理利用公路建设中产生的表土、植物、弃方等资源，尽可能变废为宝，循环利用，节约资源。长白山区内地表植物丰富，公路施工的清表土内含有丰富的当地种子资源，应充分利用这个“土壤种子库”；同时对公路“环保绿线”范围内的有景观保留价值的植物尽量移栽假植保留，节约珍贵的植物资源。

(4)系统规划，全面设计

将公路全线作为一个整体予以系统考虑，对全线景观进行系统规划，对路内景观和路侧外景观进行全面设计，以从路上看景为主，兼顾从路外看路，以路内景观为主，兼顾路外景观，以动态景观为主，静态景观为辅，抓住重点、突破难点、呈现亮点。

(5)以人为本，安全第一

全面把握公路使用者的视觉感受和行车心理，充分考虑道路感觉的多样性以及视觉导向、安全设施的色彩及尺度、视觉连续性等交通心理因素，通过合理的植物配置和柔化遮挡作用，优化公路行车环境，增强行车的舒适性。在确保公路路基边坡稳定和行车安全的前提下，充分发挥植物的生态防护及视觉诱导作用，营造安全、高效的交通环境。

(6)体现和谐，公众满意

努力通过“生态保护”、“自然恢复”、“人工恢复”等技术最大限度地保护和恢复公路沿线植被。公路构造物设计弱化人工痕迹，使公路完全融入到自然之中，自然的就是最美的。充分尊重沿线居民的权利，尽量少拆迁、少占地，避免干扰居民正常的生活环境；努力降低构造物的生硬感和突兀感，营造和谐的公路环境。

7.2 长白山区公路建设景观设计方法

7.2.1 公路景观设计方法

公路交通的快速运输功能决定了公路景观结构体系具有线性景观与点式景观模式。公路沿线的景观设计方法可以分为沿线景观空间分段法、“形势”理论法。

1)景观空间分段法

景观格局是指景观的空间结构特征，在同一景观格局中，由于景观元素的空间分布和景观类型的不同会形成不同的景观空间段落。高速公路两翼的景观类型依次段落性排布，即形成了一系列的景观空间段落。因此，在进行公路景观设计时，在大的景观格局已经确定的基础上，我们可以根据其内部景观元素空间分布形式的不同，将行车视域范围内的景观予以分异性界定，并标出段落性的景观类型，即景观的空间段落，再逐一进行评价。

高速公路景观元素可分为公路外部景观元素和公路内部景观元素。在进行公路景观设计时，可在景观空间段落的基础上再根据景观形式特征(包括：色彩、形体、线条、质地等)将其公路外部景观分成不同的景观元素，对这些元素的特征目前只能用定性描述来分析。例如：高速公路两侧的水田景观，其中包括农田、防护林、田埂、点缀、乡间道路、村舍等景观元素，可先对各要素进行定性描述，然后对景观环境进一步分析。

2)"形势"理论法

早在汉晋时代，我国古代环境设计理论中出现的"形势"说，恰可用于公路景观设计。"形势"说中的形和势的概念："形"，有形式、形状、形象等意义；"势"则指姿态、态势、趋势、威力等意义。自然界存在不同的"势"的走向和延续，山脉以其固有走势连绵起伏，河流蜿蜒曲折流淌不止，维护自然环境"势"的延续，要求公路线形和结构物的布设尽可能维持这种走向和环境的延续，保持自然景观的完整性，减少对生态环境的破坏，对地形、地貌的自然性和稳定性的影响。而形与势相比，形还具有个体、局部、细节的涵义；势则具有群体、总体、宏观、远大的意义。按照"形势理论"分析，公路沿线景观可分为线性景观和点式景观。

(1)线性景观设计重在"势"

公路景观的观赏者多处于高速行驶状态下，在这一状态下景观主体对景观客体的认识只能是整体与轮廓。因此，线性景观的设计应力求做到公路线形、边坡、中央分隔带、绿化等连续、平滑平顺、自然且通视效果好，与环境景观要素相容、协调，注重沿线景观的"势"。

(2)点式景观设计重在"形"

景观节点是整个行程中的兴奋点，它作为公路景观设计中面积较大，景观可塑性较强的部位，可作为全线景观的高潮部分来考虑。行车通过互通立交、服务区、收费站等的景观节点时，其观赏者除一部分处于高速行驶状态外，还有很大部分处于静止、步行或慢行状态。因此，这部分景观的设计重点应放在"形"的刻画与处理上。如公路坡面的外形设计，绿化植物选择与造型，公路构造物的形态与色彩，交通建筑与地方建筑风格的协调，场所的可识别性、可记忆性，甚至铺地、台阶、路缘石等均可仔细推敲、精心规划与设计，体现点式景观的"形"。

7.2.2 长白山区公路景观的设计方法

通过对长白山区独特的自然和人文景观分析，结合吉延高速公路、图珲高速公路、营松高速公路、环长白山旅游公路等多条长白山区公路景观设计实践案例，分析该区域公路景观特有的"形"和"势"，将长白山区公路景观设计步骤归纳为"设计分析、设计定位、景观规划设计"三个阶段，可简称为"三步设计法"。

1)设计分析

全面的设计分析是准确进行设计定位的重要基础，是景观规划设计能否充分保护自然、利用自然、与自然协调的关键。

(1)项目自身特点分析：项目自身特点分析包括公路区位、里程、工程特点、工程阶段等。

(2)项目环境特点分析：在长白山区公路设计之前，必须进行深入详细的景观环境基础调查，如公路沿线植物资源、动物资源、水资源、景观资源、旅游资源等各种生态环境资源以及人文社会资源的分布、功能、保护对象等。通过公路路线平面图与地形图、植被分布图、水系分布图、土壤分布图、土地利用规划图等相叠加，进行详细分析，把握自然景观、人文景观和公路景观的关系，列出应该保护的景观资源（山川、湖泊、河流、水库、林间湿地、珍惜树木等景观要素），回避不雅场所（采石场、养猪场、坟墓等）；结合专家咨询，并通过 3S 等相关技术方法对公路沿线各种景观元素进行定性、定量的分析和评价，为后期的细部景观设计方案打下基础。

2）设计定位

设计定位是在全面设计分析的基础上，提炼分析结果，把握项目最重要、最有特色的特征，并根据项目的总体目标，提出公路景观设计的主要思路。例如："吉延高速公路"的设计定位是"紧紧围绕安全、生态、景观、旅游路"的目标要求，以生态恢复为主线，充分发挥植物在造景、柔化硬质构造物、遮挡工程创面等方面的功能。对全线景观进行系统规划，对路内景观和路侧外景观进行合理设计，以动态景观为主，以静态景观为辅，抓住重点（如路堑边坡）、突破难点（如风化碎落岩质坡面、窗式护面墙）、呈现亮点（如互通、服务区、观景台）。

图们至珲春高速公路作为"吉延高速公路"的延伸，其景观设计延续了"吉延高速公路"的设计风格，紧扣珲春分布有东北虎和与朝鲜、俄罗斯交界的边疆风貌特点，提出了"续写生态景观路，体验特色边境游"的设计定位。

3）景观规划设计

对全线进行细致、合理的规划设计是景观恢复和再造的前提，是最大限度恢复生态的必要手段。

（1）路线景观设计

长白山区公路路线设计应根据周围的景观特征进行线形设计，公路的选线及线形设计要能充分保护和利用长白山区景观，把长白山的景观充分展现给公路使用者，体现长白山之大美。对于自然保护区、森林公园、林间湿地、水库、天然林、成熟的人工林、高产农田等环境敏感区应避绕或采取合理方案通过。特别是对于自然保护区，按照国家有关规定不能通过核心区和缓冲区，如确需通过试验区，要经过严密的论证和严格的审批。

在路线景观设计时，应结合保护对象的特点，从路线线形设计、路基排水防护设计、桥梁涵洞与隧道设计、交通工程设计、景观环保工程设计等方面入手，采用必要的工程措施来缓解公路建设对生态环境的影响，同时借景水库、湿地或森林，丰富公路沿线景观。灵活采用技术标准、合理选用桥隧方案、控制填挖高度、做好路基防护和排水、合理设置取弃土场、优化交通工程设施等，将不利影响减少到最低程度。从公路设计上考虑的缓解措施主要有设置动物通道以满足公路两侧野生动物迁徙需要，施工中考虑的缓解措施有表土搜集堆放技术及原有景观树木移栽假植回迁技术等。

（2）总体景观规划

根据长白山区公路沿线的景观格局、景观元素等自然景观特征，划分出不同的景观空间段落，如山林景观段、田园景观段、湿地景观段、草原景观段、城镇村落景观段、民族风情景观段。

根据景观调查情况及公路设计的工程特点，分别对不同的景观空间段落的特点仔细研究分析，根据各自特点进行景观规划设计。"吉延"高速公路的景观规划和具体设计情况详见5.3.2节。

（3）细部景观设计

根据公路的工程特点和公路沿线总体景观规划方案，进行细部景观设计。可分为主线景观设计、沿线设施景观设计、路侧景观设计三部分（图7-2）。

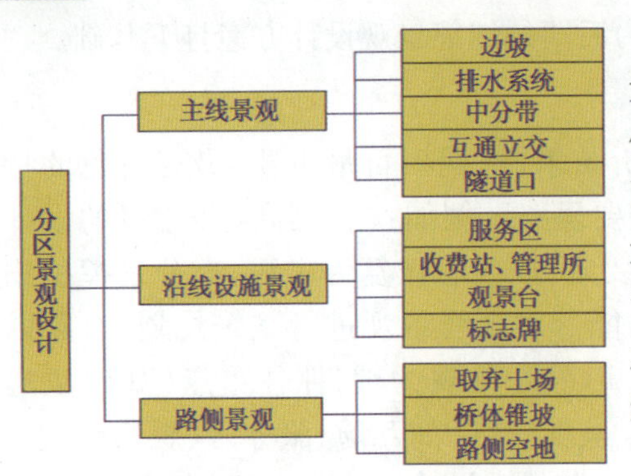

图 7-2 分区景观设计框架图

①主线景观设计:重点是对挖方边坡进行生态景观恢复设计,选择适宜的乡土树种进行绿化防护,使坡面形成草灌结合和灌乔结合的目标。路堑边坡面积大,立地条件迥异、防护形式多种多样,是生态、景观恢复和景观规划的重中之重;对于填方边坡,由于不在行车视觉范围之内,坡面绿化重点考虑防止水土流失、保护路基稳定,为防止影响视线、遮挡沿线风光,选择固土能力强、抗旱耐贫瘠的植物种类。

②沿线设施景观设计——重点点位景观设计:主要是针对互通区、服务区、收费站管理所和观景台等固定地点场所的生态景观设计,由于这些地点具有一定的生态恢复条件,可以结合周边山林景观和区域人文景观进行景观设计。具有旅游性质的公路,其场区布局和设施设置要保证人们的休息、观景旅游的需求,建筑结构形式要体现地域文化的特征,尤其在互通区等地栽植反映季相变化的花灌木和彩叶树,丰富路域景观。

③路侧景观设计:重点是取弃土场和路侧空地的景观恢复和再造。一般情况下,取弃土场要求处于行车可视范围之外,但是为保护山区宝贵的植被资源,有时不得已取弃方地点距离路线较近,这时就要做好这类场地的生态景观恢复设计,因地制宜,恢复建设成为观景台、休息区或山林景观植被恢复点等。有条件的路侧空地可以进行园林景观设计,如可以结合雕塑和小品创造意想不到的野趣,给枯燥的行车带来兴奋点,增加行车观赏点和安全性。

7.3 长白山区公路建设生态景观保护和恢复技术模式

7.3.1 分区生态保护和恢复模式

通过对吉林长白山区整体生态现状的调查分析,结合第 3 章的区划分区,根据分区域的生态恢复立地条件不同和各个自然保护区不同的特点,提出宏观上的生态恢复模式和设计要点。

(1) Ⅰ区(长白山区中、高山强侵蚀动力区)

由于该区山高坡陡,降雨、冻融侵蚀强度较大,区内还包括长白山等重要的自然保护区,生态敏感性较高,路域生态建设的重点是对原生态的保护。建议本区内植被恢复模式以自然恢复为主,或者是人工辅助促进自然恢复(利用土壤种子库),强调植被恢复过程完全按当地群落的自然演替规律进行。在植被建植初期要做好表土保护措施,防止或减轻水土流失的发生。对中分带、隔离带、互通环岛等需要人工绿化的路域,必须采用当地乡土物种进行生态恢复,保证公路建设生态恢复与区内整体景观格局和原有植被景观状态相协调,避免外来物种入侵的问题发生,保障区域生态系统的安全。要采取有效措施保护好水源地、湿地环境和历史文化遗址景观,为区域经济发展和生态旅游景观建设打下基础。

(2) Ⅱ区(吉林—柳河—延边低山丘陵弱侵蚀动力区)

该区域包括吉林市、辽源市和延吉市的广大地区,水力侵蚀和冻融侵蚀强度相比 Ⅰ 区要小,但由于本区内居住人口相对 Ⅰ 区要多,人类活动强度高,路网密度大,景观和植被斑块破碎严重，水土流失背景值较高，水土流失形势依然严峻，路域生态建设的重点是快速恢复植被覆盖，降低景观的异质感，避免水土流失的加剧。建议本区内植被恢复模式以人工恢复为主，自然恢复为辅，强调快速、及时地恢复植被，群落设计要与周边自然环境相衔接，使之与周边环境植物逐渐相融合，促进人工群落向周边自然生态环境演替，最终与自然环境融为一体。

(3)临近自然保护区的公路生态恢复措施

虽然长白山区内高速公路网规划均避开了重要的自然保护区范围，但是临近保护区的公路建设对周边生态环境还是有一定的影响，这方面的问题在Ⅰ、Ⅱ区内均存在。这就要求公路建设(尤其是二级及以下公路)生态恢复时要注意保护特殊的生物环境特性。

①公路建设生态恢复以自然恢复为主要形式，充分利用土壤种子库功能，对比较平缓的工程创面可直接覆盖原生地表土，为原生物种或乡土物种的自然恢复创造条件；对立地条件比较恶劣的坡面可采用喷播技术喷射原生地表土，适当进行土壤改良以保障植被恢复的顺利进行。

②对必须实施人工植被恢复的路域，只能采用当地乡土物种进行移栽或直播，严禁外来物种入侵，保证生态安全。

③施工前，采用可靠的假植技术，将“环保绿线”范围内原地表中有景观保留价值的乔灌木和野生花卉地表移栽到合适地点，待互通立交和服务区绿化美化时应用，或者应用到临近公路生态恢复工程中，保护好原生资源，发挥最大的作用。

④根据保护区动物活动特性，设置必要的动物通道，保护珍贵动物生态环境(图7-3)。

图7-3　临近自然保护区公路生态恢复要营造自然生态环境

7.3.2　不同景观类型路段生态、景观保护方法和恢复模式

通过前面对长白山区的地形地貌等自然生态和人文景观的调查分析，并对区内公路沿线的景观格局、景观元素等自然景观特征进行了分析，结合依托工程吉延高速公路的具体试验示范，总体上可以将长白山区公路沿线生态恢复类型划分为4个主要景观区段：山林段、田园段、湿地段、城镇段，根据不同类型的特点分析制订生态、景观恢复的模式。当然，在每个段落内还可能穿插不同类型的景观，在具体景观段落划分和恢复设计时要灵活运用，将不同类型景观恢复的方法模式综合运用，与周边环境相协调。

1)山林段生态景观恢复模式

长白山区森林覆盖率相对较高，素有“长白林海”之称。根据海拔不同，长白山区的山林

景观可分为四个垂直分布带：海拔720m以下分布温带针阔叶杂木林，海拔720～1 100m分布寒温带针、阔叶混交林，以上依次为亚寒带针叶林、寒带亚高山矮曲林。因此，长白山区“山林段”公路生态景观恢复总体目标主要为林木型（乔、灌结合），有景观要求时也存在乔、灌、草型。

长白山区公路建设的山林段特点是填挖方多、隧道多，公路建设形成的工程坡面多，因此要重点对工程坡面进行生态景观的恢复。以下分五个方面对山林段公路生态景观保护方法和恢复模式进行论述。

（1）线形设计要求

在路线方案比选时，除应注意地形选线、地质选线外，还特别强调考虑生态、景观的方案对比。公路线形设计既要做到满足行车安全的要求，又要达到与周围环境的协调统一，保证对生态环境产生最小的破坏和最易恢复性。

①体现“势”的理念

在保证安全、不降低功能的前提下灵活地掌握技术指标，不追求高指标，但求连续均衡，线形走向与地形、地貌相吻合，不强拉直线，硬切山梁，横跨山谷，顺势而为，注重与地形的结合，尽最大可能地保持原地的风貌（图7-4）；以自然风光为背景，“利用地形，巧于结合外因，冶内外于一炉，纳千里于咫尺”，充分利用借景、对景等手法，借山之雄壮、水之旷美以形成山水相依的沿途景观，把自然景观和公路景观完美地结合在一起，达到近水远山虽非我有而若为我备的境地（图7-5）。

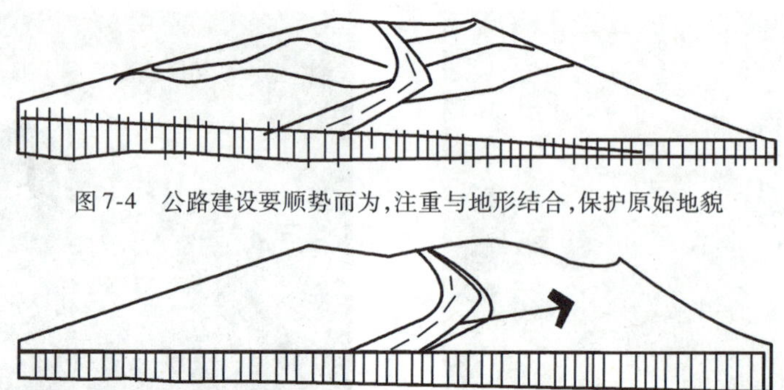

图7-4　公路建设要顺势而为，注重与地形结合，保护原始地貌

图7-5　公路建设要充分考虑沿线景观和视觉效果，善于借景，以充分利用沿线景观

图7-6　吉延高速公路

注：以自然风光为背景，尽最大可能的保持原地的风貌，优美的公路线形为莽莽林海的长白山区增添了人文景观

“吉延”高速公路通过线形设计和巧妙借景，使公路最大限度地顺应地势，并与自然环境相和谐，增强了公路的景观效果（图7-6）。

②体现“动”的理念

车辆在行驶中人的视线连续运动，路线设计应注重平纵面配合，在满足行车安全的前提下，尽量与地形相协调，避免高填深挖，力求线形的连续性、流畅性及公路景观的协调性，给人良好视觉效果。平面线型应有一定的曲线比例，使得线型流畅、顺适美观；如吉延高速公路江黄段K115处的S形曲线设计既减少了对原有山体的破坏，又形成了一条非常优美的曲线，公路与环境相互映衬，造就了一幅“虽由人作，宛自天开”的公路景观画面（图7-7、图7-8）。公路纵断面的竖曲线半径应满足视觉要求的最小半径，平、纵组合中竖曲线应全部在平曲线或直线段内，如一个平曲线中包含多个竖曲线，应通过透视图检查，以保证平纵线型配合适当。

图7-7　吉延高速江黄段K115处S形曲线与山林相互映衬，形成了一幅优美的图画

图7-8　吉延高速蛟河互通处，竖曲线与地形的完美结合，充分体现了田园景观特色

（2）山林段路域内原有植被保护的要求

①减少占用林地

长白山区生态环境非常敏感，设计选线时应尽量少占林地，特别是不占或少占自然保护区林地、重点公益林地、原始林地等；如必须占用林地，可优先占用灌丛、人工林、次生林等生长时间相对较短的林地。线形设计尽可能降低路基填挖高度，最大限度地保护原有植被和山体，减少对沿线自然生态环境的破坏；对于稳定的弱风化岩和硬岩边坡，在保证安全（边坡稳定、视线通透）的前提下，可适当保留陡峭的岩石边坡，减少开挖量，保护山体原有结构状态和原生植被。

②施工清表砍伐时要注意保护植被

划清“征地界限”和“环保绿线”的位置界限，严格将施工红线控制在“环保绿线”范围内，不破坏“环保绿线”外的一草一木，并对保留的树木（特别是国家保护树种、珍稀树种、景观好的大树）进行标识、编号登记造册；高架桥下除桥桩施工范围外的原生树木也尽量保留；砍伐前要认真挑选，对规格合适的保护树木和珍稀树种尽可能择地进行移栽，以备互通区、服务区等工程绿化用。

（3）因地制宜、“开、闭”结合

长白山区自然景观优美，在整体景观规划时，就要将主要的景观和敏感段（点）作为重点设计，对于可远眺长白林海、河流水库等段落要注意植被恢复要“开”，采用低矮的草灌木，将视野引入景观兴奋点，减轻行车视觉疲劳；对于影响观瞻的挖方、结构物要尽量“闭、遮”，进行植物遮挡柔化，或将视线“诱”导到远处更好的景致（图7-9、图7-10）。如果条件允许，可以选择适当位置设置观景台，尤其对于景区内的公路十分必要（图7-11、图7-12）。

（4）山林段工程坡面生态景观恢复模式——人工辅助、加速自然恢复

图 7-9　因地制宜，公路生态景观恢复要“开、闭”结合

图 7-10　公路建设生态恢复要充分考虑沿线景观和视觉效果，通过浓密的植物遮挡不宜示人之处

图 7-11　吉延高速公路路侧景观——大石头湿地秋景

图 7-12　设置停车观景台

长白山区的自然条件比较优越，植被自然恢复能力较强，但是公路挖方形成的较大的坡面，尤其是岩质坡面，在几年之内很难自然地恢复植被覆盖，进一步加剧了水土流失的现象，已有工程案例显示，没有采取合理生态恢复措施的公路，通车 10 年后 1∶1 的挖方坡面仍然存在滑塌、碎落的现象，因此，恶劣岩土条件坡面的生态恢复采取及时有效的人工辅助手段十分必要。图 7-13 ~ 图 7-16 是采取人工生态恢复辅助措施的坡面和未采取或采取了不合理方案的

坡面状态，从中可以看出，有条件的情况下，采取人工干预措施对及时、较好地恢复自然生态环境十分有利。

图 7-13　生态恢复难度较大的风化岩石挖方边坡

图 7-14　人工辅助与自然生态恢复 3 年后对比

图 7-15　采用砼喷锚防护的边坡 8 年后效果（坡面几乎不可能有植物生长）

图 7-16　自然恢复的岩石坡面 15 年后（坡面仍存在碎落石现象）

人工辅助手段根据坡面情况的不同采取不同的措施，建议不同情况分别采用植生袋、客土喷播、有机质喷播、双层喷附等生态恢复措施，采用的乡土植物种类，尽量利用原地表土种子库资源，为加速自然生态演替创造基础条件。

（5）山林段路侧山野花景观美化恢复与再造模式

长白山区大部分属次生林区，山坡植被覆盖率高，但长时间单调的绿色景观容易使人视觉疲劳。因此，在山谷地段的路边空地草坪中，应散播当地适生的红、黄、蓝、白、紫等各色野花（约每 5km 更换一次品种），构成沿线相间变化的林带色谱。

长白山区植物种类复杂多样，奇花异草繁多，不仅保留了第三纪的植物和长白山特有植物种群，而且尚有亚热带、温带、亚寒带以及极地植物，长白山区的野生花卉资源十分丰富。从早春到晚秋，野生花卉无论从个体，还是群体，在不同的时间、地点、环境中都表现出不同风格的景观效果，如：早春开放的顶冰花、冰郎花、款冬花，晚秋开花到初霜还不凋谢的龙胆、乌头；沟谷湿地生长的千屈菜、鸢尾类植物也异常美丽，常常形成大面积的山野花群落景观，景色十分壮观。因此，山林段公路景观设计时可以引入山野花美化路域景观。

①长白山区野生花卉的特点

长白山区野花的花色和花型效果优美，花期一般在5～9月份。野生花卉的特点是定植后，生长快，覆盖率高，容易控制杂草生长，而且病虫害少，不需要特别管理，靠自然繁殖可以连年开花。野生花卉的适应性强，但具有各自的生态习性。如喜阳的、耐干旱的、喜潮湿的、水生的等等。值得注意的是，把多种野生花卉种植在一起，必须处理好它们之间的协调关系，设计好种植方式，使其符合各自的生态习性，以便于它们的群体观赏功能得到最大限度展现和发挥。

②山野花品种的选择原则

野花品种的选择原则应本着因地制宜、适地适花的原则，应首先考虑当地的乡土野花、彩叶树；挑选适应范围广的植物；维护成本低廉；选择色彩美丽，景观效果好，与环境相互协调的植物。

野生花卉进行路域美化另一个功效是固土护坡，因此野生花卉要求根系丰富且入土较深，生长快，枝叶繁密，抗风，抗污染。在保证固土护坡的前提下，还要注意植株的色彩与高度、花色与花期，最好选用多年生的或者能够进行自然繁衍的山野花美化路域环境，可以最大限度地反映沿线植被的季相变化，愉悦驾乘人员，保证行车的安全。

③野生花卉的栽培与管理

通过调查和查阅文献，长白山区适合路域景观美化的野花见表7-1，按开花顺序排列。野花主要应用于公路路堑边坡、路侧空地、立交区、服务区等部位，可采用人工播种、普通喷播、客土喷播、植生袋、移栽等技术。本地野花成活率比较高，管理起来相对容易。要注意播种时间、单位面积用量、多种花卉的搭配、花卉与灌草的搭配等。

长白山区可用于路域景观美化的野花种类一览表 表7-1

名　称	拉丁学名	花　色	花　期	繁殖方法
大花铁线莲	Clematis patens Mor.	洁白素雅	5～6月	种子繁殖
黄花尖萼耧斗菜	Aquilegia oxysepala trautv.	黄白色	5～6月	种子繁殖
野芝麻	Lamium album L.	白色或淡黄色	5～6月	种子繁殖
毛茛	Ranunculus japonicus Thunb.	黄色	5～8月	种子繁殖
白屈菜	Chelidonium majus L.	黄色	5～8月	种子繁殖
缬草	Valeriana alternifolia	淡紫红色或白色	5～7月	种子繁殖
多茎野豌豆	Vicia multicaulis Ledeb.	紫色或紫蓝色	6～7月	种子繁殖
野罂粟	Papaver nudicaule L.	黄色	6～7月	种子繁殖
费菜	Sedum aizoon L.	黄色	6～7月	种子繁殖
月见草	Oenothera biennis L.	淡黄色或黄色	6～7月	种子繁殖
大苞萱草	Hemerocallis middendorfii	金黄色或橘黄色	6～7月	分株或种子繁殖
北黄花菜	Hemerocallis lilio - as - phodelus L.	淡黄色或黄色	6～7月	分株或种子繁殖
唐松草	Thalictrum aquilegifolium	白色	6～7月	种子繁殖
棱子芹	Pleurospermum uralense	洁白素雅	6～7月	种子或无性繁殖
紫斑风铃草	Campanula punctata Lam.	白色带紫斑	6～7月	种子繁殖

续上表

名　称	拉丁学名	花　色	花　期	繁殖方法
毛百合	Lilium dauricum	橙红色或红色	6~7月	种子或鳞茎繁殖
溪荪	Iris sanguinea	蓝色或蓝紫色	6~7月	种子或根状茎繁殖
蒲公英	Herba Taraxaci	黄色	6~8月	种子繁殖
广布野豌豆	Vicia cracca L.	淡蓝色、蓝紫色、紫色	6~8月	种子繁殖
宽叶打碗花	Calystegia sepium var.	粉红色或带紫色	6~8月	种子繁殖
北野豌豆	Vicia ramuliflora	蓝色、蓝紫色、红紫色	6~8月	种子繁殖
北方拉拉藤	Galium boreale L.	白色	6~8月	种子繁殖
石竹	Dianthus chinensis L.	红紫色或粉紫色	6月下旬~8月	种子繁殖
中国旋花	Convolvulus chinensis	淡红色	6~9月	种子繁殖
野火球	Trifolium lupinaster L.	红色或紫红色	6~9月	种子繁殖
垂梗繁缕	Stellaria radians L.	白色	6月中旬~9月	种子繁殖
东方蓼	Polygonum orientale L.	紫红色、粉红色或白色	7~8月	种子繁殖
兴安黄耆	Astragalus dahuricus	紫红色	7~8月	种子繁殖
黄连花	Lysimachia davurica	黄色	7~8月	种子繁殖
狗娃花	Heteropappus hispidus	浅红色或白色	7~8月	种子繁殖
大花剪秋萝	Lychnis fulgens Fisch.	鲜深红色	7~8月	种子或无性繁殖
紫菀	Aster tataricus L.	蓝紫色	7~9月	种子或根状茎繁殖
旋覆花	Inula japonica Thunb.	黄色	7~9月	种子繁殖
胡枝子	Lespedeza bicolor	红紫色	7~9月	种子或无性繁殖
波斯菊	Cosmos bipinnatus Cav.	粉红色	8~9月	种子繁殖
柳兰	Chamaenerion angustifolium	紫色或淡红色	8~9月	种子繁殖
翠菊	Callistephus chinensis	淡莲青或浅蓝至近白色	8~9月	种子繁殖
兴安升麻	Cimicifuga dahurica	白色	8~9月	种子繁殖
菊芋	Helianthus tuberosus	黄色	8~9月	块茎或种子繁殖

长白山区主要的山野花图片示例见图7-17。

a)

b)

c)

图7-17　长白山区可用于路侧景观美化的山野花示例

a)紫菀；b)野豌豆；c)野火球

④野生花卉景观美化的部位

山林段采用野生花卉美化可以选择在条件适宜的坡面和空地，根据喜阳、喜阴、喜湿特点的不同，可以结合植草喷播种植，也可以单独播种花、草、灌相结合，对野生的花卉品种最好大片播种，方能显示其壮丽景色（图7-18、图7-19）。在品种选择中要注意公路沿线上可以将不同花期的花卉参差间隔种植，这样可以在不同季节开放不同的花卉，延续花卉景观的效果，体现季相的变化，丰富公路沿线景观。

图7-18　路侧大面积山野花景观模式

图7-19　边坡花、灌木景观模式

（6）山林段彩色树种景观美化恢复与再造模式

①彩色树进行路域美化的特点

长白山区的彩色树种类繁多、色彩艳丽，树形优美，季节变化树干、叶色富于变化，如槭树类、山杨、白桦、落叶松等，见表7-2。利用山林整体树干、叶色彩搭配效果增加景观的层次感、立体感和动感，活跃气氛，避免单一的颜色造成的视觉疲劳；同时利用春季和秋季叶色的变化，达到柔化道路工程硬质立面的效果。

②彩色树种的栽培与管理

彩色树种栽培一般是移栽幼树，移栽初期要加强水肥管理，增加成活率，定期修剪。利用种子繁殖时，注意与其他草本植物的比例，草本比例过高会增加植物间的竞争，影响彩色树的生长。

长白山区可用于路域景观美化的彩色树种类一览表　　表 7-2

名　称	拉丁学名	彩色部位	彩色期	繁殖方法
水榆花楸	Sorbus alnifolia	叶红色	秋季	种子繁殖
稠李	Prunus padus L.	叶红色	秋季	种子繁殖
朝鲜柳	Chosenia arbutifolia	小枝及雄花序的苞片红色	冬季	种子或扦插繁殖
漆树	Toxicodendron verniviflua	叶红色	秋季	种子繁殖
色木槭	Acer mono Maxim.	叶红色艳丽	秋季	种子繁殖
青楷槭	Acer tegmentosum Maxim.	叶红色艳丽	秋季	种子繁殖
茶条槭	Acer ginnala Maxim.	叶红色艳丽	秋季	种子繁殖
花楷槭	Acer ukurunduense	叶红色艳丽	秋季	种子繁殖
假色槭	Acer pseudo－sieboldianum	叶红色艳丽	秋季	种子繁殖
白牛槭	Acer mandshuricum Maxim.	叶红色艳丽	秋季	种子繁殖
拧筋槭	Acer triflorum Kom.	叶红色艳丽	秋季	种子繁殖
山杨	Populus davidiana Dode.	幼叶红艳、秋叶金黄	秋季	种子繁殖
大青杨	Populus ussuriensis Kom.	秋叶金黄	秋季	种子或插条繁殖
白桦	Betula platyphylla Suk.	树干洁白素雅、秋叶金黄	秋季	种子繁殖
水曲柳	Fraxinus mandshurica Rupr.	叶红色艳丽	秋季	种子繁殖
胡桃楸	Juglans mandshurica Maxim.	叶红色艳丽	秋季	种子繁殖
黄檗	Phellodendron amurense	叶娇艳金黄	秋季	种子繁殖

③彩色树种的配植方法

彩色树种配植方法有自然式和规则式。自然式配植自然、灵活富于变化，适合于服务区等开阔地的绿化，常用的有孤植、丛植和群植；规则式配植整齐、庄严，适用于道路两旁空地、边坡等，包括队植和列植等。

对于列植的树种，既可单树种列植，也可两种或多种树种混用。孤植可作为景观中心视点或起引导视线的作用，常用于草坪、水面附近、桥头等。孤植树主要表现单株树木的个体美，因而要求植株姿态优美，或树形雄伟、端庄，或树冠开展、线条宜人，或花果美丽、色彩斑斓。

丛植起点缀和陪衬作用，可零星设于路旁、水边、服务区的草坪和广场等以丰富景观色彩和景观层次，活跃气氛。为了延长观赏期，彩叶树丛植应尽量与春夏季观花、秋季观果的花灌木以及常绿树种配合使用。丛植既要考虑树木的个体美，又要考虑群体美，整个树丛要有层次感，高低有序互不遮掩。

群植是为了模拟自然界中的树群景观，主要表现树木的群体美，要求整个树群疏密自然，林冠线和林缘线变化多端，并适当留出林间小块隙地，配合林下灌木和地被植物的应用。群植适合在视野开阔地应用，大多数秋色叶树种均适合群植以形成优美的秋色。同丛植相比，群植更需要考虑树木的群体美、树群中各树种之间的搭配以及树木与环境的关系。

在彩色树种的配植中，除了单一树种的使用外，还有不同叶色秋色叶树种的混植，秋色叶树种与常绿树种的搭配，以及秋色叶树种与秋花、秋果植物的配植。秋季是收获的季节，彩叶树种与秋花、秋果植物配植，不但色彩更加丰富，而且可以进一步表现秋季的绚丽多姿，如图7-20、图 7-21 所示。

秋色叶树种适宜与秋季开花的草本花卉配植成丛，并在树丛下布置耐荫的常绿地被，可产生多层次的景观效果并且可以延长观赏期。如槭树与菊花相配，前者秋叶红艳，后者花朵金黄，色彩自上而下由暗到明而与自然光度相反形成一组亮度对比序列，可布置与常绿林前、公路转弯处、服务区一隅等。

图 7-20　彩叶树景观

图 7-21　拧筋槭

2) 田园景观段生态景观保护与恢复模式

长白山区的田园景观多分布于山谷盆地和半山丘陵区的平缓地带，均为多年前林地或湿地改造而成，土壤条件相对较好，粮食产量高、品质好。在目前一方面坚守 18 亿亩耕地红线不动摇，一方面保护森林资源、退耕还林的政策环境下，长白山区现有的农田资源显得尤为宝贵。因此，田园段公路建设生态景观恢复总体目标为草、灌结合，以低矮灌木林为主的灌木林型，使公路建设协调于田园景观格局之中。

(1) 采用舒缓的公路边坡形式

田园景观段的公路填挖方不大(一般不大于 8m)，且边坡土质多为砂土或碎石土；为一览长白田园景观之美，应使公路边坡尽量舒缓自然，与田园庄稼地自然顺畅衔接，这也是各种景观段应该遵循的原则，舒缓的边坡形式建议如图 7-22 所示。

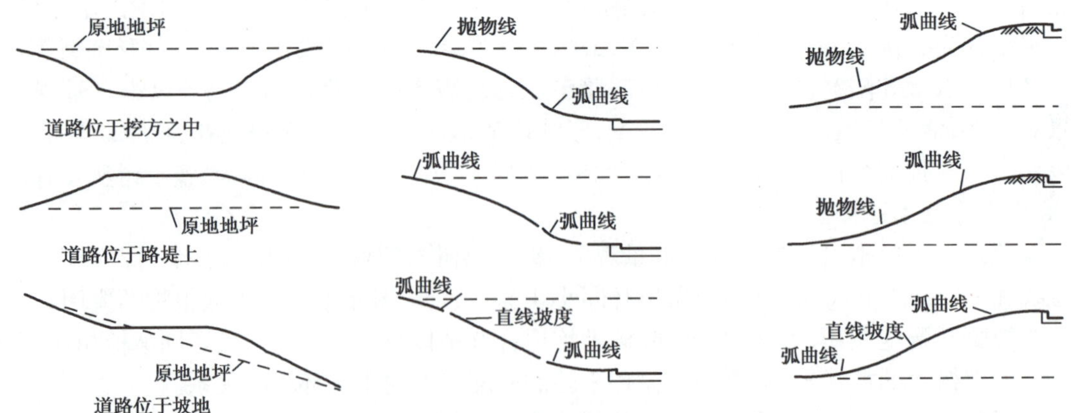

图 7-22　田园段边坡柔化协调处理方式

为使坡面视觉景观舒适，并有利于植被恢复，宜放缓边坡(大于 1:1.5)。建议挖方或填方不大于 3m 的土质边坡，取消护坡道或碎落台的设置，坡脚圆弧化处理，使边坡和排水沟形成一个整体；大于3m的边坡，坡顶、坡脚的折线进行圆弧化倒角，使坡面圆顺过渡。

(2)路侧生态景观恢复模式

田园景观属于一种人工自然，较山林、湿地景观而言，人工气息相对较浓(图7-23)。因此，在路侧植物种类选择上，挖方边坡应以草灌结合，可适当点缀丁香、锦带等人工气息相对较浓的花灌木种类；填方边坡路肩下2m范围内建议植草，边坡下部灌木种类可选择耐旱耐寒的品种(如紫穗槐、胡枝子等)。

图7-23　吉延高速公路敦延段K2～K16段的田园风光段，采用低路基技术，节约了有限的耕地资源，实现了公路线形与自然景观和谐统一，形成了长白山区特有的公路、田园景观

在栽种灌木时，尽量不要大段遮挡侧面农田景观，可以在边沟外零星地种植观赏性乡土乔灌木，可以打破单调的视觉空间。注意地界处种植的乔灌木品种要与农田庄稼相适应，不要栽植高乔木以免遮挡阳光，影响农作物的生长。

3)林间湿地段生态景观保护与恢复模式

湿地是自然界最富生物多样性的生态景观和人类最重要的生存环境之一，是地球表层上由水、土和适生植被相互作用构成，其内部过程为水所控制的自然综合体。湿地包括沼泽、泥炭地、湿草甸、湖泊、河流、河口三角洲、滩涂、水库、池塘、水稻田以及低潮时水深浅于6m的海域地带等，按照这一原则，长白山区林间沼泽湿地就应属于特定林业区域内的以沼泽为主，具有独立特殊功能的生态系统(图7-24)。

长白山区沼泽及沼泽化草甸湿地约为33万hm^2，较大规模的湿地主要分布在几个大型的自然保护区内，具体有：吉林市白山市松花江三湖自然保护区、辉南县龙湾国家自然保护区、柳河县哈尼自然保护区、敦化市大山自然保护区等。另外，规模较小的林间湿地在长白山区内分布较广泛，公路建设中经常会遇到，如果在公路建设中不注意对湿地环境的保护，就会致使林间湿地中的树木枯死(图7-25)，所以在确定路线方案时要尽量绕避或采取相应的保护措施。

图7-24　长白山区林间湿地景观

图7-25　公路建设中不注意对湿地环境的保护，致使部分树木枯死

(1)以桥代路保护湿地

湿地段地表水丰富,地下水位较高,传统的公路建设在湿地段采用了基底换填、填方筑路的方法,将湿地一分为二,阻断或影响了两侧湿地地表水、地下水之间的流通,改变了原有湿地的水文结构,造成公路上游一侧积水,下游一侧缺水;并且,由于公路两侧地下水位的变化,造成原有植被不能适应、甚至死亡的情况。

因此,保持湿地地下水系的连通性,保护湿地景观,高速公路尽量避开林间湿地范围,必须穿越时,应尽可能以桥代路或加大桥梁长度。如果穿越长度过大、造价太高,为不破坏原始透水状态,对基底进行换填处理时,下部应填筑较大粒径的石块、砂砾等透水性材料,并应加密设置横向排水涵洞或小桥,沟通湿地之间的水系,涵养水源保护湿地。

(2)人工湿地生态补偿恢复模式

公路穿过湿地段必将侵占原有湿地面积,而湿地在整个生态系统中的作用是很重要的,其生态服务价值远高于农田生态系统、森林生态系统等(表7-3)。

中国森林生态系统和其他陆地生态系统单位面积年生态服务价值表(单位:元/hm^2) 表7-3

	森林	荒草地	农田	湿地	水体	其他未利用地
气体调节	3 097.0	707.9	442.4	1 592.7	0.0	0.0
气候调节	2389.1	796.4	787.5	15130.9	407.0	0.0
水源涵养	2831.5	707.9	530.9	13715.2	18033.2	26.5
土壤形成与保护	3450.9	1725.5	1291.9	1513.1	8.8	0
废物处理	1159.2	1159.2	1451.2	16086.6	16086.6	17.7
生物多样性保护	2884.6	964.5	628.2	2122.2	2203.3	300.8
食物生产	88.5	265.5	884.9	265.5	88.5	8.8
原材料	2300.6	44.2	88.8	61.9	8.8	0.0
娱乐文化	1132.6	35.4	8.8	4910.9	3840.2	8.8
合计	19334	6406.5	6114.6	55399	40676.4	371.4

这方面发达国家已建立了比较完善的生态补偿的法规,即公路等建设项目占用了森林、湿地等,必须按照一定的比例(通常高于1:1,如1:2)予以恢复,从而保持整个生态系统的稳定。目前,在中国还没有相应的法规,但有些建设项目中也做了一些有益的尝试,如青藏铁路修建过程中,由于占用了湿地面积,他们在附近类似的生态环境中又人造了一块类似的人工湿地以作为生态补偿,这种做法在理念上、实践上都对我国的建设项目环保理念的提升有很大的好处。

因此,在长白山区公路的建设中也应该逐步引入生态补偿的理念,首先可以从比较重要的湿地生态系统的补偿做起,利用互通立交区、取弃土场、桥下空间等空地,建造人工湿地进行生态补偿。

(3)注意保护敏感水体

长白山区的河流水质很好,有很多河流都是国家饮用水源保护水体,属于一级或二级敏感水体。长白山区的公路往往穿越多条敏感水体,如环长白山旅游公路跨越头道白河一级敏感水体,小沙河、秃尾巴河等多条二级敏感水体,吉延高速公路跨越牤牛河、拉法河等多条二级敏感水体。

我国对桥面径流污染的关注起步较晚，近年来，广东渝湛高速公路采用人工湿地法对敏感水体路段的路面径流和桥面径流进行了处理，山西大运路、湖北十漫路采用沉淀池对桥面径流进行了处理。长白山区的吉延高速公路也高度重视敏感水体保护，对沿线跨越敏感水体的桥梁，均增设了桥面径流收集处理系统，将桥面径流集中收集，并采用"碎石接触氧化法"处理后达标排放，所设计的碎石接触氧化池还可以兼做危险品事故泄漏的应急蓄毒池。

（4）其他方面的保护对策

①湿地生态系统是一个不断与周边环境发生响应，并不断演变的生态系统。湿地恢复措施完成后，还需要对恢复湿地进行长期监测和管理，必要时采取补救措施。

②可以采取跨行业合作，联合交通、农业、林业部门等部门参与制定重要敏感湿地的保护和恢复措施。

4）城镇段生态景观保护与恢复模式

城镇段为公路经过城市附近（环城路）和沿途经过的村镇段，由于高等级公路遵循"近镇不进镇"的原则，因此，城镇段公路生态景观应反映附近居民区人文特色，并对重要的自然和人文景观进行保护或突出，增加司乘人员的兴奋点。生态景观恢复总体目标为草、灌结合，引入园林设计理念，多栽种花灌木、野生花卉美化路域环境。

（1）借景、障景的景观恢复与再造技术

村镇的建筑形式是地域文化的集中体现，对于有地域特色的建筑，可利用借景的手法将其纳入到公路视野中，但同时注意公路与建筑的距离，一方面保证建筑的声环境不受污染，另一方面保持公路与建筑之间合适的观赏距离与角度。如吉延高速公路敦延段 K103 左右，可借景具有鲜明朝鲜族风情的传统民居和当地的天主教堂（图 7-26、图 7-27）。

图 7-26　敦延段 K103 右朝鲜族传统民居

图 7-27　敦延段 K103 左特殊建筑景观

对于比较杂乱、没有特色的村落建筑，可通过路侧遮挡种植，乔灌草相结合地栽植，形成一道高低错落、和谐自然的绿色屏障。

（2）充分利用特殊的自然和人文景观

对于城市出口段的公路生态景观恢复可以选用花灌木，在路侧空地和行车注意的弯道坡面等处可以进行园林式景观设计，体现当地风土民风，给公路赋予地域人文景观文化，这一点在景区道路尤为重要。

对于村镇段的构造物，如声屏障、天桥、桥梁、涵洞、互通等构造物，要充分考虑其景观效果。

一方面要在结构设计中借鉴当地建筑的景观元素和手法,力求做到体现乡土文化,贴近自然,与环境相协调;另一方面要尽量采用乡土材料(如木材、火山岩、花岗岩等)进行结构物砌筑或装饰,如采用与林区环境相协调的仿木波形梁护栏和钢木护栏,以形成与环境一致的景观风格。

7.3.3 不同部位生态恢复模式和植物种类配置

总结分析依托工程试验示范工程的特点,结合本区内公路建设和养护中的经验和教训,提出以下适合长白山区公路建设不同部位生态恢复模式和植物种类配置。

1)边坡生态景观恢复技术——线性景观

公路边坡是公路主要的线性景观,尤其挖方边坡更是影响行车视线的主要部位。因此在线性景观中重点对挖方和填方坡面的生态景观恢复技术进行论述,针对长白山区的特点建议有条件的边坡防护尽量采用植物措施,并提出主要技术方案和要求。

(1)挖方路堑坡面

①边坡坡率灵活自然:根据生态恢复和景观要求,挖方土质坡面的断面形式要尽可能地舒缓自然,与周边地貌景观和谐过渡。岩石边坡根据风化程度和稳定情况的不同采取不同的坡率。施工中做好动态设计,根据开挖后边坡的地质情况,及时、灵活调整边坡坡度和防护形式,使边坡坡率灵活自然、因地制宜、顺势而为,尽量减少人工痕迹。

②碎石土、夹砂土路堑坡面:此类边坡表面含有一定程度的土壤,可以为植物生长提供一部分养分,对于土质条件较好的碎石土、夹砂土坡面来说,可以采用人工栽植乡土灌木,适当配合植草来恢复坡面生态。对于土质条件较差的碎石土、夹砂土坡面来说,需要进行一定程度的土壤改良,例如覆盖表土、或者实行客土喷播等,以利于植物发芽生长,快速恢复生态景观,提高建植效率。

植物种类配置:土质含量较大的坡面采用人工栽植紫穗槐、胡枝子、丁香、火炬树、沙棘等灌木。土质成分含量较少且硬度较大时,建议采用框格防护防冲刷,表面覆盖表土层,并适当播撒以上灌木和草本种子,促进坡面植被生态的恢复。

③全风化岩、砂土坡面:此类坡面几乎不具备植物生长所需的土壤条件,而且岩石风化物易受雨水侵蚀形成冲沟,进而影响整个坡体稳定。因而建议对此类坡面,特别是对于坡度较缓的全风化岩、砂土边坡,应该首先在坡面实施圬工框格防护工程(坡高大于3~5m),然后再往框格内回填表土,种植适合的乡土草、灌木,防止坡面进一步水土流失,美化路容路貌。对于相对较陡的全风化岩、砂土边坡,可以采用"机械喷播"技术,例如"普通喷播"、"客土喷播"、"有机质喷播"或"离子型双层喷附+保育块技术"等,进行坡面人工植被建植,实现快速生态景观恢复。

植物种类配置:覆盖表土层,人工种植紫穗槐、胡枝子、丁香、火炬树、沙棘等灌木或景天类地被植物。机械喷播采用的灌木种类同上,草本和花卉植物种类可采用表4-15、表4-16中所列种类。

④强风化岩质坡面:强风化岩石坡面在自然侵蚀作用下,裸露的坡面岩石风化碎落现象比较严重,在长白山区此类岩性坡面一般在坡体内部存在渗水(俗称涳山水),如果采用圬工体防护,冬季易产生冻胀破坏,因此建议对坡面主要采用植物防护,既能防止进一步的风化和冲刷,又能起到恢复植物生态的作用。首先要对风化岩质坡面进行清理,去掉浮石和碎石,充填凹陷或坑穴,锚挂金属防护网,然后采取有机质喷射或"离子型双层喷附+保育块技术"进行

快速植被恢复，构建乔灌草植被群落。为防止风化落石危及行车安全和进一步发展的滑塌现象，此类坡面不建议采用裸坡形式。

植物种类配置：机械喷播中掺配的植物种类有紫穗槐、胡枝子、榆树、白桦、刺槐和各种草本植物（紫花苜蓿、三叶草、羊草、无芒雀麦、紫羊茅等），同时可以混播适当比例的当地草本花卉。保育块移栽的灌木种类有：胡枝子、山杏、榆树、榆叶梅等。

⑤弱风化岩质坡面：如果坡面较陡，岩石存在碎落情况，且坡高大于5～8m时，建议首先进行柔性钢绳网防护，然后进行普通喷播尽快恢复坡面植物生态系统，这样可以兼顾生态景观和坡体安全的要求（图7-28）；如果坡面状况较稳定，且具有一定观赏性，经现场评价，可以采用裸坡的形式，在运行期要注意对坡面落石安全的监控。

图7-28　“营白线”岩石坡面柔性钢绳网防护6年后生态恢复效果（未采取人工辅助措施）

（2）填方路堤坡面

①边坡坡率灵活自然：要求与路堑边坡相同。

②坡面生态景观恢复：一般情况下填方路堤不在行车视野内，因此坡面生态恢复不用过多考虑景观上的需求（特殊路段如互通区匝道、城镇段除外），建议坡面采用草灌结合，防止初期雨水冲刷，以自然植物侵入恢复生态为主。如果附近有景观点（湖泊、水库、景区等），路肩下2m范围内不宜种植灌木，宜植草保证视野开阔。

（3）坡面生态恢复植物选择

由于填方路堤基本不具有行车景观要求，因此，生态恢复植物种类主要考虑选择耐贫瘠、耐寒旱等抗逆性较强的本地化种类，避免采用造价较高的、且不易成活的花灌木，同时要注意对公路阴、阳坡面植物种类选择。生态恢复方案设计时要对现场进行详细调查，并咨询生态恢复方面的技术专家，制订准确的生态恢复目标和技术方法。

植物种类配置：栽种紫穗槐、胡枝子、刺槐、沙棘和草本植物（紫花苜蓿、三叶草、羊草、无芒雀麦、紫羊茅等）。

2）沿线构造物等圬工体生态景观柔化再造技术

从保护自然生态和视觉美观的要求，公路建设中最好少用或不用砌石圬工防护体，可是为了工程结构稳定的需要，有时又必须采用硬性防护体结构，因此要对形成的圬工防护体进行适当的柔化处理，以达到周边景观和谐统一的目标。

（1）圬工防护体表面的景观柔化

①乔、灌木对公路构造物的景观柔化

乔、灌木对公路构造物的柔化主要是靠遮蔽种植的方法，如在挡墙前、端头位置栽植乔、灌木，也可在墙脚、墙身、墙顶等处的种植槽、种植穴内进行种植绿化，这样可以起到遮挡、柔化圬工构造物表面的作用，减轻行车视觉污染。

植物种类配置：主要的乔灌木品种一般情况下应选择适合当地生长的树种，如：蒙古栎、山杨、白桦、色木槭、茶条槭、刺槐、松树、胡枝子、丁香、珍珠梅、蔷薇、锦带、忍冬等，尤其花灌木的栽植对构造物的柔化效果更好。树种介绍详见第 4 章乡土树种筛选（表 4-13 ~ 表 4-16）。

栽植方式推荐采用自然式的栽植，指不等间距、形状尺寸符合要求的乔灌木的混种随机栽植。通过随机栽植，使路侧环境与周边自然景观相协调，尤其是花灌木与彩色树木高低错落搭配种植产生自然化景观，能够很好地构建优美的路域环境。

②攀援植物对公路构造物表面的柔化

攀援匍匐植物是垂直绿化或立体绿化的基础材料，它对公路圬工构造物可以起到立体绿化、改善景观的作用。

攀援植物的种类配置

a. 缠绕类攀援植物：如紫藤、牵牛花等；

b. 卷须类攀援植物：如葡萄、香豌豆等；

c. 吸附类攀援植物：如地锦、爬山虎、扶芳藤等；

d. 蔓生类攀援植物：如木香、野蔷薇等。

不同攀援植物种类的搭配要考虑攀援植物攀援能力的强弱、观赏特性的不同，以及被绿化物与植物材料的色彩、形态、质感的协调。同时还要考虑到单一种类观赏特性的缺陷，在垂直绿化中，应当尽可能利用不同种类之间的搭配以延长观赏期。

（2）隧道洞口生态景观恢复与再造技术

隧道洞口是整个隧道主要外露的部分，与自然环境紧密相连，对周边的总体环境有一种符号和象征的意义。作为隧道的标志，其艺术性、美观性和合理性将直接影响人们对整个隧道工程的评价。因此公路隧道洞口景观建设是整个隧道景观建设的重要部分。

①设计理念：隧道洞口生态景观恢复要与周围景观协调一致，减少对山体植被的破坏，以绿色植物覆盖为主，实现简洁明快的景观建造；重要的隧道入口可以结合当地人文景观设置必要的观赏景点，给人一种标志性、主题性记忆。

②生态景观恢复技术的选择：一般在隧道进出口两侧栽植常绿乔木，增加行车对光线明暗变化的适应，同时在一定长度内自然式栽植乔、灌木，地表建造地被草、花自然景观；如果洞口山体植被破坏严重，建议采用厚层基材喷附或“离子型双层喷播 + 保育块技术”进行快速林木景观恢复，与周边植被环境融为一体；对圬工挡墙表面可以种植攀援植物（如地锦等）进行遮挡绿化。植物选择以本地乡土种为主，树种介绍详见第 4 章乡土树种筛选。

③人文景观、美观大方：对于重要的景区隧道洞口可以适当增加人工修饰景观，采用景观石、洞口浮雕或其他人文景观，增加长白山区交通、旅游的文化内涵。

3）互通立交区、服务区生态景观恢复技术

（1）互通立交区

互通立交区景观是高等级公路整体结构中的节点，也是景观构成的重要区域，直接影响道路景观的总体印象。从景观角度看,它是公路景观设计中场地最大、立地条件最好、景观设计可塑性最强的部位。在考虑经济性同时,还需考虑道路给司乘人员以及沿线居民在心理上带来的舒适感和安全感。立交区生态景观恢复设计遵循的原则:

①安全性原则。首先应满足交通安全,景观设计应是更好地服务于交通功能。在栽植设计时注意行车视线诱导及通透,在行车路线外侧栽植诱导树,起到诱导车辆的作用,在合流的区域栽植低矮灌木或植草坪来保证行车视线的通透,提高交通安全性。

②自然性原则。要充分考虑互通立交与自然环境的协调关系,尽可能使之与大自然相融合。采用各景观段的特色树种作为互通立交的基调树种,乔、灌、草相结合栽植,如果周边自然景观开阔,就选用疏林草地的栽植形式,如果周边为山林景观,就要以栽植乔灌木为主,达到与自然景观相协调。

③舒适性原则。通过景观设计产生对称、平衡、比例、韵律、动势等效果,达到行车视觉感受和行车心理的舒适、愉快。

④突出文化、强调个性。在进行互通立交绿地规划设计中要充分把握不同的景观个性,根据当地独一无二的地域特点,创造出具有地方特色、乡土风味的景观。在设计之初仔细考察研究途经各地的文化特征、历史文脉,并将这种文化通过雕塑、植物组图、小品等方法表达给过路人,在不同的地方考虑设置的体量,突出要传达的文化信息。

(2)服务区

高速公路服务区是高速公路司乘人员餐饮、休息、购物、娱乐和车辆维修的场所。世界上的一些发达国家很重视高速公路服务设施的配套建设,全方面地为远距离的司乘人员提供良好的服务,以保证高速公路的安全、快速、舒适和效益。

①体现地域特色:在景观设计上将服务区作为公路的标志性建筑来建设,力求独一无二,吸引人们的视线,使人难以忘怀。在进行服务区选址时,首先考虑的是与周围景观的联系,根据周边的景观特点设计服务区的风格。单体建筑设计强调建筑风格与自然环境相融合,表现出地域民族文化风貌的设计理念。配合周围环境的绿化设计,增强服务区的吸引力。并考虑地方餐饮特色,使服务区成为休息、饮食的好场所。

②不同服务区各具特色:以往服务区只是简单的以桩号划定,各服务区规划、规模甚至建筑式样都完全相同,长白山区公路应深入挖掘地域特色和场地特征,努力营造各具特色的服务区。如吉延高速公路的六个服务区就各具特色,尤其是蛟河服务区引入了活鱼村、延吉服务区营建了民族风情园,这种因地制宜的做法开启了长白山区高速公路服务区建设的新思路。

③注意与主线的分隔:服务区与高速公路主线距离太近会互相干扰,一方面服务区内休息的人群受到主线上行车的噪声影响,另一方面也不利于行车安全。长白山区公路的服务区建设应尽量营造安静的空间,设置较宽的绿化带(有条件可以建到更远处),并栽植高大乔木和多层次的灌木。通过合理利用自然地形或利用弃土人工设计微地形的手段使服务区于主路之间隔离开来,利用线形自由灵活的减速、加速车道将服务区与主路连接,闹中求静、营造服务区优美的景观环境,充分体现具有旅游性质的长白山区高速公路的特色。

④突出服务区的园林式休闲功能:在传统的服务区规划建设中,服务区定位就是供旅

客加油、临时休息的场所，因而环境都比较差，人们都不愿长时间停留。长白山区公路服务区应对周围的场地进行较好的绿化设计（尤其靠近旅游区的公路），将乔、灌、花、草有机的结合在一起，构成丰富多彩的四季景观，使之成为公路的一个亮点。绿地内可设计步行道或小型休息广场，供人休息观景，休憩场所周围设计沿途景观介绍牌，丰富行人旅游知识，体现特色。如：吉延高速公路服务区多采用植物造景，局部设园路、小广场，方便游客游览，同时采用乡土、抗污染、净化尾气的树种，减少服务区内的污染，为游客营造良好的休闲环境。

(3)植物种类配置

由于互通区与服务场区都属于公路沿线的景观重点点位，植物生长的条件相对较公路沿线两侧要优越，因此景观美化设计应该突出地方特色，各具特点，植物种类配置方面应该符合景观设计的要求，但也不要追求高档化，既要美观，又要容易成活。

分析互通区与服务场区的功能，互通区范围主线车辆基本不减速，匝道上车辆仅是慢速通过，因此，景观设计不必过于精细，主要以反映地方特色、与主线稍有差别即可，该范围植物种类可选择：蒙古栎、白桦、茶条槭、山杏、云杉、垂柳、旱柳等乔木，紫丁香、小叶丁香、女贞、连翘、榆叶梅、红刺梅、黄刺梅、红瑞木、四季锦带等灌木，大金鸡菊、红景天、荷兰菊、黑心菊、马蔺、紫花苜蓿、三叶草、羊草等花草地被植物。而服务场区车辆需要停留、人员需要休息，要求周边环境舒适美观，对植物的后期养护也比较方便，因此可以采用一些景观树种，部分场地可以适当地进行园林化设计，植物种类的配置在互通区基础上增加樟子松、大青杨、京桃、五角枫等乔木，珍珠绣线菊、东北珍珠梅等花灌木，玉簪、早熟禾、冰草、多变小冠花、紫羊茅等花草地被植物。

4)取、弃土场生态恢复对策

公路取土场在取土的过程中破坏了原有地表的自然坡度，形成了裸露坡面，对原自然生态环境破坏极大，降低了原有植被的水土保持功能；弃土场为松散堆积体，容易污染当地环境，若不采取适当的防护措施，容易造成新的水土流失。因此对取、弃土场进行适当的生态景观恢复十分必要。具体恢复对策如下：

(1)取土场生态景观恢复重点是坡面，首先要求坡面坡率不要大于1:1，尤其山林荒地段能缓则缓，其次是坡面开挖的不要很平整，可以使坡面呈现凸凹（尤其是岩质坡面），这些可以为将来的恢复创造有利条件。

(2)由于取土场坡面均为经过扰动的生土质坡面，植物生长所需养分极少，因此生态恢复应选择具备较强的环境适应性、耐贫瘠等抗逆性强、成活率高的植物品种，可以参见第4章的长白山区公路建设生态恢复植物品种表。

(3)取、弃土场的生态景观恢复措施可参考边坡坡面的恢复技术对策，对于路侧不可视土场重点是防止水土流失、恢复自然植被，以人工辅助和自然恢复相结合的方式达到防止水土流失的目的；对于可视范围的取、弃土场还应考虑景观方面的要求，尽量栽植乔、灌木遮蔽不良景观。

(4)山林、荒地段的土场恢复目标要与周边环境一致，首先要创建坡面生态恢复条件—表面铺覆原表土层，以自然恢复为主。如表土层数量不足，生态恢复植物要乔、灌、草结合，特殊时还可以采用普通喷播或厚层客土喷播技术快速恢复坡面生态系统。

(5)农田段土场恢复目标是复垦还田,注意对原来表土层的利用。条件不具备时,可以先恢复为草、灌林地,再逐步恢复为农田。对于重要的景区附近公路,可以因地制宜地利用取弃土场建设为休息区、景点等,生态景观设计时加入园林景观设计手法。

图7-29为2008年建成通车的长白山区高速公路弃土场生态恢复案例。

图7-29 弃土场自然绿化形式

注:将其土场表面采用圆弧线条,普通喷播形成乔灌草植被,路侧栽植乔木遮挡行车视线。该图是当年恢复效果,随着生态恢复的进行效果会不断改善。

植物种类配置:对于公路行车可视的路侧取弃土场,要考虑适当遮挡,使得暂时无法尽快恢复植物生态的取弃土场表面隔离在行车视线之外,后期景观恢复要尽量与周边景观融为一体,植物可选择:杨树、旱柳、垂柳、榆树、刺槐、沙棘、胡枝子、紫穗槐等用于迎路侧面栽植,取弃土场表面可以采用栽植杨树、刺槐、沙棘、胡枝子、紫穗槐等乔灌木,挖方坡面可喷播植物种子,并配合栽植地锦护坡;对于行车不可视的土场,主要考虑防止水土流失的要求进行配置植物种类,尽量满足将来植物生态恢复的目标,植物种类可选择:坡面可喷播植物种子,并配合栽植地锦护坡,间插栽植杨树、刺槐、沙棘、胡枝子、紫穗槐等乔灌木。

第8章　生态景观恢复工程效益分析

公路建设生态景观的恢复是对原有生态系统原貌和原功能的再现，与圬工防护体对比，自然生态的恢复具有较长的生命力、较大经济效益，也是人性化的具体体现。

本研究重点对公路建设形成的坡面生态防护工程和组合式柔性边沟的直接经济效益进行了计算分析。主要内容包括：①直接经济效益分析：与其他防护形式经济造价对比分析。②间接经济效益分析：减少后期养护维修工程费用效益；减少视觉污染，增加环境亲和力，提高运营效益；行车侧向的柔性防护和柔性排水边沟的安全环保作用，保证行车安全，减少交通事故率带来的效益。③社会效益分析：公路与自然和谐统一，公路整体服务水平提高，人们对公路的满意率较高，利用率较高，社会效益显著；较少因后期养护维修而中断交通的次数，保证交通畅洁，带来社会效益。④生态环保效益分析："安全路、生态路、景观路"的建设促进了吉林生态省建设，拉动了区域经济的可持续发展；采用生态型防护体系有利于被干扰的生态系统的尽快恢复，保护了动植物生存环境；降低了车辆尾气和行驶噪声的污染，生态效益显著。

8.1　直接经济效益分析

8.1.1　全风化砂边坡生态防护经济效益分析

"吉延"高速公路沿线有很多全风化岩砂质挖方边坡，坡高大于8m，边坡表面基本不含植物生长所需的土壤养分，这种边坡如果不进行防护，施工期和运营期将会发生严重的水力和冻融侵蚀破坏，加剧水土流失，严重时还会产生边坡滑坍，影响行车畅通、增加养护费用。

初期设计时采用片石护面墙防护，工程造价45～50元/m^2，经过深入研究，结合对已有实验路段的考察分析，为避免风化侵蚀的加剧，美化沿线路容景观，在全线"绿化景观完善设计"中采用普通喷播和抗旱的景天类植物防护此类特殊边坡，其中在全风化花岗岩砂坡面推广普通喷播护坡约15万m^2，工程造价20～30元/m^2；推广景天类植物护坡约15 000m^2，工程造价5～9元/m^2，可产生直接经济效益约624万元。

8.1.2　机械喷播坡面生态恢复工程经济效益分析

普通的客土喷播（又称"喷混植生"）技术在国内外已有推广应用，但是还存在很多问题，尤其在我国寒冷的北方还没有在公路中大面积应用。项目组针对依托工程沿线强风化岩质挖方坡面防护的难题，会同建设单位、设计代表不断深入工地，多次召开研讨会共同研究解决措施，拟定了在部分路段的风化岩质挖方坡面和隧道口开挖坡面采用厚层基材（厚度大于5cm的基材加上客土喷播）恢复生态的技术方案，作为推广示范段，为今后类似工程起到示范效果。整个推广示范工程约5万m^2，工程造价50～70元/m^2。

同时课题组还针对寒冷地区的特点，根据生态学原理模拟自然界土壤结构特点，模拟自然界土壤结构体系，开发研究了“离子型双层喷附（客土层＋有机质层）”＋保育块移栽集成创新技术，并在依托工程中进行了 1 000m^2 的现场试验，工程造价 90～100 元/m^2。

对比原设计的窗式拱砌石挡墙 180～200 元/m^2，推广路段节约工程造价约 650 万元。可见采用适宜的防护形式的经济效益非常显著。

8.1.3　组合式柔性边沟工程经济效益分析

（1）浆砌片石边沟成本分析

在施工过程中，因地区、运费、人工等不确定因素，浆砌石边沟的成本相差较大。但从已有工程调查了解到的工程费用清单中分析，施工单位从业主处分包价格每延米一般在 160～190 元之间（设计预算约 220 元/m^3 左右），换算成每延米大约 175 元。每延米的边沟工程量大约需要：Mu15 片石 1.02m^3，砂砾 0.36m^3，挖基土方 1.46m^3。

（2）组合式柔性边沟成本分析

组合式柔性边沟成本分析表　　表 8-1

项　　目	单位价格（元）	每米成本（元）	说　　明
PE 再生料	7 000 元/t	94.36	按 4mm 厚，每米质量为 13.48kg，再生料
能源消耗＋人工＋添加剂	1.5 元/kg 原料	20.22	经验
厂房	4 000 000	1.6	回收期 20 年，根据建设规模估算
设备费用	4 695 400	3.76	按 10 年折旧，详见设备投入表
试验室建设	7 万	0.06	按 10 年分摊
其他成本		10.00	管理、运输及其他不可预见成本
运输安装费		2.00	经验
生产税		9.35	按售价每延为约 140 元估算
合计		141.35	已含税金

从造价分析表中可以看出，组合式柔性排水边沟考虑全生产成本造价上还是低于浆砌边沟的价格，在同等人工费和工期情况下，安装和运输费用换算到每延米后同样比浆砌边沟便宜。即通过比较，每延米两者的差价约为 25 元左右。如果考虑到后期维修、维护费用，浆砌边沟平均维护周期 2～3 年，而柔性边沟在设计使用寿命（15 年）内基本无需维护，从综合使用成本上看，组合式排水边沟的长远经济性能更加突出。

经初步测算，组合式柔性排水边沟代替浆砌石边沟可节约综合成本 50%，每公里可产生综合效益约 8.75 万元，每百公里为 875 万元，如果再计入提高行车安全性和减少砂石水泥等原材料的使用和污染的费用，其综合效益将非常显著。

8.2　间接经济效益分析

8.2.1　减少后期圬工体养护维修费用

在季冻区，使用浆砌块片石的防护、排水工程容易发生冻融和冻胀破坏，后期维修养护费用较高。据调查，吉林省运营高速公路的圬工排水、防护工程 5 ~ 8 年需要大修一次，护面墙工程造价约 50 元/m^2，而且建设初期每年春季养护维修费用需要约 100 ~ 500 万元/年/百 km（例如延图高速 2007 年防护、水毁工程维护费用约 480 万元）。如采用正确合理的生态型防护体系，据测算每年百公里高速公路维护费用可降约 200 万元，产生较大的间接经济效益。

8.2.2 提高行车安全，减少交通事故损失

营造优美的沿路景观，增加视觉兴奋度，防止司机驾驶疲劳，可以提高行车安全性。同时在路侧多采用柔性的植物防护结构体和生态型排水边沟，可以降低车辆失控产生的撞击力，最大限度地降低交通事故率和事故的损失额度。因此，以人为本的生态型公路的建设会提高交通安全性能，减少交通事故，降低损失费用，带来综合经济效益。

8.2.3 美化路容路貌，带来经济效益

由于采取了有效的植物美化建植技术，使得沿线景观特色更加突出，公路使用者的满意度提高，吸引了更多的人们前来观光旅游，人们驻留的时间更长，增加了公路收费、服务区的餐饮、食品、纪念品等方面的间接效益，同时也是对地区特色的一种宣传，间接拉动了区域经济的发展。

8.3 环境、社会效益分析

长白山区公路建设生态景观恢复综合技术的应用将产生多方面的环境效应，因而带来巨大的难以估量的环境和社会效益。

8.3.1 加快自然生态系统的恢复

对公路开挖坡面采用快速生态恢复技术覆盖，可以有效地控制水土流失现象，加快自然生态系统的恢复。设计合理的机械客土喷播和采用仿生原理建造的双层喷附植被系统，能够加快条件恶劣坡面生态体系的恢复，避免了由于坡面风化进程的加剧而带来的经济损失。同时，破坏的生态环境得以复原，也有利于保护当地动、植物生存环境，维护生态系统的平衡，产生生态效益。

8.3.2 生态型防护降低行车噪声

有研究表明公路防噪声林带的声衰减量可达到 10 ~ 15dB，低分枝的灌木和乔木有更好的降噪效果。路堑边坡表面采用植物防护可以有效地吸收行车噪声，圬工防护体表面采用植物遮挡柔化，可以使行车噪声反射方向改变，呈漫反射状态减弱噪声强度。因此，适当的防噪声林带和生态型防护体系可有效地降低行车产生的噪声，给沿途居民、野生动物创造一个相对安静的环境，有利于生态系统的整体恢复。

8.3.3 植物防护体系净化环境效益

林草植被是自然界的防疫员，其具有吸收污染物、阻滞粉尘、杀除细菌、降低噪声及释放负离子等净化环境的功效。

（1）林草对二氧化硫的吸收：据国家环境保护总局南京科学研究所的研究数据，森林对二

氧化硫的吸收能力为：针叶林、柏林、杉类为 215.6kg/hm^2，阔叶林为 88.65kg/hm^2。另据我国环境科学研究所生态所的测量资料，树木吸收二氧化硫的能力平均为 120.8kg/hm^2。根据《中国生物多样性国情研究报告》，我国每削减 100t 二氧化硫的治理费用为 6 万元（二氧化硫的治理费用为 0.6 元/kg）。即每公顷林木植被可吸收二氧化硫产生的效益 72 元。

（2）林草对氮氧化物的吸收：据韩国科学技术处的测定，每公顷森林的氮氧化物吸收量为 6.0kg。林草吸收的氮氧化物的价值，采用中国大气污染物排放收费标准的筹资型标准的平均值为 8.34 元/kg，即每公顷林草吸收的氮氧化物产生效益 50.04 元。

（3）林草植被吸收二氧化碳制造氧气的效益：植被的固碳供氧功能对于全球气候和生态平衡都具有重要的意义。有关资料表明，每得到 1g 植物干物质，需要 1.62g 二氧化碳，同时释放 1.2g 氧气。在此过程中，植物还将太阳能转化为化学能存在碳水化合物中。据专业人员测定，落叶林每年释放氧气 13.6t/hm^2，针叶林每年释放氧气 30t/hm^2，而草原的释放量约为森林的 20% ~50%。有研究根据我国近年来的造林成本，推算出我国森林生产氧气的成本为 367.7元/t。即每公顷林草吸收二氧化碳制造氧气的平均效益为 8 015 元。

8.3.4　促进生态省建设带来社会效益

建设“生态路、景观路、安全路”，对促进吉林生态省建设起到重要作用。按照《吉林省生态省建设总体规划纲要》的总目标要求，吉林省力争通过 30 年的努力奋斗，到 2030 年把吉林省建设成为经济比较发达、社会文明、生态环境优良，资源永续利用的生态强省，实现绿色产品生产、加工、销售、消费与生态环境承载力之间的高功能平衡，生态复合系统保持良性循环。生态省建设的核心是可持续发展，通过生态环保型效益经济这一全新的发展模式，围绕提高经济效益，把经济建设与生态环境建设融合起来，依靠优良生态环境取得经济发展优势，依靠经济发展为生态环境改善提供保障和支持，将生态环境的巨大经济价值转化为较高的经济效益。生态省建设将全省划分为 4 个区，即东部长白山原始森林生态区、东中部低山丘陵次生植被生态区、中部松辽平原生态区、西部草原湿地生态区。其中东部长白山区将森林资源、水资源的保护与旅游、健康产业开发有机地结合起来，建立可持续发展的生态环保型的效益经济体系。

8.3.5　保护东北地区的生态屏障带来环境效应

纵贯东三省的长白山区，由于其特殊的地理位置，自然资源十分丰富，林地面积达到 755 万 hm（占全国的 5%），具有调节内地气候环境的作用，又是松花江、图们江和鸭绿江三江之源，是东北地区广大人民生产、生活用水来源，可以说长白林海是东北地区天然的生态屏障，其生态意义重大！

为了加快区域经济的发展，完善国、省路网的布局，到 2030 年吉林省在长白山区规划高速公路 2 000 多公里，因此，建设科学合理的生态型公路，减少施工期间对自然环境的破坏和污染，做好破损坡面的生态化恢复，减少水土流失，保护当地水资源不受污染，促进区域经济的快速发展，带来巨大的综合生态效益。

由以上效益分析可见，采用科学合理的路域生态景观恢复技术具有一系列巨大的综合效益，可以提高公路综合服务水平，促进区域经济的可持续发展。

第9章 主要结论与创新

9.1 主要结论

通过项目组全体人员的精心研究，全面调查掌握了长白山区地质、地貌、气候、土壤和植物的特征，分析了当地特有的自然景观和人文景观要素，并进行了公路建设生态影响和恢复区划分类。通过对长白山区植物物种的系统调查，并结合植物的抗逆性试验分析，筛选出一批适合该区公路生态景观恢复的乔灌草植物品种。针对寒冷山区公路建设生态恢复存在的技术难点，课题组研发了恶劣条件下公路挖方坡面快速生态恢复新技术，提出了生态恢复工程验收评定标准。最后，总结了长白山区公路建设景观设计的理念和设计方法，提出了分区域、分路段类型、分部位公路建设生态景观恢复模式，为今后该区域公路生态景观恢复工作奠定了基础。主要研究成果和结论如下：

(1)全面梳理总结了长白山区生态环境、自然和人文景观等基本特征

①分析了吉林省长白山区特有的自然景观和人文景观资源，指出长白山区保存完好的温带森林景观和生物多样性在世界上都是绝无仅有的特色；该区拥有三张旅游王牌：即长白山天池、吉林雾凇、高句丽遗址，以及四个特色旅游区：即吉林雾凇和"三湖"生态旅游区、通化高句丽和龙湾生态旅游区、延边民族和边境生态旅游区、白山红色生态旅游区。这些自然景观和人文景观都是该区公路生态、景观设计中应重点考虑的景观元素。

②长白山区植物种类丰富、地理成分复杂，但优势科属现象明显，具有海拔垂直分带性，由于历史原因，受人类活动干扰较少，体现出植物区系的古老性特点，区内经济动、植物资源十分丰富，具有重大的潜在开发利用价值。

(2)分析提出了长白山区公路建设的生态影响和遇到的生态问题

该区公路建设的生态影响和将要遇到的主要生态问题有：进一步加剧了水土流失，尤其施工期间对水土流失产生的严重污染；对长白山特有的温带自然景观和生物连续性的影响；对当地珍稀动、植物生活习性和栖息地的影响；对关系当地生态系统的范围广大的自然保护区（包括林间湿地）的影响；对东北地区主要生态屏障和水源地的影响。

(3)提出了长白山区公路建设生态影响和植被恢复区划的整套技术

①提出针对长白山区的公路建设生态影响和植被恢复区划目标、原则、等级系统和划分依据，在公路环境地理信息系统（GIS 和 RS）技术的支持下，对长白山区各种自然地理、生态环境信息进行网格化处理，将研究区以六角形进行等面积区分，选取研究区总面积的1%作为六角形的基本单元（约为12km^2），采用空间格局分析、各因素指标叠加分析、专家集成分析等定量与定性相结合的方法，综合运用"自上而下"和"自下而上"的技术策略进行区划并划分界线。各区边界既考虑公路建设对生态的影响，又考虑生态恢复的难度，同时又结合山脉走向、河流

流域和行政界线等因素。

②根据长白山区侵蚀动力和生态敏感程度的差异，将长白山区分为两个地貌侵蚀动力一级区和七个生态敏感二级区，即

Ⅰ长白山中高山丘陵强侵蚀动力大区

ⅠA 长白山主体生态高敏感区

ⅠB 通化—临江生态较高敏感区

Ⅱ吉林—柳河—延边低山丘陵弱侵蚀动力大区

ⅡC 永吉—柳河生态低敏感区

ⅡD 吉林—靖宇生态较高敏感区

ⅡE 舒兰北部—敦化生态较低敏感区

ⅡF 和龙—汪清生态中度敏感区

ⅡG 珲春生态高敏感区

③对各区分别论述了其主要生态环境特征、公路建设潜在生态影响、植被恢复模式、恢复难易程度和生态保护措施建议。建议长白山中高山丘陵强侵蚀动力大区采用以自然恢复为主（或者是人工辅助促进自然恢复）的植被恢复模式，吉林—柳河—延边低山丘陵弱侵蚀动力大区采用以人工辅助恢复植物生态为主的植被恢复模式。

(4)通过对该区植物区系生态特征和路域环境下的植物抗逆性试验对比分析，筛选出了一批适合该地区公路生态、景观恢复的植物种类

①对长白山区植物区系的特征进行了全面的分析研究，发现该区域的植被具有明显海拔垂直分布的特点，植物种类比较丰富，优势科、属现象明显，含有大量古老的科属，并保存了许多残遗植物，进一步证明该区生态系统的完整性和延续性。区内种子植物共计 92 科，占东北植物区总科数的 79.31%。属数 321 属，占东北植物区总属数的 55.83%，种数为 589 种，占东北植物区总种数的 33.16%；种数在 5 种以上的 17 个属的总种数达到 120 种，占总种数的 20.37%，而其属数仅占本区系总属数的 5.296%；区内起源古老的属比较丰富，在中生代和新生代就已出现的松属（Pinus）、胡桃属（Juglans）、五味子属（Schisandra）等 17 属在长白山均有分布，可见公路建设环境保护的重要性。

②长白山野生植物资源极为丰富，开发利用的潜能较大。尤其在分布广泛的自然保护区附近的公路建设中应充分利用本土物种，一方面可以保证恢复后的生态能够最大限度的接近原有自然环境，另一方面也可减少物种入侵及扩散的威胁。

③通过对长白山区植物物种的系统调查，并结合重点植物的抗逆性（耐旱、耐寒性）试验分析，同时考虑实际工程应用效果，优选出适合该区公路建设生态景观恢复的乔灌草植物 50 余种，并分别对其生物学特性进行了分析描述，有利于设计、施工借鉴使用。

(5)开发了寒冷山区恶劣条件下生态恢复新技术

①通过对依托工程沿线生态恢复立地条件和沿线自然景观特色的调查分析，结合典型土壤类型的理化性质测定与分析，从路线所处的地貌、地质、气象、土壤和植被等方面综合分析生态恢复的目标和立地条件，为公路沿线生态景观恢复的乡土植物选育和采用人工辅助、自然恢复的技术方案恢复恶劣条件下边坡生态系统打下了基础。

②针对沿线生态景观恢复的难点和重点——寒冷、强风化、碎落岩质坡面的生态恢复，根

据生态学原理模拟自然土壤的结构特征，开发研究了"离子型双层喷附+保育块苗移栽"技术，即，使用无机稳定料代替传统高分子黏合剂、实施客土+有机质双层喷附模拟自然土壤结构、采用保育块方法培育乔灌木幼苗移栽到坡面，构建一个恢复乔灌草植物群落的集成创新型生态恢复技术系统，并对其作用原理进行了深入地解析，经过依托工程3年的试验应用和植被恢复效果监测分析，证明该技术所构建的人工土壤层稳定可靠，经受住了3年的雨水和冻融侵蚀作用，人工植被层生长茂密、边坡生态环境得以显著改善，正在逐渐向自然生态系统演替。

③结合试验研究成果，配合依托工程的"生态景观完善设计"，将长白山区公路生态恢复的理念和方法在全线进行了试验示范推广应用，具体成果为：全风化岩质坡面窗式护面墙内景天类生态、景观恢复15 000m^2，强风化岩质坡面试验推广厚层客土喷播50 000m^2，普通喷播150 000m^2，互通立交区4处约60 000m^2，服务区3处约25 000m^2。

④经研究发现长白山区植物种类复杂多样，奇花异草繁多，具有种类多样性和古老性，从早春到晚秋，野生花卉无论从个体，还是群体，在不同的时间、地点、环境中都表现出不同风格的景观效果，野生花卉资源十分丰富。经分析提出在长白山区适宜路段和位置进行山野花美化景观恢复与再造的技术思想，丰富和美化路域环境景观。

⑤结合长白山区特殊的生态环境特征，提出了施工期间生态环保技术要求，建立了"环保绿线"的概念，采用移栽、假植技术，可以更加科学地保护原地表有景观价值的乔灌木，为更好地保护生态环境、提高山区公路生态恢复工程质量打下了基础。

⑥在依托工程生态恢复试验的基础上，提出了长白山区公路生态景观恢复工程效果检验与评估要点，并建立了人工辅助客土喷播生态恢复工程质量验收标准。

(6)研制开发了生态型组合式柔性排水边沟

通过对传统浆砌石排水边沟和塑料材料的综合分析研究，选择具有一定强度和耐久性的聚乙烯(PE)塑料作为主要原料，采用滚塑成型工艺，自主研制开发了组合式柔性排水边沟，并获得专利证书。通过依托工程3年多的试验，证明其具有结构可靠、技术可行、经济合理、易于维护、使用寿命长、抗冻融破坏能力强等特点，而且可以利用废旧塑料回收加工制作，具有保护环境、提高再生资源利用率的作用，其经济和社会效益显著，具有较好的推广应用前景。

(7)提出了长白山区公路景观设计理论和方法

①通过对长白山区自然地理、土壤地貌、人文历史景观的综合分析论证，结合现场考察辨识和对依托工程生态、景观恢复设计的案例分析，得出该区域公路景观设计理念应以"生态保护"为主线，以自然景观为主体，人文历史为衬托，努力做到"精于保护，存长白风貌；巧于因借，纳四时烂漫；工于协调，融苍莽林海"，整体景观构建要充分体现"长白山之大美"。

②运用"形势"理论法分析长白山区公路景观特有的"形"和"势"，遵循由宏观到微观的方法，将长白山区公路景观设计步骤归纳为"设计分析、设计定位、规划设计"三个阶段，可简称为"三段论"。全面的设计分析是设计的重要基础和关键，准确的设计定位是项目成功的关键，细致、合理的规划设计是设计理念的具体落实。

③通过充分的调查和发掘沿线自然、人文景观特色，运用公路环境地理信息系统GIS技术，对沿线地貌、水系、土壤、植被、旅游资源、景观特色等信息进行了叠加分析。并结合公路内部景观特征(互通、隧道、服务区等)，对沿线景观空间及视线开敞情况进行认真研究，分析公路内部和外部景观的关系，对沿线生态环境的各种影响因素进行定量定性分析、评价，将

284km 的依托工程——吉延高速公路规划为老爷岭、拉法山、红叶谷等九大景观段落，并按段落特点分别进行了具体的设计，使得沿途美丽风景被串联成令人陶醉的巨幅山水画卷。

(8)提出了长白山区公路建设系列生态、景观恢复与再造技术模式

在调查、试验、分析研究的基础上，分区域、分路段类型、分部位提出了一系列适合长白山区公路建设生态景观恢复的技术模式和植物种类配置要求，为今后该地区路域生态景观恢复设计、施工、管理工作提供了技术基础依据。

(9)通过对生态景观恢复试验工程的经济、环境和社会效益的测算分析，在依托工程的推广试验示范段中替代传统设计方案后共产生经济效益 4 000 余万元。“生态路、景观路、安全路”的建设可以减少交通事故、减少后期维护工程费用，美化路容路貌吸引更多的用户，从而产生较大的间接经济效益；同时，也具有加快吉林生态省建设、带动长白山区经济圈建设、降低行车噪声、净化沿线空气质量、保护东北地区有效的生态屏障等方面的作用，产生显著的环境和社会效益，提高公路综合服务水平，促进区域经济的可持续发展。

9.2　创　新　点

(1)首次开展了我国北方公路建设生态影响和植被恢复区划研究，建立了以地貌侵蚀动力为一级区划分指标和以生态敏感度为二级区划分指标的区划等级系统与指标体系，在综合分析生态环境特点的基础上，基于 GIS 技术，采用空间格局分析、各因素指标叠加、专家集成等定量与定性相结合的综合方法，对吉林省长白山区进行了区划分类，并提出了公路建设的主要生态问题和生态恢复指导性建议。

(2)根据生态学原理模拟自然土壤的结构特征，开发研究了“离子型双层喷附 + 保育块苗移栽”技术，即：使用无机稳定料代替传统高分子黏合剂、实施客土 + 有机质双层喷附模拟自然土壤结构、采用保育块方法培育乔灌木幼苗移栽到坡面，构建一个同时恢复乔灌草植物群落的集成创新型生态恢复技术系统，并首次在我国北方寒冷地区公路挖方岩质坡面应用，获得了良好的工程效果。

(3)以一定强度和耐久性的聚乙烯(PE)塑料作为材料，采用滚塑成型工艺，自主研发了组合式柔性排水边沟，并获得专利证书。试验证明其具有结构可靠、技术可行、经济环保、易于维护、抗冻融破坏能力强等特点。

(4)提出了长白山区公路生态景观恢复工程效果检验与评估要点，并建立了人工辅助客土喷播生态恢复工程质量验收标准，为提高长白山区公路生态恢复工程质量打下了基础。

(5)提出了以“生态保护”为主线的长白山区公路景观设计理念和遵循由宏观到微观的景观设计方法。并充分利用植物资源优势，提出长白山区山野花景观美化在适宜路段再造景观的技术思路，体现地域景观特色、美化路域环境。

(6)结合长白山区特殊的生态环境特征，建立了“环保绿线”的概念，采用移栽、假植技术，可以更加科学地保护原地表有景观价值的乔灌木，为更好地保护生态环境、提高山区公路生态恢复工程质量打下了基础。

(7)分区域、分路段类型、分部位构建了适合长白山区公路建设生态景观恢复技术模式和植物种类配置要求，为今后该地区路域生态景观恢复设计、施工、管理工作提供了技术基础依据。

参考文献

[1] AertsR. Interspecfic competition in natural plant communities: mechanisms, trade-offs and plant-soil feedbacks. Journal of Experimental Botany,1999, 50: 29-37.

[2] PurvesDW, LawR. Experimentalderivation of functions relating growth ofArabidopsis thalianato neighbor size and distance. Journal of Ecology,2002, 90: 882 – 894.

[3] Iina J, Pukkala T. Application of ecological field theory in distance-dependent growth modeling. Forest Ecology and Management, 2002, 161:101 – 107.

[4] 同江至三亚国道主干线长春至珲春支线江密峰至延吉段环保及景观完善设计[Z]. 交通部科学研究院. 2006,12.

[5] 同江至三亚国道主干线长春至珲春支线江密峰至延吉段服务区景观施工图设计[Z]. 交通部科学研究院. 2008,4.

[6] 韩立波. 高速公路服务区景观规划设计理论初探[M]. 南京林业大学. 2006,3.

[7] 陈晓斌. 客土喷播法在石质边坡绿化中的应用[J]. 公路,2004,8(8):307 ~ 309.

[8] 马万权,沈康健. 客土喷播技术对石质边坡防护的运用[J]. 云南交通科技,2003,19(3):7 ~ 11.

[9] 邹维列,蒋英明,林晓玲. 高速公路岩石边坡客土喷播生态防护技术的应用[J]. 国外建材科技,2004,25(5):40 ~ 42.

[10] 韩继国,陈剂丁,鲁亚义等. 江延高速公路生态景观规划、恢复技术分析全国山区公路环境与岩土工程学术交流会[J]. 公路交通科技,2008(11).

[11] 韩继国,李世武,等. 高等级公路建设对生态破坏的定量评价方法[J]. 公路交通科技,2008(09).

[12] 陆旭东,等. 长白山区公路景观规划设计初探[J]. 中外公路. 2008,3.

[13] 陶岩,韩继国,殷秀琴,等. 吉林省东部高速公路岩质边坡植被恢复效果研究[J]. 中国水土保持科学,2008(6).

[14] 韩继国,时成林,等. 季节性冰冻地区路基边坡侵蚀破坏模式分析[J]. 长安大学学报,2008,28(1)(EI 收录).

[15] 多文英,赵宝军. 客土喷播技术在高速公路边坡防护中的应用[J]. 交通环保,2003,24(12):226 ~ 228.

[16] 谢钢,李克俭. 客土喷播技术在高速公路边坡防护中的运用. 公路与汽运,2005,3(6):80 ~ 82.

[17] 朱峪增. 客土喷播施工工艺技术要点[J]. 草业科学,2003,20(11):76 ~ 78.

[18] 章梦涛,邱金淡,颜冬. 客土喷播在边坡生态修复与防护中的应用[J]. 中国水土保持报,2004,2(3):10 ~ 12.

[19] 王玲,陈永安,康用权,等. 客土喷播在潭邵高速公路石质边坡防护中的应用[J]. 草业科学,2005,22(7):107 ~ 110.

[20] 杨望涛,杜娟,等. 客土喷播防护技术的应用与研究[J]. 公路,2006,7:298 ~ 300.

[21] 沈国舫. 森林培育学[M]. 北京:中国林业出版社,2005.

[22] 张谧,韩烁,李钧涛,等. 雾灵山自然保护区油松、白桦及山杨天然林竞争关系研究[J]. 北京师范大学学报(自然科学版),2007,43(2):184～186.

[23] 周繇. 长白山区珍稀濒危植物优先保护序列的研究[J]. 林业科学研究. 2006, 19(6): 740～749.

[24] 王绪高,等. 长白山阔叶红松林物种多度和空间分布格局的关系[J]. 生态学杂志. 2008, 27(2):145～150.

[25] 丁宁,景卫清,孙峭谕,等. 靖王高速公路路基两侧不同地形条件紫穗槐种群生长的差异[J]. 西部林业科学,2008,37(1):108～118.

[26] 李少丽,许文年,丰瞻,等. 边坡生态修复中植物群落类型设计方法研究[J]. 中国水土保持,2007,12:53～55.

[27] 陶岩,韩继国,等. 吉林省东部高速公路岩质边坡植被恢复效果研究[J]. 2008.

[28] 王季平. 长白山志[M]. 长春:吉林文史出版社,1989.

[29] 张福有,梁琴. 长白山文化论[M]. 长春:时代文艺出版社,2003.

[30] 李灏田. 长白丛书[M]. 长春:吉林文史出版社,1987.

[31] 张福有. 长白山诗词选[M]. 长春:时代文艺出版社,1998.

[32] 谢新明,卢小良. 道路边坡绿化防护工程中的生态学原理[J]. 生态科学,2004,23(1):85～88.

[33] 郭小平,朱金兆,周心澄. 植被护坡技术及其应用[J]. 中国水土保持科学,2004,2(4):112～116.

[34] 孙乃芹,宋万才. 北方寒冷地区公路边坡生态防护的植物选择[J]. 公路交通科技(应用技术版),2007,7:21～23.

[35] 黄丽霞,秦华,杨振华. 高速公路人工创伤剖面生态防护的植物选择[J]. 中外公路,2005,25(6):176～179.

[36] 李一为,田佳,等. 108 国道门头沟段微立地植物分布特征及边坡绿化植物的选择与配置[J]. 中国水土保持科学,2006,4:19～21.

[37] 甘建国,王洁,等. 邵怀高速公路边坡生态恢复植物种类选择[J]. 公路工程,2007,32(5):177～214.

[38] 周繇. 长白山国家级自然保护区观赏植物资源及其多样性[J]. 东北林业大学学报,2004,32(6):45～50.

[39] 王绪高,郝占庆,等. 长白山阔叶红松林物种多度和空间分布格局的关系[J]. 生态学杂志,2008,27(2):145～150.

[40] 张华君,吴曙光. 边坡生态防护方法和植物的选择[J]. 公路交通技术,2004,2;84～86.

[41] 蒋家海,张志为. 平西高速办路环境保护与生态恢复措施[J]. 青海交通科技,2003,5:45～47.

[42] 周繇. 长白山区主要城市园林木本植物观赏价值分析与物候调查[J]. 林业科学研究,2006,19(1):93～97.

[43] 周繇. 长白山区外来入侵植物的初步研究[J]. 首都师范大学学报(自然科学版),2003,24(4):55～58.

索　　引

保育块植物移栽技术	096
地貌侵蚀动力	027
公路隔离效应系数	028
公路建设生态影响与恢复区划	032
离子型双层喷附技术	094
人工诱导自然恢复生态技术	090
“形势”理论法	138
组合式柔性排水边沟	119

注：按首字汉语拼音排序。